北京大学民营经济研究丛书

U0621665

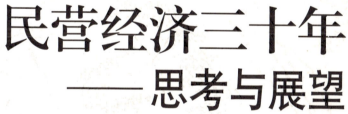

民营经济三十年
——思考与展望

Thirty Years of Non-state Sector:
Reflection and Envision

厉以宁 朱建华 顾 问

单忠东 主 编

经济科学出版社
Economic Science Press

北京大学民营经济研究丛书
编辑委员会

顾　　　问：全哲洙

主　　　编：厉以宁　单忠东

副　主　编：保育钧　陈永杰

执 行 主 编：刘 伟

特 邀 编 委：（排名不分先后）

厉以宁　　陈全生　　沈建国　　保育钧　　陈永杰
钟朋荣　　袁钢明　　王保安　　高庆林　　林毅夫
姚景源　　魏 杰　　朱善利　　叶静宜　　睢国余
单忠东　　王咏悔　　杨 钢　　林 涛　　綦建红
李 亚

编辑部成员：李丰军　　颜苑媛　　王加胜　　王 林　　任 缙
张雯丽　　张 笑　　程湛恒　　廖 敏

本书编辑委员会

顾　　问　厉以宁　朱建华

主　　编　单忠东

执行主编　刘　伟

策　　划　颜苑媛

编辑部成员　颜苑媛　张雯丽　廖　敏　邢文杰

前　言

北京大学作为我国最著名的高等学府，留给我很深的印象，其中比较深刻的是，长期以来，北京大学在中国的发展道路上不断地提出许多新的思想、新的观念、新的理论，所以这里也是中国新思维的重要发源地之一。中国民营企业投资与发展论坛的主要对象是民营经济，这与北京大学的新思想有着重要的关系。北京大学是我国改革开放以后最早提出发展商品经济、市场经济、股份制经济的一个地方，也是比较早地提出发展民营经济的地方。这里我要特别提及的是北京大学以厉以宁教授为代表的专家学者，他们在提出并推动人们接受股份制经济观念这个问题上作出了重要贡献。不仅如此，他们在推动中国民营经济发展方面，也作出了突出贡献。比如说，国务院"非公经济36条"的出台，厉以宁教授就作出了重要的贡献。

2004年2月，全国政协经济委员会通过深入调查，向国务院提交了一份《关于促进非公有制经济发展》建议的报告。这份报告就是以厉以宁教授为主导的全国政协经济委员会"民营经济调查组"所撰写，报告以翔实的调研和创新的理论，提出了一系列发展非公有制经济的重要建议和意见。温家宝总理看过这份报告后作出批示，责成国务院发改委和国务院政策研究室起草一份推动非公有制经济发展的指导性文件。这份文件就是大家现在非常熟悉的"非公经济36条"，这份文件的起草与厉以宁教授的推动有直接的关系。

党的十六大以来，我国民营经济的发展逐步迎来了政策上的春天，标志之一就是国务院"非公经济36条"的出台，使我们政策的春天更加地绚丽。我们知道，自从党的十四大以来，中央在市场经济所有制结构调整理论上的创新是很早就提出来了，但理论上的创新和政策上的落实由于种种原因没有能够很好地衔接起来。以前我认为，理论上的创新和政策上的落实最起码要五年，但现在来看的话，还是过于乐观了，理论上的创新最终落实在政策上恐怕要十年以上的时间。而"非公经济36条"的出台实际上正是在政策上的落实。但前不久有关非公经济发展的方针政策，社会上的认识还是不一致，这样对"非公经济36条"的落实还是产生了一定的影响。其中还有一小部分人公开反对"非公经济36条"的落实，在实际的政策落实过程中也遇到来自某些拥有特殊经济利益方面的不小阻力。但北大是不怕争论、不怕批评、出新观念和大思想的地方，希望能对这一类问题进行深入的探讨，能提出建议和意见。我非常高兴地看到在"两会"期间，胡锦涛总书记和温家宝总理非常明确地指出，我国的改革方向是不能动摇的，改革还要坚定地推进下去。我们也希望通过大家的讨论，能够推动中央方针，尤其是中央和国务院政策的贯彻和落实来促进民营经济更好的健康发展。

回顾过去，"十五"期间我国民营经济发生了巨大的变化，我想用三句话概括：第一，"十五"是我国民营经济改革取得实质性突破的五年；第二，"十五"是民营经济地位和历史作用变化最大的五年；第三，"十五"期间是民营企业自身素质得到根本性提高的五年。随着国家"十一五规划"全面实行，我坚信，民营经济能够获得更加良好的宏观发展环境。随着中央发展非公有制经济方针政策，特别是"非公经济36条"的贯彻落实，民营经济将获得平等竞争的社会环境、法制环境和市场环境，在这样大环境的作用下，"十一五"期间民营经济的发展，历史性的变化将持续进行。

第一，在"十一五"期间，民营经济发展的速度将继续高于全国的平均水平，民营经济对我国GDP贡献的指数将进一步提高。第二，民营企业经济规模将明显扩大，一批在国内外市场上有竞争力的大公司、大集团将逐步形成。第三，民营企业的产业结构将进一步优化，并在重化工业和基础设施领域有重大发展。第四，民营企业的技术水平将不断升级，产品档次将逐步提高，一批自主创新型企业将不断涌现，成为建设创新型国家的重要力量。第五，民营企业的治理结构将进一步规范和完善，出现一大批管理现代化的企业，将产生一批成熟的现代企业家。第六，民营企业和社会将进一步和谐，为创建和谐社会作出贡献。第七，民营企业将承担更多的责任，做一个有责任的民营企业家。

全国政协副主席、全国工商联主席　黄孟复

编者的话

　　本书大部分文章来源于北京大学民营经济研究院所主办的论坛系列——"中国民营企业投资与发展论坛"和"民营经济圆桌对话"。它汇集了多年来研究人员的研究成果。编撰本书的目的是在中国改革开放三十年之际，梳理和总结民营经济发展三十年中所取得的巨大成就和面临的问题。

　　在此，有必要对论坛系列作一些简单说明。"中国民营企业投资与发展论坛"是由北京大学民营经济研究院发起并主办的品牌活动。从2005年至今，论坛已经成功举办了四届，高端的学术水平、强大的嘉宾阵容、务实的论坛风格、热烈的媒体反响使论坛受到各界人士的广泛关注与好评。几年来，出席论坛的嘉宾包括全国人大、全国政协、政府各部委的领导，更有上百位国内著名的企业家参与论坛的演讲或对话。论坛逐渐形成了鲜明的特色：政府官员和经济学家有针对性地对当前民营企业面临的实质性问题进行解读；提供权威解析；全国各地的著名民营企业代表与专家学者围绕民营企业发展的焦点问题展开热烈讨论，观点交锋，思想碰撞，为民营企业的投资与发展答疑解惑，指点应对之道。历次论坛和对话被全国各媒体高度重视并作出专题报道。

　　本书集结了历届论坛嘉宾的主题演讲和精彩对话，收录了从2005年至今有关民营经济的很多重要观点和言论。既有对改革开放三十年中民营经济发展历程的回顾及对未来的展望，也包括对民营企业准入与商机、融资与资本运作、创新与转型、多元化与国际化等一系列热点问题的探讨，同时，揭示在当前严峻的宏观经济形势下民营企业面临的机遇与挑战。

　　本书的最终完成和面世，最需要感谢的是参与并一直支持"中国民营企业投资与发展论坛"的嘉宾。正是他们鲜活的演讲和特别的视角，为我们的民营企业家和中小创业者们提出了新思路，为民营经济的健康发展指明了方向。

　　改革开放的三十年同时也是民营经济成长壮大的三十年。民营经济的成长与农村土地承包制和股份制的推行成为中国改革三十年的三大成就。我希望本书的出版能为探讨中国民营经济的可持续发展起到抛砖引玉的作用。

　　最后，我要感谢民营经济研究院的同事们：杨钢博士、林涛、刘伟、颜苑媛、廖敏等，正是他们的辛苦努力和支持，使得本书得以很快面世。

北京大学　　　　　民营经济研究院常务副院长
　　　　　　　　　光华管理学院教授

单忠东

2008 年 11 月

目 录

第七编 热点问题聚焦：对话与研讨

第一编

回顾与展望

中国民营经济三十年发展历程与未来展望

全国工商联党组书记、第一副主席

全哲洙

2008 年是我国改革开放三十周年。改革开放是党在新的历史条件下带领人民进行的新的伟大革命，是决定当代中国命运的关键抉择，是发展中国特色社会主义、实现中华民族伟大复兴的必由之路。作为改革开放取得重大突破的重要方面，民营经济发展始终与改革开放进程紧密相连，既是改革开放的重要成果，也是推进改革开放的重要动力。

一、中国民营经济三十年发展历史回顾

在改革开放的总方针、总政策指引下，我国民营经济从无到有，从少到多，从小到大，起步于个体经济，成长于私营经济。根据改革开放过程中我们党对民营经济地位和作用的认识过程以及由此带来的民营经济逐步发展的实践进程，我们可以把中国民营经济三十年的发展大致划分为三个阶段。

第一个阶段，1978 ~ 1992 年，民营经济成为社会主义经济的补充力量。

1978 年，党的十一届三中全会开启了改革开放的历史新时期。1982 年，党的十二大提出，鼓励和支持劳动者个体经济"作为公有制经济的必要的、有益的补充"，适当发展。同年 12 月，全国人大五届五次会议通过的宪法修正案明确，在法律规定范围内的城乡个体劳动者个体经济，是社会主义公有制经济的补充。1987 年，党的十三大提出，私营经济"也是公有制经济必要和有益的补充"。1988 年 4 月，全国人

大七届一次会议通过的宪法修正案，增加了"国家允许私营经济在法律规定的范围内存在和发展。私营经济是社会主义公有制经济的补充，国家保护私营经济的合法权利和利益，对私营经济实行引导、监督和管理"的条文，确定了私营经济的法律地位和经济地位。同年6月，国务院颁布了《中华人民共和国私营企业暂行条例》。1992年，党的十四大明确了我国经济体制改革的目标是建立社会主义市场经济体制，并提出"在所有制结构上，以公有制包括全民所有制和集体所有制经济为主体，个体经济、私营经济、外资经济为补充，多种经济成分长期共同存在和发展"。

1978年，全国城镇个体工商户只有14万人。截至1992年，全国已有私营企业14万户，投资者30万人，注册资金221亿元，从业人员232万人；个体工商户1 543万户，注册资金601亿元，从业人员2 468万人。

第二个阶段，1992～2002年，民营经济成为社会主义市场经济的重要组成部分。

从1992年党的十四大到2002年党的十六大，中国民营经济发展驶入了快车道，并真正融入了社会主义现代化建设的进程。1997年，党的十五大把以公有制为主体、多种所有制经济共同发展确立为我国社会主义初级阶段的一项基本经济制度，并明确提出非公有制经济是社会主义市场经济的重要组成部分。1999年九届全国人大二次会议通过的宪法修正案进一步明确："在法律规定范围内的个体经济、私营经济等非公有制经济，是社会主义市场经济的重要组成部分。"党对非公有制经济认识上的这一重大突破，为非公有制经济的发展提供了理论和制度保证，注入了强劲动力。

从1992～2002年，民营经济逐步成为国民经济增长中的新亮点。私营企业从近14万户增加到243.5万户，增长了17倍，年均增长33%；注册资金由221亿元增加到24 756亿元，增长了112倍，年均增长60%；从业人员从232万人增至3 409万人，增长近15倍；税收从4.5亿元增加到945.6亿元，增长了208倍，年均增长70%。从1992～2002年，全国个体工商户户数由1 543万户发展到2 378万户，资金数额由 601 亿元增加到 3 782 亿元，从业人员由 2 468 万人增加到 4 743 万人。

第三个阶段，2002 年至今，各种所有制平等竞争、相互促进的新格局正在形成，民营经济发展进入历史新阶段。

党的十六大明确提出："毫不动摇地巩固和发展公有制经济，毫不动摇地鼓励、支持和引导非公有制经济发展"。党的十六届三中全会提出，消除体制性障碍、放宽非公有制经济的市场准入。十六届四中全会提出，把坚持公有制为主体、促进非公有制经济发展，统一于社会主义现代化建设的进程中，在市场竞争中相互促进、共同发展。党的十七大提出："平等保护物权，形成各种所有制经济平等竞争、相互促进新格局"；"推进公平准入，破除体制障碍，促进个体、私营经济发展"。2004 年，全国人大十届二次会议通过的宪法修正案规定："国家保护个体经济、私营经济等非公有制经济的合法权利和利益。国家鼓励、支持和引导非公有制经济的发展，并对非公有制经济依法实行监督和管理。"2005 年，国务院颁布了《关于鼓励支持和引导个体私营等非公有制经济发展的若干意见》，这是新中国成立以来第一部全面促进非公有制经济发展的政策性文件。目前，党和国家关于促进非公有制经济发展的方针政策和法律法规体系已基本形成并不断完善。

进入新世纪以来，民营经济在中国经济与社会中的地位和作用发生了历史性变化。2007 年，全国共有私营企业 551 万户，个体工商户 2 741.5 万户，私营企业占全国企业总数的 61%，成为数量最多的企业群体；私营企业注册资本 93 873 亿元，比 2002 年增加 69 117 亿元，增长 279%；个体工商户资金数额为 7 350.7 亿元，比 2002 年增加 3 568.7 亿元，增长 94%；规模以上私营工业企业利润从 2002 年的 490 亿元增加到 2007 年的 4 000 亿元，五年增长 7 倍，年均增长 52%。

近年来，民营企业发展呈现出许多新的特点。一是形成一批资本密集、技术密集的大企业、大公司。据全国工商联调查，2006 年上规模民营企业 500 家资产总额合计为 18 550 亿元，比 2002 年的 6 440 亿元增长了近 2 倍，资产总额超过 100 亿元的有 28 家，超过 50 亿元的有 93 家。二是股份多元化的公司制企业已成为民营企业的主要组织形式。据中国私营企业大型调查显示，1993～2006年，私营企业中独资企业比例从64%下降到21%，合伙企业比例从20%下降到7%，而有限责任公司比例从17%上升到66%。三是在行业分布上由以轻工纺织、普通机械、建筑运输、商贸服务等领域为主，向重化工业、基础设施、公共事业、资本市场等领域拓展。四是在产业布局上，由早期小作坊、分散化为主，逐步形成一批以规模化、专业化经营为特征的企业集团和"块状经济"。五是企业劳动关系得到进一步改善。全国总工会抽样调查显示，2006年全国企业员工劳动合同签订率为68.8%，其中私营个体企业为47.3%，比2003年提高近17个百分点；企业职工月平均工资为1 367元，比2002年实际增长37.8%，其中私营个体企业为1 204元。

二、中国民营经济的重大贡献

改革开放三十年的实践表明，民营经济的蓬勃发展，在促进我国经济社会发展方面发挥着越来越大的作用。

一是在经济增长方面，民营经济已成为我国经济增长的重要推动力量。目前除国有及国有控股经济以外的非公有制经济已经占GDP的65%左右，其中个体私营经济已经占40%左右；中国经济发展的增量部分，70%～80%来源于民营经济。

二是在就业方面，民营经济已成为增加就业的主要渠道，其就业量现在已占全国非农就业总数的80%左右。截至2007年，全国登记注册的个体私营企业从业人员共计1.27亿多人，而实际从业人员可能已经接近2亿人。

三是在自主创新方面，近几年我国技术创新的70%、国内发明专利的65%和新产品的80%来自中小企业，而中小企业的95%以上为民营企业。我国民营科技企业目前已有约15万家，在53个国家级高新技术开发区企业中民营科技企业占70%以上。

四是在税收方面，民营经济已成为国家税收的一个重要来源。2007年，私营企业税收总额4 771.5亿元，其增长率高于全国5.1个百分点，占全国企业税收总额的比重为9.6%。个体户税收总额为1 484.2亿元。

五是在对外贸易方面，民营经济已成为对外贸易的生力军。2007年，全国私营企业进出口总额为 3 476 亿美元，高于全国增长率 19.2 个百分点，占全国进出口总额的比重为 15.8%，其中出口总额占全国出口总额的比重为 20.6%。

六是在社会主义新农村建设方面，民营企业是参与新农村建设的一支主要力量。数百家国家级、数千家省级和数万家县市级农业产业化龙头企业，大多数是民营企业，它们已经成为推进农业产业化的主力军。100 多万家乡镇企业绝大多数是民营企业，它们也是发展农村二、三产业的主力军。

七是在增加居民财富方面，改革开放以来我国居民家庭收入普遍较大幅度增加的重要原因是民营经济的快速发展。到 2007 年年底，全国有 2 741 万家个体工商户，户均资金约 2.7 万元，涉及家庭人口达 8 000 余万人；全国有 551 万家私营企业，户均注册资金 152 万元；私营企业投资者近 1 397 万人，涉及家庭人口 4 000 万人；再加上私营企业的高级管理人员和技术人员，就有许多家庭过上富裕和比较富裕的生活，这为创造条件让更多群众拥有财产性收入提供了重要保证。

八是在社会公益事业贡献方面，民营企业已经成为发展社会公益慈善事业的重要力量。2007 年年底，参与中国光彩事业活动的约有 2 万家民营企业，向光彩事业和公益事业捐赠总额累计约 1 180 亿元。

三、中国民营经济的未来展望

当前，我国民营经济已站在了一个新的发展起点上，下一步的关键问题是如何做到全面协调可持续发展。我们的基本判断是，中国民营经济进一步发展既面临重大机遇，又将遭遇严峻挑战，挑战中又孕育着新的发展机遇。如果说，前三十年的中国民营经济处于第一次创业阶段，解决的是快速发展问题，依靠的主要是改革开放政策的推动，那么，今后的中国民营经济将进入第二次创业阶段，解决的是全面协调可持续发展问题，依靠的必然是科学发展观的引领。

　　科学发展观作为中国特色社会主义理论体系的重要组成部分，作为我国经济社会发展的重要指导方针，作为发展中国特色社会主义必须坚持和贯彻的重大战略思想，是以胡锦涛同志为总书记的党中央立足社会主义初级阶段基本国情，总结我国发展实践，借鉴国外发展经验，适应新的发展要求提出来的。民营企业深入贯彻落实科学发展观，既是对党中央号召的积极响应，更是民营企业自身发展的迫切需求。当前，我国民营经济发展呈现出一系列新的阶段性特征，主要包括：民营经济发展迅速，已成为吸纳劳动力的主渠道，同时民营企业平均生存期较短，企业技术水平较低、人才短缺的矛盾越来越突出；民营经济发展的政策环境、市场环境、法制环境更加趋于完善，同时市场准入、融资支持等问题尚未从根本上得到解决，还存在民营企业进一步发展中的诸多困惑；民营经济在国民经济总量中的比重不断提升，已经成为我国经济增长的重要推动力量，同时多数加工制造企业基本处于产业价值链的低端环节，依靠低成本生产、低价格竞争，自主创新能力弱，品牌产品少；民营企业一般起步于家族企业、合伙制企业，机制灵活，管理成本低，同时许多企业的现代企业制度没有真正建立，股权结构单一封闭，所有权、经营权尚未分离，法人治理结构不规范，决策风险偏高。

　　这些情况表明，改革开放以来我国民营经济发展成就重大，同时存在的问题也不少。对于当前我国民营经济发展的阶段性特征，我们要清醒、全面地认识。首先，这是发展中的问题。没有民营经济的大发展，就没有这些新情况、新问题、新矛盾，正是由于发展才带来了民营经济"发展中的困惑"、"成长中的烦恼"。其次，这是经济发展规律的体现。世界经济史表明，当一个国家经济总量达到一定规模、发展处于一定阶段时，必然产生资源紧缺、生产成本特别是人工成本上升、传统产业中不利于环境保护的产业被限制、新兴产业中科技附加值少的低端产品被淘汰的现象，因而才导致表面是企业倒闭、实质是产业转移的国际性、区域性经济格局调整。再其次，强调认清我国民营经济发展的阶段性特征，不是要妄自菲薄、自甘落后，也不是要脱离实际、急于求成，而要坚持把它作为进行决策、谋划发展的基本依据。党中央提出科学发展观这个重大战略思想，并围绕落实科学发展观制定了一系列宏观调控政策措施，正是针对当前我国经济发展中出现的新问题、把握世界经济发展的新规律而做出的正确决策。因此，民营企业要把企业发展与国家发展结合起来、统一起来，以世界性、全局性、战略性眼光来认识科学发展观的科学内涵和精神实质，着力转变不适应、不符合科学发展观的思想观念，着力解决影响和制约科学发展的突出问题，变压力为动力，变挑战为机遇，更加自觉、坚定地走科学发展道路。

一是要坚持发展不动摇。"发展"是科学发展观的第一要义。我国民营经济的发展历程和重大贡献表明，民营经济是社会主义市场经济的重要组成部分，发展社会主义市场经济必须发展民营经济，发展民营经济就是发展社会主义市场经济。党的十七大对非公有制经济提出了新的发展要求。围绕落实党的十七大精神，进一步推动非公有制经济发展，各级政府都在积极制定相关政策措施，努力将国务院《关于鼓励支持和引导个体私营等非公有制经济发展的若干意见》真正落到实处。针对民营企业市场准入问题，国家深入推进国有经济布局和战略性结构调整，使民营企业直接进入更多基础行业；针对民营企业融资困难问题，国家加快金融体制改革步伐，注重拓宽民营中小企业融资渠道；针对民营企业创新发展问题，国家陆续出台了加快发展现代农业，大力发展现代服务业和先进制造业，积极发展高新技术产业等推动产业结构优化升级的产业政策措施，为民营企业创新发展开拓更大空间。以上一系列措施充分表明，党和政府正在积极致力于促进民营经济健康可持续发展。但现在有一种观点认为，每次国家宏观调控都把民营经济当作了"牺牲品"，国家宏观调控政策阻碍了民营经济发展。科学发展观解释的是发展的普遍规律，是全局的、实践的发展观，在国家经济社会发展过程中具体体现为各项宏观调控政策措施。实施宏观调控政策不是不要民营经济发展，而是为了民营经济更好更快地发展。就是要限制直至关闭那些低产出、低效益、高能耗、高污染的企业，鼓励民营经济走一条科技含量高、经济效益好、资源消耗低、无环境污染、充分发挥人力资源优势的新型发展道路，要解决的不是要不要发展的问题而是怎样发展的问题。实践证明，在发展的困难时期，企业调整产业结构、提升质量效益和市场竞争力的动力最强。国家实施宏观调控现在也不是第一次，而民营企业积极应对挑战，民营经济在总体上没有停滞不前，而是继续保持了较快的发展。因此，民营企业要正确认识宏观调控的重大意义，主动适应经济形势的新变化，探索克服制约经济发展的新办法和新途径，坚定发展的信心，寻求发展的道路，紧紧咬住发展不放松。希望国家有关部门对涉及企业利益的相关政策保持一定的连续性，政策调控措施出台要抓好节奏，尽量考虑企业在转型期的承受能力，防止经济发展出现大起大落。

二是要坚持以人为本。"以人为本"是科学发展观的核心。企业首先是经济组织，同时也是社会器官。因此，企业不能把利润最大化作为发展的唯一目标，而要把经济利润与社会责任的统一作为发展的根本追求。企业参与社会公益慈善活动只是小善，办好企业、增加社会财富、促进人的全面发展才是大善。企业既要讲小善，更要讲大善，以大善体现小善，以小善促进大善，而大善与小善的统一点就是树立以人为本的发展理念。以人为本，要求民营企业牢固树立与内部员工共建共享的观念，通过建设全体员工认同、富有个性、能够促进企业发展的企业文化来增强企业发展的凝聚力，通过建立有效激励机制来培养、吸引、留住科技人才和管理人才，通过实施有关劳动法律、注重员工培训、落实社会保障等方面来提高劳动者素质、维护广大员工合法权益，最终通过促进企业发展、建立工资增长正常机制，努力改善员工生产生活条件，切实关爱员工。以人为本，要求民营企业充分考虑广大人民群众的利益，变功利文化为责任文化，进一步强化诚信立企、诚信兴企观念，既与客户讲诚信、与商家讲诚信，又与员工讲诚信、与消费者讲诚信，善求"义"中之"利"，在生产中杜绝偷工减料、添加有害物、生产假冒伪劣产品，防止危害人民群众身心健康的现象发生。以人为本，要求民营企业不断提高经营管理者的素质，企业家不是职务而是一种素质，要做好企业首先要做好人，具备健全的人格、良好的人品和宽广的胸怀，有德者才得人才得财富，企业经营管理者唯有具备良好的道德修养和较高的经营管理水平，才能发挥企业领军人的作用。

三是要坚持全面协调可持续发展。"全面协调可持续"是科学发展观的基本要求。民营企业全面协调可持续发展，就是更好更快发展，不仅要追求经济规模的扩张，更要追求企业内涵的发展。针对产品利润降低问题，要加大研发投入，建立多层次、多形式的技术开发体系，改变企业装备差、工艺落后、产品档次低、技术含量少的状况；研发附加值高、节能降耗、效益显著的名、优、新、特产品，推进产品升级换代；最终形成拥有自主知识产权的产品系列，增强技术竞争优势，不断开拓新的市场空间。针对发展资源短缺问题，要开发和推广节约、替代、循环利用和治理污染的先进适用技术，建设科学合理的能源资源利用体系；提高能源资源利用效率，使有限的资源发挥最大的效益。针对生产经营成本上升问题，要根据企业的具体情况，积极引进适合本企业的高效、开放的科学管理模式；改变单一的家族式管理，建立规范的法人治理结构，使内部管理不断走向规范化、制度化；提高运营效率和管理水平，加强成本管理，严格控制非生产性支出，通过节支挖潜弥补生产经营成本加大带来的效益下滑。针对企业资金紧张问题，要实现企业产权由封闭、单一向开放、多元转变；通过出让股权成为有限责任公司、股份有限公司、上市公司等，通过规范产权制度使企业走上资本运营之路，以适应在更大空间中发展所需要的控制力、开放性和资源整合的要求。

四是要坚持统筹兼顾。"统筹兼顾"是科学发展观的根本方法。民营企业发展能力的不断提升，是市场主体与市场需求不断博弈的结果。目前，一批民营企业已基本完成了资本原始积累，经过"发财"阶段进入发展阶段，具备了一定的成长能力。但随着市场的变化、科技的进步和社会的发展，企业要实现全面协调可持续发展，就必须切实转变顾此失彼的单向发展方式，深刻把握统筹兼顾的科学发展方法。要统筹协调企业发展和产业发展，敏锐把握产业集群化的发展趋势，主动选择加入以龙头企业为核心、产业集群规模大、专业化协作水平高、功能配套完善的核心区块内，成为相关产业链条中的一环；以此降低生产经营成本，实现品牌效应、市场信息、公共服务、基础设施能够共享的纵向集群化发展。要统筹考虑当前发展和长远发展，既要立足于当前又不能目光短浅，既要有战略思维又不能脱离实际，根据企业的条件和比较优势，充分考虑市场现实变化情况，准确捕捉产业未来发展趋势，科学制定并适时调整企业发展规划，努力做到知变、应变、善变；通过发展战略创新，关键是以善变来迎接各种挑战。要统筹分析国内发展和国外发展趋势，充分利用国内国外两种资源两个市场；原有外向型企业要利用人民币升值、美元贬值的时机，由单纯产品加工出口转为加快对外投资办企，既可转移汇率风险又可对外投资扩张；同时注重开辟国内市场，在国际市场遇有变动时能够及时"出口转内销"；有品牌优势的民营企业可按照社会化大生产的要求，实行专业分工与协作，加速品牌聚集和资本聚集，形成具有更高知名度和竞争力的民营跨国企业。要统筹把握不同区域发展，按照产业梯度转移的经济发展规律，继续利用好国家实施西部大开发、东北老工业基地振兴、中部崛起等重大战略的优惠政策，将盈亏点处于下限的产业向资源相对丰富、成本相对低廉的地方进行区域转移；原有的土地等资源，再补进新的科技含量更大、附加值更高的产业。要统筹促进个体发展和整体发展，民营企业所有者要树立"双赢才是真赢、多赢才能久赢"的观念，懂得合作，学会让利，不能错误地把企业与员工之间的关系当作是雇佣的关系，也不能简单地把企业与客户之间的关系看做是买卖的关系；应积极探索员工持股、多方入股等新的企业组织形式，通过体制机制创新将各方结成以企业为核心的利益共同体；特别是农业产业化龙头企业，要配合有关方面主动培植农民专业合作社，并通过其使更多的农民与本企业连股、连利、连心，共同建设、共同发展、共同享有。

以科学发展观为指导，促进非公有制经济健康发展和非公有制经济人士健康成长，是建设中国特色社会主义事业的必然要求。为此，要进一步为非公有制经济创造良好的发展环境，引导广大非公有制经济人士坚定不移地走中国特色社会主义道路，为全面建设小康社会做出新的更大贡献。

根据 2008 年 5 月 11 日第四届中国民营企业投资与发展论坛——"民营经济三十年：新生与困惑"整理而成

改革开放和民间创业的积极性

北京大学民营经济研究院院长、北京大学光华管理学院名誉院长

厉以宁

今天演讲的主题是——改革开放和民间创业的积极性。

第一，民间创业的积极性是怎样被调动起来的。

回顾这三十年，我们首先应该感谢在三十年前的今天，《光明日报》发表了重要的评论员的文章："实践是检验真理的唯一标准"，这篇文章发表后引起了全国的大讨论，这是一个思想解放运动的开始，使得正确的理论得以指导社会的变革和发展，不破除本本主义和教条主义就不能拨乱反正。一切从实际出发，立足于基本国情，从旧思想观念中解放出来，就是这场大讨论的核心。没有这场大讨论，就不会有十一届三中全会决定的改革开放路线，也就不会有以后民营经济的产生和发展。

我们知道，中国在改革开放之初有三项重要的改革开放：

1. 农村家庭承包制的推行。改革要从计划经济链条中最薄弱的环节突破，这个环节就是农村。为什么农村是最薄弱的环节？因为农村和城市是不一样的。城市中，生产是政府管制的，生活是政府包下的。一个人只要愿意工作，拿最低工资也能维持。生活，有粮票、油票、鸡蛋票，所以在生活是政府包下来的。但是农村不一样，农村的生产是管制的，种什么，到哪里销售，一切都被管制，但是生活是不包的。所谓困难时期饿死人，饿死的是农民，城市里一般没有活活饿死的，只有营养不良病死的。所以农村是计划经济链条的最弱的环节。改革从最薄弱的环节突破，这就出现了农村家庭承包制，这实际上把广大农民生产积极性调动起来了，农民可以自己指挥自己生产，安排副业经营。农民的积

极性极大地调动起来以后，农产品大大增加。农贸市场一开放，鸡鸭鱼肉都有了。

2. 乡镇企业的兴起。农村家庭承包制之后紧接着第二个浪潮来了，这就是乡镇企业的兴起。乡镇企业的兴起对当时的中国具有重要的意义。于是，在计划体制之外就出现了乡镇企业市场，这是乡镇企业销售商品的市场，这就把民间创业的积极性调动起来了。

3. 经济特区的建立。如果说农村承包式的推广给了农民经济上的自主；乡镇企业兴起后，计划外的市场产生了；那么深圳特区建立后则出现高速增长，建设速度甚至超过了香港。

以上这些就好比在平静的水面上丢下了三个石头，激起层层波浪，改革无法阻挡。中国经济再也无法返回到老路上去了。这就是我们回顾过去三十年所得出的结论。

从1984年开始，改革的重点转向城市，于是开始考虑到企业怎么改革。放权让利也好，承包制也好，但最后归到股份制上。要知道新中国的企业家是怎么出现的？新中国成立后实际上没有企业家。改革开放后，中国企业家的出现经过了三个高潮。第一个浪潮是在1979年以后，体制外出现了最初的民营企业家。包括了农村中出的一些能人，在农村中创办乡镇企业的人，还有插队回来没找到工作的青年。这些人处在体制之外，他们看到了民间创业的好机会，于是抓住了机遇。第二个浪潮是从1985年开始。当时是十二届三中全会之后，这时出现了一些从体制内转到体制外的企业家。他们原来是机关工作人员，或者是国有企业中的人，还有国家科研机构、高校教师这样的人。他们从体制内转到体制外，通过自己的努力创业了。尽管当时一些民营企业还戴了红帽子，但这是可以理解的，因为当时对民营经济有一定的限制。虽然挂上了集体的牌子，但毕竟创业了。从1992年年初邓小平同志南巡讲话之后，就出现了第三个浪潮，即体制内开始形成企业家。通过企业的改制，通过企业的重组，出现了一大批体制内的企业家。所以，从整个过程可以看出，没有思想的解放、没有"实践是检验真理的唯一标准"的大讨论、没有十一届三中全会，没有邓小平同志的南巡讲话，我们的经济不可能发展成今天的局面。

第二，要进一步调动民间创业的积极性，必须进一步解放思想。

为什么提出这个问题？因为要进一步调动民间的积极性，思想必须进一步解放。首先要回到判断标准这个问题上来。判断标准就是邓小平同志指出的三个"有利于"：是否有利于发展社会主义社会的生产力；是否有利于增强社会主义国家的综合国力；是否有利于提高人民的生活水平。三个"有利于"的判断标准，最根本的还是生产力的标准。鼓励民间创业完全符合生产力标准，符合三个"有利于"。具体地说，经济增长，就业扩大，综合国力增强了，我们就能够坚持走中国特色社会主义道路。今天继续解放思想，就要解决"实现什么样的发展和怎样发展"的问题。因此要继续破除一切影响发展的思想障碍和体制障碍，不断创新发展思路，创新发展模式。

经济的发展要坚持"以人为本"，全面落实科学发展观。鼓励民间创业，发展民营经济，是符合科学发展观的。今天民营经济已经成为国民经济的重要部分。但有一些旧观念甚至现在仍存在于某些人的思想中。大体上有这样几个旧观念：

1. 发展民营经济是权宜之计。据说，因为中国现在不够发达，所以要发展民营经济。言外之意是：将来经济发展了，就不用民营经济了。这种观念违背了科学发展观。我们要继续解放思想，决不能认为发展民营经济是权宜之计，决不能认为等政府力量强了，等国有企业壮大了，民营经济发展就到此为止了。要知道，国退民进、国进民退都不应该作为一种行政措施，人为地进行干预。在市场竞争中，国有企业也好，民营企业也好，各有自己的优势。事实上，不仅有进有退，而且有分有合，市场的事由市场来办，这样，无论民营经济还是国有经济都能够正常健康地成长。而公平竞争是这种成长的前提。

2. 继续解放思想，一定要形成新社会阶层的概念，应当把新社会阶层概念牢牢地记住。中国目前形成了新社会阶层。民营企业家就是其中重要的成员。不重视新社会阶层，就不能继续坚持走中国特色社会主义道路的大方向。应再三强调，中国的民营企业家跟旧中国的民营企业家是不一样的，他们是在党的帮助下成长起来的。不破除旧的观念，很难认为真正解放了思想。

3. 继续解放思想，不仅要观念转变，而且要解决具体问题、实际问题。只有具体问题、实际问题解决了，才能真正做到解放思想。在民营经济发展方面，要正确的对待领域准入问题。玻璃门现象到现在还没有完全打破，行业垄断一定要消除。所谓的"行业垄断有利于巩固国家"的看法，是经不起实践检验的。事实表明，通过公平竞争，民营企业和国有企业可以做同样的事情。行业准入同样可以维护国家的安全，重在管理。又如，关于融资难的问题，也需要进一步解放思想。融资难关系到整个经济能不能搞活的问题，而不是单纯地对民营经济本身而言。经济的活力来自于货币能充分发挥作用。对融资难的问题在指导思想上应该重新认识。再如，解决财政问题也同样如此，减轻民营企业的负担，它们才能进一步发展。思想总是守在过去的税收观念上，解决不了民营企业进一步发展的问题。总之，现在有很多具体问题需要解决，希望大家共同探索。

根据 2008 年 5 月 11 日第四届中国民营企业投资与发展论坛——"民营经济三十年：新生与困惑"整理而成

民企发展战略要立足自身特色

北京大学民营经济研究院常务副院长、光华管理学院教授

单忠东

一、民营企业不一定要走多元化的道路

许多国际著名企业的发展历程证明，企业的成功不一定是采取多元化经营的结果。相反，2004 年全球 500 强企业的前 50 名中，只有通用电器采取的是多元化发展的道路，其他如沃尔玛、壳牌石油、福特汽车以及西门子等等，采取的都是单一发展的策略。有一些企业，如西门子，甚至还在收缩自己的经营范围，以使自己的目标和优势更加集中。

很多企业在采取多元化战略的时候，往往忽略了这样一个事实：即多元化只是企业成长性战略或可持续发展战略的一种。如果企业是为了多元化而多元化，而不是为了促进企业成长或提高企业绩效而多元化，那么这样的多元化往往是行不通的。一个具备竞争力的战略，应该使企业做到与众不同：企业具备一整套不同于竞争者的经营活动，能够创造一种独特的价值组合，等等。

一个企业不管是否采取多元化的战略，前提必须是企业已经形成了有别于竞争者的独特优势，即做"专"。我在浙江某些地方调研时发现，有些企业专注于在某些似乎并不起眼的领域发展，也能取得较大的成就。比如，浙江义乌有一家专门生产吸管的企业，从创业以来这家企业就专注于生产吸管这个产品，经过 10 年的时间终于把自己发展成为全球最大的"吸管王国"。目前，其产品的国际市场占有率已经达到了30%，国内市场占有率也已经达到 50%。

因此，企业制胜的关键是寻找到自己最擅长的发展领域，只有做

"专"了，企业才能立足，才能盈利，才有条件考虑在多方面发展自己。彼得·德鲁克的研究也证实了这一点。他发现，采取多元化发展战略并取得成功的企业，它们所经营的各项业务都有一个共同的核心。这一核心或者表现在市场方面，即企业的各项活动都服务于共同的市场；或者表现在技术方面，即企业的产品和产品线都采用共同的技术。因此，成功的多元化必然以做"专"为前提，是企业核心优势的拓展。企业采取多元化战略的其他理由，如反经济周期和分散经营风险等等，往往是行不通的。

二、民营企业不一定要走国际化的道路

2005 年中国的对外投资大幅度增长，总投资额已经占据发展中国家对外投资总额的 10%，名列全球第 17 位。截至 2005 年年底，中国海外投资总量已经达到 463 亿美元，占中国 GDP 的 2.1%。从 1986 年至 2005 年，中国企业的海外并购案有 213 宗，其中有 103 宗是在 2001 年以后完成的。据调查，有近 50% 的受访企业计划在未来两年之内"走出去"，有 70% 左右的受访企业表示四年内将会为扩展国际业务做好准备。但是，据麦肯锡的研究，中国有 67% 的海外收购不成功，海外收购的主要目的，如获得先进的技术等，大多没有能够实现。

之所以出现上面的结果，是因为很多企业对国际化缺乏一个正确的认识，不一定要"走出去"才意味着实现了国际化。国际化是一个综合的概念，它首先意味着企业具备一种国际化的视野，并主动参与到国际市场分工中来。如果企业立足于国内市场，同时引进国外的技术和管理经验，对企业实施国际化的管理，这也是企业国际化的一种表现。至于"走出去"，进行海外投资，以实现生产过程的国际化，则是比较高级的企业国际化行为，但前提必须是企业已经稳健地在国内市场扎根，并且在某一个领域做"专"，具备了核心竞争力，能够应对国外市场的风云变幻。

企业进行海外投资所需具备的条件，一般说来有以下两个方面。首先，除了企业自身具备一定的经营实力外，还要求企业具备可靠的信息

来源，对国外市场有准确的把握；还要熟悉投资国的相关法律法规以及投资环境，熟悉当地的合作伙伴、代理商、银行及中介机构的状况；同时，企业的经营理念要符合当地的文化、风俗等等。其次，最重要的是具备"国际化"的人才。而获取信息、熟悉情况以及人才的培养，都需要一个长期的准备过程，否则企业的国际拓展很容易遭遇失败。

政府在大力鼓励民营企业"走出去"，去海外市场上寻找商机，这主要是基于我国民营企业经过多年的发展，已经具备了"走出去"的基础、条件和实力。民营企业以市场为导向的发展理念和行为方式，比较容易为国际社会和海外合作方所接受，鼓励民营企业"走出去"有利于在国际企业间建立平等、互利、共赢基础上的合作关系。但是，国家战略并不等同于企业战略，国家鼓励"走出去"，并不意味着每个企业都具备"走出去"的条件和实力。实际情况表明，如果没有有效的约束，受海外扩张冲动的支配，有许多企业在进行海外投资的时候往往不计成本。对国有企业而言，盲目的扩张冲动带来的直接后果便是国有资产的流失；对于民营企业而言，扩张失败的代价往往更大，不但会给企业带来巨大的成本损失，而且还会影响企业的长期发展战略，有时甚至会带来致命的打击。

三、民营企业不一定要走资本市场的道路

目前，我国对企业上市实行的是核准制，在这种制度下，企业发行新股票，不仅要公开有关企业的真实情况，而且必须合乎《公司法》和《证券法》中规定的若干实质条件。在这种条件下，企业上市所需要的审计、保荐、整合企业资源、宣传和聘请的成本，往往是许多企业难以承受的。

企业上市虽然是解决民营企业融资的一条重要途径，但是事实证明，国内外大多数企业的融资方式首先是内源融资，其次是金融机构的债务融资，最后才是走资本市场道路的外部股权融资。从美、英、德、日等七国的平均水平来看，内源融资的比例高达 55.71%，来自金融机构的债务融资占 32%，而来自金融市场的股权融资仅占 10.86%。就我

国民营企业发展的实际情况来看，企业上市融资的成本往往比在金融机构融资的成本更高，尤其是海外上市给企业造成的融资成本往往更大。据相关资料显示，中国企业在美国 IPO 上市的平均成本高达 15%，此外再加上年费以及上市维护费用，让许多赴境外上市的企业付出了很大的代价。此外，目前我国的资本市场缺乏比较完善的退出机制，因此，民营企业特别是中小企业在上市的时候一定要深思熟虑，做好各方面的准备，以免出现得不偿失的后果。

此外，企业上市也使得企业从私人企业（private company）转变成了公众企业（public company），企业必须接受更加严格的监管，尤其是财务方面的监管。这一方面增加了阳光下的成本，另一方面又会使企业损失掉许多隐形的利益。目前，在很多国家都出现了一种上市公司"私营化"的趋势（public to private trend），通过退市，上市企业可以免除掉作为公众公司所需面临的诸多问题。比如，可以较为集中地关注企业的长期发展战略，而不必受制于季度报表，或者被远期成本所套牢。

四、民营企业不一定要摒弃家族管理

在全球范围内，家族式管理是许多企业所采取的管理方式。据统计，全球有 65% ~ 80% 的私人企业为家族式企业。标准普尔 500 家公司的 1/3 是家族企业，其股东年平均回报率是 15.6%，而非家族企业的股东年平均回报率是 11.2%；家族企业的平均资产回报率是 5.4%，非家族企业的是 4.1%。

在我国 300 多万家私营企业中，90% 以上是家族企业。家族管理具备许多独特的优势，比如家庭成员对企业高度关心、决策的快速性和目标的同一性、组织的扁平化和管理成本的最低化等等。除此之外，在家族企业里，所有者能够直接有效地监控企业经营，防范两权分离的风险。

当然，家族式管理也存在许多弊病，尤其是当企业发展到一定程度的时候，企业主个人权力独大，或者用人机制上的"任人唯亲"，会在很多方面限制企业的进一步发展。但是，家族式管理转变到职业式管理并不是一个一蹴而就的过程，往往要经历以下三个阶段：首先是企业家族化，即企业的组织、人事安排和利益分配都服从于家族利益；接下来是家族企业化，即家族成员服从企业发展的需要，但经营管理权限还主要掌握在家族成员手中；最后一个阶段才是企业职业化，即企业变成公众公司，引入外部投资者和职业经理，很多家族成员退出经营领域，演变成纯粹的股东。

改革家族管理需要具备一定的内部和外部条件，内部条件在于企业股权分散，企业具备一定的规模，并且从事多元化经营；外因在于职业经理人市场的成熟。目前，中国的大部分家族企业处在第一阶段，即"企业家族化"的阶段，有部分家族企业在向第二阶段过渡。因此，民营企业摒弃家族式管理为时尚早。

五、民营企业不一定要做大

20世纪，英国人 E. F. 舒马赫写了一本畅销全球的书，名叫《小的是美好的》，他在书中指出，企业不是越大越好，相反，小也有小的好处。"船小好掉头"，企业规模小，相对来说会更灵活一些，员工的凝聚力也更强一些，并且也会大大节约管理成本。

但是，我们现在仍有许多企业盲目的"贪大"，实际上是进入了一个认识的误区。首先，做大不等于做强，就像我们前面所说的，企业做强的关键是做"专"，做"专"了，才有核心竞争力。只有做强了，才能够真正做大。否则，盲目追求规模扩张，往往会分散企业的精力，加大企业的风险。

此外，还有一种错误的看法认识，企业只有做大了，才能创造更多的财富，才能为社会带来更大的贡献。其实，舒马赫早就说过，中小企业是创造就业的蓄水池，是技术创新的开拓者，是稳定社会的减震器，是未来经济的执行者，小企业的作用和能量不容忽视。

根据 2005 年 11 月 5 日第二届中国民营企业投资与发展论坛——"后'非公经济 36 条'时代的创新与商机"整理而成

第二编

机遇与挑战

"十一五规划"与民营企业投资热点

国家统计局总经济师

姚景源

民营企业家做了三件至关重要的大事：第一件事，他们为老百姓提供了就业岗位；第二件事，他们为社会提供了产品和服务；第三件事，他们为政府提供了税收。我认为做好这三件事的人应该是值得我们尊重的人。现就"十一五"规划与民营企业投资的问题谈一点儿个人的体会。

我国在"十五"期间投资总额达到了 29.5 万亿元，"九五"期间投资平均增长是 20.2%。"十五"比"九五"期间的增长速度高了 9 个百分点，总量比"九五"期间增加了 15.6 万亿元。"十五"期间的投资总额超过了 1981 年到 2001 年 20 年间的全部投资总和。"十五"期间，中国投资的迅速增长为国民经济的发展做出了巨大贡献，起到重大的拉动作用。正是由于有了这样规模的投资拉动，中国经济才保持了持续、快速、稳定增长这样一种基本态势。那怎样概括中国宏观经济的基本面呢？十六个字："增长较快，效益较好，价格平稳，活力增强。"

所谓"增长较快"，是指我国在"十五"期间国内生产总值平均保持 9.5% 的增长速度。从国际比较的角度看，前五年世界经济的平均增长率是 3.8%，而中国经济的增长率是 9.5%，比世界经济的平均增长速度高了 5.7 个百分点，增长速度是快的。我们到处都可以看到中国经济日新月异的变化。

"效益较好"有很多统计指标可以表现，通俗地讲我们就看三个口袋。第一个是看政府收入，也就是财政口袋。整个"十五"期间我国的财政收入从 2000 年的 1.3 万亿元发展到 2005 年突破 3 万亿元，财政收入翻了一番，从政府这个口袋看效益是好的。第二就是企业的口袋。工业企业在 2004 年的时候盈亏相抵盈利突破 1 万亿元人民币，2005 年达到了 1.4 万亿元人民币，很多企业家都深深体验到，整个"十五"期间是中国企业效益最好的时期。第三就是看老百姓的口袋，也就是城乡居民收入。2005 年我国城镇居民可支配收入是 10 493 元，农村居民人均收入是 3 255 元，城市人均年收入比 2000 年增长了 58%，农民收入增长幅度尽管不是很高，低于城镇居民人均收入，但是，应当说也是来之不易。所以，从政府的财政收入、企业利润、城乡收入这些角度来看，整个中国经济运行的效益是好的。

"价格平稳"。大家知道，2004 年中国居民消费价格指数上涨到全年 4.9%，所以有一些专家担心中国会出现通货膨胀，但 2005 年过去了，中国居民消费价格指数，也就是通货膨胀率是 1.8%，而世界平均水平是 3.6%，我们仅仅相当于世界物价上涨率的 1/2。从宏观经济层面来看，这种高增长、低通胀的形势是多少年来都没有遇到过的良好宏观态势。

"活力增强"。中国经济充满活力，活力的重要内在标志就是民营经济的迅速发展，民营经济的发展充分表明了中国经济存在的内在活力。通过 2005 年对浙江民营经济进行的三次调查，我深深感觉到民营经济充满生机。义乌这个县级市有 68 万人口，其中有 10 万人在外地经商，留在当地的还剩 58 万人，经济法人（主要是民营的成分）加上个体人员一共是 11 万，可以说，除了老弱病残基本上都是老板了。义乌是一个小商品集散地，那里有几万家展位，而且我看到的展位都是世界一流的水平。喜欢逛商场的女同志如果在一个展位前面站两三分钟，那需要两个月才能逛完所有的展位。当时，我随机抽样了三个展位，询问："你们的产品都卖到哪里"？有一位商家告知基本上都卖到了欧洲，另两位的答复是 50% 左右都出口。所以这让我联想到，义乌这个小地方已经和世界经济结合到一起了。浙江的嵊县是个县级市，据说是越剧的发源地。嵊县有一个越剧博物馆，我去了以后才知道原来越剧就是以前乞丐到富人家要饭的时候唱的。从越剧的产生也可以看出这个地方以前是非常穷的。但是现在非常富裕，我就举一个例子。现在全世界领带一年的产量是 8 亿条，仅浙江嵊县这一个县就生产 3.5 亿条，占世界领带总产量的 40%。而且完全是按照 WTO 的规则，一流的设备、一流的工艺、一流的面料。所以民营经济的生机勃勃是中国经济充满活力的重要支撑点。

正是由于我们整个国民经济增长较快，效益较好，价格平稳，活力又在持续的增强，所以从经济总量上看，2005 年我们达到了 18.2 万亿元人民币的国内生产总值，而 2000 年是 9.9 万亿元人民币。这个数值在整个世界经济当中的排序仅次于美国、日本、德国，总量上进入了世界经济的第四位。人均 GDP 也发生了迅速的增长，在 2000 年的时候，中国人均 GDP 是 949 美元，到 2005 年增加到 1 707 美元。也就是说，中国现在正处在人均 1 000 美元到 3 000 美元这样一个重要的增长平台上。我们要看到整个中国经济保持这样的增长，投资的作用是非常重要的。

我们再说民间投资，2005 年我国民间投资完成 3.497795 万亿元，同比增长率达到了 42.3%。而当年全社会投资增长率是 25.7%，民营经济投资的增长率快于全社会的投资，在全社会投资总额的比重占了 39.5%。再和 2004 年比，当时民间投资占整个投资的 34.9%，而 2005 年是 39.5%，比 2004 年民营经济在整个投资中所占的比重上升了 4.6 个百分点。这一组数据说明，民间投资无论是在增长幅度还是在总量上，都在迅速增长。

再来分析民营经济的投入。先从城乡这两个角度看，民营经济现在主要是投入到城镇，2005 年我国民营经济在城镇的投入占总投资的 69.7%，投在农村的部分占 30.3%，大部分是投在了城镇。再看增长率，投到城镇这一部分，同比增长 51.1%，投到农村的部分增长了 24.9%。所以，从城乡分布的角度看，民间资本的投资大部分投到城镇，小部分投到了农村，从增长率来看，城镇的增长率快于农村的增长率。

接下来就是民营经济投资热点的问题。"十一五规划"最重要的一个内容就是新农村建设。"十一五"规划对新农村建设提出了 14 项重点建设工程。比如农村公路，"十一五"规划明确提出要完成农村公路建设 120 万公里。120 万公里是一个什么概念呢？整个"十五"期间全国公路建设是 35 万公里，而在"十一五"期间仅仅是农村的道路就要完成 120 万公里。所以，从城乡分布的角度、增长率的角度看，结合"十一五"规划，我们的企业家要研究新农村建设，要看到新农村给我们提出的新的投资领域。对于新农村建设，政府考虑的更多的是发展与和谐，而企业家应当看到的是市场和利润。从分布的角度说，建议企业家关注新农村建设，要看到新农村建设当中的市场和商机。

目前民间投资从行业分布来讲，排在第一位的是房地产业，排在第二位的是制造业，制造业当中又比较集中在十个行业里。这十个行业是非金属矿物制品业、化学原料和化学制品业、纺织业、通用设备制造业、农副产品加工业、黑色金属冶炼及亚液加工业、交通运输设备制造业、金属制品业、医药制造业，还有一个就是专用设备制造业。民间投资的第三大行业是电力、燃气和水的生产供应业，第四大行业是批发零售业，第五大行业是采矿业。那么这前五大行业有什么特点呢？据分析，这前五大行业的发展主要是源于消费结构升级的拉动，其次是源于中国的工业化进程，特别是工业化进程中重化工业比重不断提高这样一个重要特征。2005 年的经济工作会议也好，2006 年的"两会"也好，在报告当中大家都看到了，我们国家现在正处在一个新的经济增长周期的上升期。新的经济增长周期很重要的特点就是经济自主力量在不断增强。什么是经济自主增长力量呢？最重要的就是产业和消费结构的升级。我们知道单个人的消费很难看出其规律性，如果把千百万人的消费行为放在一起进行分析，会发现消费也有其规律性。任何人的消费首先都要满足吃的需要，所以全世界用来衡量生活水平的一个重要指标就是恩格尔系数。2005 年我国城市的恩格尔系数是 36.7%，农村是45.5%，如果从 1978 年开始算的话，这两个数据都下降了 20 多个百分点。恩格尔系数的不断下降告诉我们人们的消费选择在增加，消费的能力在增强，消费的选择性也在增加。另外，消费还有一个很重要的特点就是它在不断的升级。刚刚改革开放时人们要解决的问题是吃饱，随着发展人们要解决的是吃好，现在大家追求的是吃出健康。从饱到好，再到健康是吃本身的消费结构在升级。

消费结构升级是一个大问题，经济学家和企业家应该更多的力量研究消费结构升级。而对中国来说，我们在消费问题上的预测往往都是不准的。比如，中国从黑白电视机到彩色电视机这个过程全世界谁都没有预料到，当电视机以21吋为主导的时候，大家都以为彩电会从25吋发展到29吋，谁知道在中国压根儿没有25吋这个阶段，直接就到了29吋。手机1978年开始出现在我国，那时它是身份的象征、财富的象征、地位的象征，有关部门曾经预测到2000年中国手机市场将会有80万部，实际到2000年中国手机是8 700万部。1989年我国手机仅仅有约1万部，到2005年年底中国的手机总量达到了3.9343亿部，神话般的增长。所以对消费的预测确确实实需要我们再下大力气。特别是我们现在正处于人均1 000美元到3 000美元的增长平台，这个时期的特点就是消费结构不断的发生变化、不断的升级，这一点应该得到我们企业家更多的关注。

我们再回到"十一五"规划。"十一五"规划明确提出要扩大消费，要提高和增强消费对国民经济的拉动作用，这样的提法是转变经济增长方式的需要。我们知道，市场经济和计划经济很重要的区别是，在计划经济条件下，消费是整个经济环节的末端，但是在市场经济条件下，消费的位置移到了最前边，它是整个经济的先导。所以，从"十一五"期间要扩大消费、增强消费对经济拉动作用这样一个规划的角度来看，这不仅是转变经济增长方式的需要，同时也给企业带来了增长和发展的机会。我国居民储蓄本币存款2005年年底达到了14万亿元，在"十一五"规划当中还讲，我们城乡居民收入在未来五年每年要保持5%以上的递增，而且中央现在正在加大力气提高中低人口的收入，同时还要解决与人民群众切身利益相关的一系列事情，这些都有助于建立良好的消费环境。所以消费在整个"十一五"期间对整个经济的拉动作用会日益凸显，消费会是"十一五"期间一个重要投资领域。在"十一五"期间，凡是适应消费升级的产业、行业，适应消费升级的产品都应当成为投资热点。

中国现在处于工业化迅速发展时期，这个时期很重要的特色就是重化工业比重在不断的提高。美国成为世界头号强国，当时靠的是钢铁、汽车、建筑业；日本从战败国成为世界第二经济大国，靠的是倾斜生产方式，也就是向重化工业倾斜。中国工业增长的断面也很清晰，20 世纪 80 年代的时候主要是食品、纺织，90 年代是轻工、家电，现在则是钢铁、汽车、电子、机械、化工，所以，争论是否需要发展重化工业是不重要的，重要的是我们的重化工业要能走新兴工业化道路。"十一五"规划对我国的工业、包括重化工业做出了明确的规划，所以我国的工业、特别是装备制造业也会成为企业家投资的热点。

再就是服务业。2005 年的全国经济普查，比较准确地掌握了中国第三产业的发展状况。我国第三产业在整个国民经济当中占的比重，经济普查的数据是 40.3%，跟我们自身相比有很大的发展，但跟国际比较仍然还是十分低的。全世界发达国家不说，就说发展中国家，第三产业在整个国民经济当中所占的比重也大于 51%，而我们现在是 40.3%。我们的第三产业不仅比重低，而且结构层次低。我们现在一说第三产业就是吃饭、餐饮，现在全国餐饮业一天的销售额超过 20 亿元人民币。现在又搞一个全国从南到北洗脚，都是低附加值的，结构层次低，缺少现代服务业。"十一五"规划明确提出未来五年中国第三产业比重要上升 3 个百分点，在第三产业中就业的劳动力所占比重要上升 4 个百分点，企业家们应该从这两个指标中读出市场来，读出商机来。外资的投入也发生了很大的变化，2005 年是 603 亿美元的流入，目前最大块还是在制造业，但是增长最快的还是在服务业。我们应该把发展服务业看成投资的重要空间。

"十一五"规划当中还有一个非常重要的指标，就是未来五年我们要把单位能耗降低 20%。这是一个必须要实现的目标，这个目标的实现对于转变经济增长方式，使中国经济增长具有可持续性至关重要。这个任务是很艰巨的。一方面要靠解决机制和体制问题，比如说要完善市场机制，要深化改革。但是另外一方面也有一个技术和投入问题。我举一个例子——节能灯，我们家里面也用节能灯，但是用来用去大家不愿意用了，节能灯是节电，但它价格高，使用寿命短，最后核算下来省的电钱还不够购买它的价格和寿命钱，所以现在不少消费者不愿意使用节能灯。什么问题？技术问题，质量问题。我到上海一个同事家去看，说你们家洗手间不错，他家洗手间的抽水马桶是一种节水型的，他告诉我说这是日本的产品，所以我觉得有一个技术和投入的问题。由于我们整个经济发展受到能源和资源的约束，我们也看到相当一部分企业投入到能源和资源领域，当然这是必要的，为我们解决这些问题做出了一定的贡献。我们现在能源和资源的状况比 2004 年有所缓解，煤炭现在也是库存在增加，价格在回落。但问题是，我们都是投入在能源的生产加工上，很少投入在能源的节约上，所以节能产业也应该成为我们今后投资的重要领域之一。还有一个就是环境保护，"十一五"规划也作出了明确的规定，我想未来在环境保护方面，也将是投资的一个重要领域。

投资方面还需要关注的一点是产能过剩，2005 年整个中国宏观经济当中存在的问题之一就是部分行业的产能出现过剩。如果不对过剩的状况有所把握，盲目投资、重复投资，就可能会给经济造成损失。对于产能过剩我主张是要两方面看，一方面要看到产能过剩的问题对整个经济的影响，另一方面产能过剩在一定意义上也是好事。我们都讲要调整产品结构、产业结构、转变经济增长方式，为什么叫了这么多年这么难呢？就是因为在大量消耗、大量使用情况下，在产品畅销情况下，难以得到调整。现在出现产能过剩实际上是市场给了我们一个信号，我想未来在调整结构方面，不仅仅应该有政府的号召，同时也应该有市场的力量，也为企业的投资创造良好的环境。

根据 2006 年 4 月 9 日第三届中国民营企业投资与发展论坛——"'十一五'规划与民营经济发展"整理而成

中国民营经济发展现状与问题

国家统计局总经济师

姚景源

目前，对中国经济形势的看法，各方面的意见不太一致，对中国经济的走势也出现了意见分歧，由于对经济走势的预测不一致，又使得人们对现实中宏观调控的政策有不一样的看法。

因此，如何把握宏观经济是非常重要的事情，温家宝总理在"两会"闭幕的记者招待会上讲，2008 年是中国经济最为困难的一年。为什么这样讲呢？我认为很重要的因素是我们现在面对的是复杂的国际、国内的经济局面。就国际上讲，美国次贷危机、美元贬值，国际货币基金组织已经连续三次调整世界经济增长，2007 年世界经济增长是4.9%，现在国际货币基金组织调整到的是 3.7%，低了 1.2 个百分点；从商品市场上讲是油价大涨，粮价大涨。这个复杂的国际经济局面，是过去五年来我们从来没有遇到过的复杂局面。

再看国内，一个是价格上涨，一个是股市震荡。面临这么复杂的形势，大家都产生了各种各样的看法，主要的宏观经济指标发布出去之后，社会上从不同的角度进行了解读，但我觉得解读的不够完整、不够全面。为了全面、完整的解读和把握中国的经济，我把 2008 年第一季度中国经济的主要宏观数据做了一个重新的排列组合，把它分成两大类，十个指标。一类是上等，一类是下等。这十个指标是什么状况呢？是五上五下，首先说五个向下的指标，即下去或者是增幅回落的指标。

第一，经济增长率下降。2008 年第一季度国内生产总值的增长率是 10.6 个百分点，和上年同期相比下降了 1.1 个百分点，和上年全年相比下降了 1.3 个百分点。这是国民经济增长的下降，而且下降的幅度同比达到 1.1 个百分点。

第二，企业新增利润增长幅度下降。前两个月我国规模以上的工业企业利润增长率是 16.5%，但是它的增长幅度和上年同时期相比回落了 27.3 个百分点，这个数据很重要，发布出来之后对股市和社会引起了比较大的影响。

第三，出口回落，这几年很重要的问题就是贸易顺差增大。但是这一时期的增幅回落了 6.4 个百分点，这是近五年来所没有的。

第四，货币发行量增长数目在回落。M1 回落了 0.1 个百分点，M2 回落了 0.6 个百分点，M3 回落了 5.6 个百分点，新增贷款一季度为 1.33 亿元，同比少增了 891 亿元。

第五，工业的增长幅度在回落。

还有五个上行的指标：

第一，粮食，春节期间的冰冻灾害给全国造成了很大的损失，全国直接损失大概是 1 165.5 亿元，但是雨雪冰冻灾害对冬小麦来说又是一个好事，冬季结束后，由于雨雪溶化导致土壤好，所以现在冬小麦一、二类苗的比重达到 82.3%。比上年同期提高了 2.8 个百分点，这也是从 1997 年到现在这 11 年第三个比较好的年份，冬小麦的长势非常好，各种面积增加 120 多万亩，意味着 5 月份和 6 月份很关键。粮食问题是 2008 年很重要的宏观经济指标。

第二，进口，进口增幅同比上升了 10.4 个百分点，出口回落了 6.4%。

第三，外资利用量上升。第一季度我国实际到位的外资是 271 亿美元，增长幅度同比超过 60%。

第四，财政收入。第一季度财政收入同比上升了 35.5%，比 2007 年同期提高了 8 个百分点以上。

第五，股价。

五上五下现在社会上都在分析，我认为有的分析缺少完整性，比如说，经济增长回落是好事还是坏事？我认为是好事，因为现在经济运行当中很重要的问题是增长速度偏快，而且增长过热。所以我们希望增长有所回落，这是向宏观调控预期目标发展的趋势。另外，企业利润大幅度的回落 27.3%，有的人惊慌失措，我认为原因在于没有认真对这 30

多个行业的基本状况加以分析。之所以前两个月全国工业企业增长回落了27.3%，这其中有两个行业的变化起了关键作用，一个是石油加工，一个是电力。石油加工行业2007年同时期盈利145亿元，2008年亏损239亿元，一正一负，导致拉动整个企业利润的大幅度回落。再一个是电力，煤价放开，电价是政府管制，价格倒挂的原因导致油价大于过去利润的大幅度增长，另外2007年的涨幅是66.7%，2008年同期-61%。如果把两个行业扣除的话，剩下的这些利润同比增长37.5%，即比上年同期还高了6个点以上。

至于出口下降应该看到确实是有国际市场上需求减弱的原因，有人民币升值影响竞争力的原因，也有自身宏观调控的作用。产品出口受到遏制，这其中也有我们自己经济结构的原因。所以从这个角度来说，增值的出口有所回落也不是坏事，2008年一季度贸易顺差是444亿美元，比2007年回落了60亿美元，这也是一件好事。

货币发行量增幅的回落说明了我们从紧的货币政策正在发挥作用，实施从紧的货币政策有助于我们抑制这种需求，抑制物价过高过快增长的幅度。从上升的指标来看，目前农业还是保持着良好的发展态势，进口量在上升，一方面说明由于人民币升值，进口便宜了，所以大家进口的热情高涨；另一方面说明了国内的需求还是保持着旺盛的状态，这一点很重要。这么多的外资，增长幅度这么大，这说明世界经济的增速趋缓。全世界的资本还是最看好中国。

如果全面分析这五"上"五"下"，可以得出这样的结论：第一，我们的农业保持了一个良好的增长态势；第二，我们的工业还是在继续的发展；第三，固定资产投资过快，货币与信贷投放过多和对外贸易顺差过大，这三个"过"的矛盾从第一季度的数字来看有所缓解，这都应该看成中国第一季度的经济运行比大家原来预测的要好。这样充分表明尽管我们现在面临困难和问题，但是中国经济的基本面是好的。

我们再谈谈价格。去年物价上涨居民消费价格水平上涨了4.8%，2008年一月份上涨了7.1%，二月份上涨了8.7%，三月份上涨了8.3%，一季度下来平均上涨8.0%，所以物价还处在高位，物价上涨给我们亿万民众的基本生活带来了很大的压力，所以这应该是中国宏观经济当中第一位的问题。现在物价的上涨从一季度的分析来看，在结构上主要还是食品价格的上涨，2007 年 4.8% 的上涨，4.0% 是由于食品价格造成的，4.0%：4.8% 等于是 83.3%，2007 年的物价上涨是最高的。2008 年第一季度 8.0%，6.8% 是食品价格造成的，6.8%：8.0%，等于 85%，第一季度物价上涨这么高，85% 的原因是食品。食品价格之所以居高不下而且持续一年之久，我觉得深层次的原因还是中国经济结构的问题。长时间的依赖工业、依赖第二产业，忽略了第一产业农业，以至于长时间集聚的问题和矛盾显现出来。猪肉是重要的消费品，其生产分散在千家万户，全国生猪的供给 60% 靠农民散养，市场的反应程度也差，所以物价上涨体现的是经济结构深层次的问题，现在都表现出来了。

从整个宏观经济的政策措施上来看，现在确实应该把防止价格上涨转成明显的通货膨胀作为第一位的宏观调控目标。要做到这一点，还是不能够放弃第二个"防止"，即防止经济增长偏快转型过热。应把两个"防止"放到宏观调控最重要的目标上来。做到两个"防止"很重要的就是我们要贯彻中央经济工作会议提出的 12 字方针："控总量、稳物价、调结构、促平衡"。

第一，"控总量"。一定要看到中国经济增长主要的矛盾不是速度的问题，而是质量的问题，一定要把好和快放到前面，一定要控制固定资产过快的增长，改革开放三十年，通货膨胀最高的一年是 1994 年，CPI 是 24.1%。1993 年的投资增长 61.8%，现在才 24% 左右，所以历史的今天也告诉我们，上一年的高投资增长率有可能演化成下一年的高通货膨胀，所以"控总量"在我们 12 字方针里的排第一位。

第二，"稳物价"。温家宝总理在"两会"中讲到要把 2008 年的物价控制在 4.8% 左右，我觉得很困难，难度很大。一个是物价目前处在高位，全年要实现 4.8%，后几个月的压力会很大。而且现在导致物价上涨的主要因素是食品的价格还在高位，一季度全国的生猪价格上涨了 63%，吃的油脂上涨了 42.8%，蔬菜上涨了 32.7%。另外在生产领域的价格，上涨的幅度也高于去年。上游生产资料价格的上涨，向消费领域传导。世界性的通货膨胀，现在小麦涨了 2.1 倍，大米涨了 40%，其中越南一天就涨了 70%，大豆涨了 78%，玉米涨了 25.5%。整个国际上的价格，原油 2008 年年初 50 美元/桶，现在突破了 120 美元/桶。2007 年我国原油产量为 1.87 亿吨/年，进口量是 1.8 亿吨/年，表明我们是第二大石油消费国。这种状况下输入性的膨胀会给整个物价会带来很大的压力。还有价格没有缓解市场化，将会给我们生产经济造成困难，刚才说的电价倒挂、油价倒挂，我们一季度还属于不是用电高峰时段，到了第二季度六月份用电高的时候有可能会导致我们用电紧张。但是我们应该看到党中央国务院抑制物价过快增长的决心，温总理在"两会"中提出九大措施，我认为 2008 年的物价走势肯定是前高后低的状态。九大措施从生产、流通到消费，是一个全方位的抑制物价过高、过快增长的状态。所以我觉得稳物价在 2008 年会发生积极的作用。

第三，"调结构"。现在宏观调控不是一刀切，应区别对待，有保有压。我们要压的是高能耗、高污染的产业，保的是农业、科技业、现代服务业，所以不是一刀切。

第四，"促平衡"，我们尽可能的改善国际收支，尽可能的减少顺差，尽可能的使整个的国民经济做到均衡发展。

尽管中国 2008 年整个国民经济面临着极其复杂的局面，但我觉得中国 2008 年还是会取得辉煌成就。前段时间我到央视接受访问，最后他们让我用一句话、一个字来表示 2008 年中国经济，我想了一下说，如果一个字那就是"稳"。我觉得 2008 年中国经济最突出的特征就是"稳"，比如说经济增长速度，绝不会像 2007 年的 11.9% 那么高，会有所回落，回落多大幅度呢，我也不赞成有的人讲回落到 9% 以下，甚至是 8% 以下。我觉得还是回落到 10% 左右的水平。这就意味着 1978～2007 年平均增长是 9.8%，10% 左右的增长速度体现一个稳。物价进一步大幅度的上扬，比如说超过两位数了，不可能。因为肯定要把物价过高过快的涨幅压下去。但是不可能一下子降下来，因为从技术的角度来说，全国冻死了五六百万头生猪，有 80% 是小猪，仔猪按照现在的饲养周期是 6 个月出来，所以我觉得猪肉在近期不会有大的回落。

民营经济现在面对的问题，是整个经济都面临的问题。过去长时间的增长是建立在低要素成本基础上，比如说劳动成本低、环保成本低、利率低、土地价格低、原材料价格比什么都低，所以在低成本的情况下有很好的增长，但是现在来看，从今以后我觉得低要素成本时代一去不复返了。所以我们面对的是这种状况，对民营经济来说确实要把困难、挑战变成机遇，使我们转换新的台阶。1978 年的时候全国猪肉一斤 0.82 元，2006 年是 6 元，现在一公斤猪肉 26 元，后腿肉平均一斤 13 元。猪肉这么多年也没涨 20 倍。1978 年的平均收入是 30 元人民币，原来拿 30 元现在拿 3 000 元了。从中国结构的深层来看，农产品的价格会居高不下，将来是一个上涨的趋势，国外也是这样。工业品的价格我倒觉得随着技术进步，随着管理的加强，应该是持续下跌的状态。

前几天我在网上看到一个汽车公司的老总要求涨价，他说卡车要论斤卖都没有猪肉贵，我看了以后觉得很上火，这么大的一个企业老总，经济学知识如此的缺乏，经济学讲比较的话，必须要比较同质的东西，把汽车切开论斤卖不叫汽车了，叫废铜烂铁了，不能当猪肉卖，那是正常的怎么涨价呢？我当时想，这个老总把他论斤卖，也绝对卖不过猪肉。我讲的意思是现在在价格问题上确实很复杂，目前的价格上涨，有经济深层次的原因所决定的，但是确实是也有不合理的问题，交织在一起，通货膨胀的预期加上投机，使得我们这个局面更为复杂。所以在这里我觉得民营经济应该把现在的状况，把各种生产要素价格的上涨都看成是转变经济增长方式、优化结构的良好的时机。

根据 2008 年 5 月 11 日第四届中国民营企业投资与发展论坛——"民营经济三十年：新生与困惑"整理而成

宏观经济调控与中小企业发展面临的机遇和挑战

中国中小企业协会会长

李子彬

一、中国中小企业进入了历史上最好的发展时期

中国的私营企业 95% 以上是中小型企业，而中国的中小型企业中 95% 以上属于非公有制经济。新中国成立初期，对私有制经济采取利用、限制、改造的政策。到"文化大革命"时期，对私有经济采取否定、批判、取消的政策。党的十一届三中全会后近三十年以来，人们对非公有制经济的地位和作用的认识逐步深化，全社会对支持引导非公经济的健康发展逐步形成共识，民营经济得到快速发展。

2002 年 6 月，全国人大颁布了《中华人民共和国中小企业促进法》（以下简称《中小企业促进法》）。《中小企业促进法》中提出了若干具体措施，主要包括：（1）推进产业结构调整，鼓励中小企业向"专、精、特、新"方向发展；（2）鼓励中小企业建立科技创新体制；（3）加大财税政策扶持力度，各级政府要设立中小企业发展基金；（4）拓宽融资渠道，简化贷款抵押手续，放宽融资渠道，允许中小企业上市，经过批准的中小企业可以发行债券，发展风险投资基金和风险投资公司；（5）建立健全中小企业信用贷款担保体系，建立国家、省、地（市）三级信用担保机构；（6）建立健全中小企业的社会化服务体系；（7）制定有关法律法规，放宽外贸出口的审批条件，为中小企业创造公平竞争的外部环境。《中小企业促进法》的颁布和实施，是中国中小企业健康发展走上法制化道路的里程碑。2005 年 2 月，国务院颁布了《国务院关于鼓励、支

持和引导个体私营等非公有制经济发展的若干意见》（简称"非公经济36条"）。这是继《中小企业促进法》颁布之后的又一个重要政策文件。国务院有关部门和地方政府为贯彻落实"非公经济36条"，制定了一系列实施细则。《中小企业促进法》、《物权法》及"非公经济36条"的颁布，标志着我国初步建立起了完备的鼓励支持中小企业发展的法律法规体系。

党的十六大提出："毫不动摇地巩固和发展公有制经济，毫不动摇地鼓励、支持和引导非公有制经济发展"。党的十七大提出："坚持平等保护物权，形成各种所有制经济平等竞争、相互促进新格局"、"推进公平准入、改善融资条件，破除体制障碍，促进个体、私营经济和中小企业发展"。中国中小企业进入了历史上最好的发展时期。

改革开放三十年来，我国非公经济和中小企业已经成为繁荣经济、增加就业、推动创新、调整结构、催生产业和建设和谐社会的重要力量。我国在各地工商部门注册的中小企业有430多万户，创造的GDP占全国的60%，缴纳的税金占全国50%，发明专利占66%，吸纳城镇就业75%以上。

二、中小企业在发展中仍然面临不少困难和问题

1. 鼓励、支持和引导中小企业健康发展的综合社会环境有待进一步改善

中国中小企业既是一个数量庞大、富有活力的经济群体，又是一个相对处于弱势的群体。中小企业本身存在规模不大、实力不够强、人员总体素质偏低、管理水平不高、增长方式粗放等方面的问题。在生存与发展环境方面，融资条件需要尽快改善，市场准入需要进一步公平，政策措施需要认真落实，社会化服务体系需要加快健全，社会信用体系建设需要逐步建立，财税支持力度需要进一步加大。

2. 需要进一步深化金融体制改革，畅通中小企业融资渠道

融资难是制约中小企业发展的瓶颈。其主要原因集中表现为：一是

直接融资与间接融资结构失衡。目前，我国中小企业间接融资比例高达98%，直接融资不足2%。由于多层次的资本市场体系发育滞后，绝大多数中小企业无法通过股票市场和债券市场吸纳社会资金。截至2007年年底，在中小企业板上市的企业300余家，融资500多亿元人民币。自2003年以来，中小企业总计发行债券18亿元人民币。风险投资基金及境外投资基金进入中小企业的数量则更少。据创业投资基金公司同业协会的同志介绍，我国现有各种私募股权投资基金管理公司近800家。在规模上，绝大多数公司管理的基金规模在10亿元人民币以下；在投资性质上，很少有战略投资，绝大多数是财务性投资，期望投资目标企业在三年左右上市，基金退出；在功能上，由于基金管理人员的知识和经验不足，很少在投资以后有能力继续跟进给予增值服务。二是现有商业银行面向中小企业的金融产品创新和服务创新滞后。尽管工、农、中、建各大国有商业银行和国家开发银行这几年不断创新和改善对中小企业的金融服务，但是随着国有银行的商业化改造与战略转型，多数机构基层网点从县城撤出，使县域经济的小企业融资更难。由于中小企业贷款金额小、笔数多，贷款成本高、风险大，加上小企业贷款核销呆坏账等政策不到位，影响了小企业信贷业务的拓展。尽管中小企业对全国GDP贡献率达到60%，但是在全部信贷余额中，中小企业贷款比率尚不足25%。从国际经验看，大银行天然的倾向于和大企业打交道。根据美国1999年的数据，资产规模小于1亿美元的银行，其96.7%的贷款是贷给中小企业；资产规模在1亿~3亿美元的银行，其85%的贷款是贷给中小企业；资产规模在3亿~10亿美元的银行，其63.2%的贷款是贷给中小企业；资产规模在10亿~50亿美元的银行，其37.8%的贷款是贷给中小企业；而资产规模大于500亿美元的银行，只有16.9%的贷款是贷给中小企业。从这个意义上讲，中国现在还缺少为中小企业服务的银行，这也是中小企业贷款难的一个重要原因。三是部分中小企业管理水平和信用水平低。部分中小企业规模小，经营管理人员的文化素质及管理水平较低，财务制度不规范，缺乏真实可信的财务报表和良好的连续经营记录，信用缺失，制约了中小企业获得贷款。

　　总之，解决中小企业融资难的问题是个复杂的系统工程，需要继续解放思想、破除体制障碍，深化金融体制改革，建立和完善银行体系，发展适应中小企业贷款特点的金融机构，引导和鼓励金融机构创新金融产品，改善金融服务，调整信贷结构，增加中小企业信贷；健全和完善多层次资本市场体系，扩大中小企业直接融资渠道；培育、引导、规范、发展中小企业创业投资、风险投资机构，疏通风险资本的进入和退出渠道；切实提高中小企业自身的综合素质、信用水平和融资能力；进一步发挥政府的政策导向与资金支持功能。

三、当前的宏观经济调控与中小企业的生存发展策略

国内、国际一系列的动态必然影响 2008 年中国经济的发展，也必然影响到中小企业的发展。2008 年中央宏观调控的重点是防止通货膨胀，防止经济过热。国家采取了从紧的货币政策和稳健的财政政策。从紧的货币政策对不同行业、不同地区的企业都将造成较大的影响，特别是对中小企业的影响会更大。美国次贷危机后的经济景气下降、人民币的升值、西方一些国家的贸易保护政策，势必对中国的出口造成重大打击。新的《劳动合同法》从 2008 年 1 月开始实施，必然加大用工成本，对外资的优惠税制也在改变，将造成一大批外商投资企业向南亚及东南亚国家转移。新《劳动合同法》实施的根本目的是保护劳动者的合法权益，但是也必然加大企业用工成本，特别是对劳动密集型的加工业、传统服务业的企业影响更大。加上加工贸易政策的调整，沿海地区加工贸易中小企业面临更大的压力。一些劳动密集型中小企业将会关闭，加上一大批外商投资企业的外迁，必然影响到 2008 年的城镇就业。我国目前将近四成的国内生产总值依赖投资拉动，信贷、土地、环保宏观调控政策的实行，将抑制投资的过快增长。由于有保有压、不搞一刀切的原则贯彻的不够好，对需要鼓励投资的产业和地区而言，负面影响会更大。国内需求一直是我国经济增长的重要拉动力量，而且预期内需的拉动作用越来越大。但是长期以来积累与消费的比例不当，缺乏刺激扩大消费的有力政策，因此短期内内需拉动仍将维持在以前的水平。由

于我国正处在快速推进工业化、城镇化和现代化的经济发展阶段，所以节约资源包括节约能源以及环境保护将成为我国经济发展的瓶颈制约因素。建设资源节约型和环境友好型社会将成为今后数十年的基本国策。本届政府已经提出今后五年，万元 GDP 产值的能耗要下降20%，污染物排放下降10%。企业面临的压力很大，但是总体上讲大企业还有资金及技术上的保障，而一大批小造纸、小水泥、小冶金等企业将被迫关闭。一方面，从节能环保而言，无疑是一件大好事；而另一方面将造成一大批工人下岗待业。由于美欧投机资金的兴风作浪，能源、粮食甚至矿产的价格将会进一步上涨，以上各种因素都将对中国国民经济及相关企业的发展产生重要影响。而节能环保型企业、可再生能源的开发及产业化、资源综合利用的循环经济、具有自主创新能力的高新科技产业和现代服务业将面临新一轮发展的大好机遇。

渔民出海之前都要搞清天气预报情况，而我们的中小企业投资者当中有许多人还不懂得研究、适应、把握宏观经济调控政策给他们带来的机遇和风险。这就需要政府部门和广大社会中介机构加强与数量庞大的中小企业之间的信息沟通及交流。广大中小企业要采取有效对策规避风险，把握机遇，实现更好、更健康的发展，迎接未来新一轮的发展局面。

根据2008年5月11日第四届中国民营企业投资与发展论坛——"民营经济三十年：新生与困惑"整理而成

北京市的投资环境及民营企业的发展机遇

国家发改委副主任、原北京市副市长

张 茅

当前我们正在按照科学发展观的要求，总结"十五"计划执行的情况，研究制定"十一五"规划。近期国务院制定了《关于鼓励支持和引导个体私营等非公有制经济发展的若干意见》，北京市也正在研究怎么落实好这个意见。我们在这里召开民营企业投资与发展论坛，企业界、理论界和我们政府的主管部门大家一起研讨这个问题，我觉得很有意义。论坛本身就为北京市非公有制经济的发展提供了很多新的思路、新的建议，也会为首都非公有制企业的持续健康发展带来很多合作、互利共赢的商业机会。所以我很高兴被邀请参加这个论坛，我想从实际工作的角度，北京市的实际，同我们在座各位一起交流和探讨有关北京的投资环境和非公有制企业发展机遇的问题。

一、北京市非公有制经济在促进全市经济社会发展方面的重要作用日益显著

北京市 2005 年前三个季度（1~9 月份）与"十五"计划前几年一样，经济保持了平稳、健康的运行态势。投资环境、产业结构继续改善，经济增长的质量稳步提高。投资、消费、出口三大需求协调发展，物价水平保持了比较合理的低位运行。人民生活质量也在不断的提升，北京市的经济正处于新一轮快速增长的上升阶段，再加上奥运基础设施建设项目的拉动，经济增长的内在动力比较强。一至三季度我们初步计算经济增长是 10.5%，仍然处于快速增长的轨道上。

在北京市的经济在相当一段时期内平稳、协调发展的同时。非公有制经济也在迅速的发展，而且成为做大经济总量、解决城乡就业、拉动投资增长、增加财政收入、促进科技创新和实现便民服务的一个重要组成部分。非公有制经济在整个经济总量中占42%，在固定资产投资当中占53%，从业人员占59%，地税收入占43%，国税收入占38%，在全市商贸、餐饮、服务业网点中，非公有制经济占95%。从事计算机应用服务、综合技术服务和信息咨询服务等现代服务业的企业中，99%以上是非公有制企业。而非公有制企业中的90%以上是中小企业，中小企业中90%以上是非公有制企业。这是北京市非公有制经济的基本情况。

北京市非公有制经济总体发展是好的，但和沿海地区经济发达的省市比较，在很多方面还有很大的差距，依然存在不少的问题。一些共性的问题，如市场准入问题、贷款融资难、服务体系不健全、信息不对称、成长环境有待改善和自身素质有待提高等都不同程度的存在。

二、营造良好投资环境，促进非公有制经济发展

针对非公有制经济发展当中普遍存在的问题，国务院制定了《关于鼓励支持和引导个体私营等非公有制经济发展的若干意见》（以下简称"非公经济36条"），北京市也在结合这个贯彻执行制定《实施意见》。在"非公经济36条"当中有一个原则，就是"既要又要"的原则：既要大力鼓励和支持，又要加强引导和规范；既要优化外部发展环境，又要提高企业自身素质；既要依法保护非公有制企业的合法权利，又要维护职工的合法权益；既要保护民间投资积极性，又要贯彻产业政策；既要着力解决企业融资难的问题，又要注意防范金融风险。下面就《实施意见》涉及的有关非公有制经济发展环境方面的问题与大家进行交流。

1. 关于市场准入问题

在制定《实施意见》的过程中，我们坚持的一条原则就是"平等待遇，一视同仁"。这条原则贯穿《实施意见》的始终。就基础建设领

域而言，我们进一步提出三个允许：允许非公有制经济主体参与城市基础设施的投资、建设和运营；允许非公有制资本参与正确投资项目"代建制"的建设；经营型基础设施形成的产权和经营权允许向非公有制经济转让或出让。这三个允许一方面符合投融资体制改革的方向，有利于进一步拓展投融资渠道，为日益加快的城市基础设施提供有力的支撑；另一方面，使非公资本有了更宽广的投资空间，有利于激发和释放非公资本的投资积极性。同时，也有利于在投融资体制改革上处理好增量改革和存量改革的关系，进一步激活存量主体的活力。以地铁 4 号线建设运营为例，北京市在全国率先采用了特许经营模式，在全球范围内公开招标选择投资建设运营商，最终香港地铁公司和首创集团组成的联合体中标，从而实现了非公有制经济主体参与城市基础设施的投资、建设和运营。另外，2005 年 7 月份北京六圾路沿线五对加油站特许经营权面向社会公开招标，包括非公有制企业在内的九家企业参与竞标，也体现了政府放宽非公有制经济市场准入的态度。

就社会事业和文化产业领域而言，我们提出制定《北京市社会事业投融资体制改革的意见》和《北京市文化创意产业投资指导目录》，明确放宽非公资本进入社会事业、文化产业的领域、方式和准入目录。并进一步提出了两个允许，即：允许非公有制资本和社会组织独资办学；允许符合条件的民办医院进入医疗保险体系。

2. 关于政府财政资金支持问题

为了支持中小企业发展，按照《中小企业促进法》的有关规定，从 2005 年起，北京市财政设立了 5 亿元中小企业发展专项基金，用于支持中小企业公共服务体系建设项目、促进新产品开发和新技术推广项目、与大企业的协作配套项目、开拓国际市场项目、实施清洁生产项目等。北京市设立的中小企业发展专项资金体现了政府对中小企业特别是非公有制企业发展的重视和支持的决心。

3. 关于中小企业融资难问题

针对中小企业融资难的问题，北京市提出了三项具体措施：

（1）整合社会资源，拓宽间接融资渠道，切实促进解决中小企业融资难问题。在当前依靠市场配置资源的基础性作用还不能解决中小企业融资难问题时，政府发挥协调、引导和扶持作用，依托北京市中小企业网的信息和技术优势，搭建中小企业融资需求与银行放贷需求对接的平台，协调信用中介机构、担保机构和贷款银行共同为中小企业融资提供服务，发挥协同效应切实解决中小企业融资难问题。

（2）研究建立再担保机构，提高担保放大倍数，扩充融资担保额度。目前北京市主要从事中小企业融资担保业务的担保机构共 60 家，注册资金 70.35 亿元。截至 2005 年 6 月底，已累计为 9 178 户中小企业提供贷款担保 375.01 亿元。担保行业的发展，缓解了中小企业资金紧张的局面，但是目前北京市贷款担保规模还不能满足中小企业融资贷款的需求，同时近年来快速发展的担保机构也存在着规范管理和风险控制的问题。为推动中小企业信用担保体系建设，市政府正在加紧研究建立再担保机构的方案。再担保机构的设立，将有利于提高担保机构资金放大倍数，促进解决融资难、担保难的问题。有利于政府对担保业的规范和监管；有利于建立风险分担机制，促进担保机构健康发展。

（3）鼓励支持具备条件的企业直接融资。目前，为打通非公有制经济、中小企业直接融资渠道、改善融资环境，市政府一是加强对企业进行上市培训和辅导，整合中介机构为企业提供法律和政策咨询服务；二是支持包括非公有制企业在内的各类企业利用国内外资本市场直接上市融资；三是支持具备条件的中小企业在创业板上市融资；四是鼓励非公有制经济以股权融资、项目融资等方式筹集资金；五是允许符合条件的非公有制企业依据国家有关规定发行企业债券；六是依据国家十部委近日发布的《创业投资企业管理暂行办法》，鼓励设立各类创业投资企业、风险投资基金，条件成熟时，设立北京市中小企业创业基金，重点支持科技型、出口型、服务型、就业型非公有制企业发展。

4. 关于服务体系建设问题

针对中小企业服务体系不健全，北京市提出了三项具体措施：

（1）研究建立北京市中小企业中介服务中心。从服务载体上，重点整合全市各类中介服务资源，为中小企业特别是非公有制企业发展提供服务；从服务内容上，重点提供"准生"以外的各种社会化服务（例如业务咨询、管理培训、融资指导等）；从服务需求上，实现中介资源与中小企业的市场对接。

（2）启动北京市中小企业三大培训工程。针对目前非公有制企业对培训的迫切需求，计划在全市范围内开展融资培训、管理培训和创业培训等三大培训工程，对处于不同发展阶段的非公有制经济、中小企业提供高、中、低端培训服务，政府对培训服务给予适当补充。

（3）建立中小企业门户网站，解决信息不对称的问题。建设北京市中小企业网，将有利于整合各类政策、法规及相关信息资源，及时准确、最大限度地向全社会提供有关中小企业、非公有制经济的信息服务，方便企业和社会获取信息。通过网站的建设，一是解决了非公有制经济、中小企业发展中的信息不对称问题；二是为网上公开征集中小企业融资项目和政府专项资金支持项目奠定了基础；三是成为政府、企业和社会之间的互动平台。

三、北京市经济和社会的快速发展为非公有制企业提供了广阔空间

1. "十一五"时期城市基础设施建设将会给国内外投资者提供商机

经过二十多年的改革开放和经济与社会的全面发展，北京市在"十一五"期间将步入经济和社会快速发展的重要机遇期。同时，令世人瞩目的北京奥运会将在"十一五"期间举行。平等的市场准入政策，加上众多城市基础设施建设项目的实施，为国内外各类企业提供了难得的发展机遇。

以城市公共交通建设为例，在"十一五"期间，北京市将建成地铁5号线、奥运支线和首都机场线等七条轨道交通线，全市轨道交通线网运营总里程达到近300公里，比现在运营总里程增加了180多公里。

在市域快速交通建设方面，将完成京津第二高速、首都机场北线和京承高速等十条高速公路的建设，累计公路里程达16 000公里，高速公路总里程达到890公里。

此外，奥运会场馆建设、污水处理、信息基础设施建设等众多基础设施建设项目，都为各类企业提供了发展商机。

2. "十一五"期间产业发展和空间布局调整将为非公有制经济发展提供机遇

"十一五"期间，北京市将以转变经济增长方式和推动产业结构升级为目标，构建"以现代服务业和高新技术产业为双引擎、以现代制造业和基础服务业为双支撑，以都市型工业和现代农业为重点补充"的与北京城市功能相吻合的产业格局。产业结构的调整，将引发各种资源要素的转移和重组，从而产生新的发展机遇。

产业转移尤其是服务业转移将有利于聚集总部资源，有利于承接现代服务业、研发和高端制造产业的转移。

新的《北京城市总体规划》的实施和城市化步伐的加快从总体上为产业发展和空间布局指明了发展方向，按照"两轴——两带——多中心"的空间格局，落实区县功能定位，将有利于疏解城区功能，引导产业转移和集聚。

区域经济合作的进一步深化将有利于周边省市资源合理配置，优化产业结构，增加经济发展腹地，为企业发展提供更广阔的空间。2008年奥运会的召开将带来多方位的产业需求，北京将成为全球关注的焦点，这有利于吸引国际产业和关键要素向北京集聚，促进投资环境的优化并带动相关产业加速发展。国家自主创新战略实施尤其是做强中关村的决策，为加快发展高新技术产业带来新的机遇。产业发展与空间布局调整，将打破传统格局，会产生众多的投资商机，希望非公有制企业能够做好准备、抓紧机遇、快速发展。党的十六大报告中明确指出"必须毫不动摇地巩固和发展公有制经济，必须毫不动摇地鼓励、支持和引导非公有制经济发展"。发展非公有制经济不是认识问题，而是实践和落实问题。北京市将按照建设服务型政府的总体要求，进一步营造有利于非公有制经济发展的良好环境，为不同所有制企业提供公平竞争、一视同仁的发展机遇。我们将进一步加大市区两级财政资金对中小企业发展的支持力度，规范使用好政府专项资金，发挥其引导、带动和放大作用，促进中小企业和非公有制企业快速、健康发展。

　　这次论坛的召开我认为很有意义，我们希望通过这次论坛对进一步营造非公有制经济发展达成共识，也对全国和北京市在"十一五"期间更好的引导非公有制经济发展，产生舆论和实践的影响。

　　　　根据 2005 年 11 月 5 日第二届中国民营企业投资与
　　发展论坛——"后'非公经济 36 条'时代的创新与商
　　机"整理而成

第三编

融资与资本运营

实 业 和 金 融 业

中共中央统战部副部长

胡德平

开办实业需要资本，金融业除向实业进行贷款以外，还可以提供股权、资本金。以钱生钱的说法不科学。如果此论正确，金融业就可以独自生钱，独自存活，而这是绝对不可能的。金融业要想存活、获利，就必须向实业贷款，收取利息，或向实业提供股权、资本金，分享利润，以至要和实业共同拟订中长期发展计划，结成利益共同体。

金融业的重要性毋须再言。在现代化社会中，如果没有金融业，那么现代企业就可能变为闭关自守、自给自足，只能进行简单再生产的企业了。但是不管金融业多么重要，对实业（当然也包括消费者、家庭、政府）来讲，它始终是第三产业中的一个行业，一种服务业。这种服务业对实业有着巨大的反作用力，如果爆发了金融危机，不但会使本国货币几同废纸，也会使大量企业倒闭，造成严重的经济危机、政治危机和社会危机。

为何我国对金融行业改革的呼声如此强烈呢？原因就在于我国越来越多的人看到我国的实体经济发展得较好，但股市的表现和消除银行的不良资产却非常不理想。应该是正相关的关系却产生了如此不应有的相悖的反常现象。但相悖现象只是短暂一时的现象，或者金融市场好转，或者继续低迷不振，甚至恶化影响实体经济。

在 19 世纪，恩格斯深入地观察了伦敦的金融市场——伦敦交易所。19 世纪中期，英国的金融危机来源于暂时的工业生产过剩，但英国正统机构却用金融危机解释一切。19 世纪末期英国发生了金融危机，但工业当时产生的问题却并不明显。为什么呢？因为当时的英国大大发展了的金融市场对实体经济而言已具有了相当大的独立性，也就是说有了它自己的本性，自己的运动规律，自己的运行阶段，并且还能对实体经济起到巨大的反作用力。而对这种反作用的力量，恩格斯认为自己过去因各种原因，表述得还非常不够。在他看来，金融业和实业的关系密不可分，互相影响，但头足绝不可倒置，实业永远是支撑经济发展的双足！

如何对待我国的实体产业和金融业，如何改善并加强我国政府对市场经济的驾驭能力，应该成为我国今后改革开放的一个重点问题。现提几个建议，请各位指教：

一、金融服务业的改革

我国的金融服务业 80% 的资金集中在我国的商业银行，商业银行又以贷款和提供企业的中短期资金为主。而商业银行放款的 70% 左右又向国有企业及国有控股企业倾注。这种情况是历史延续形成的，但极不合理。我国金融业的改革不能孤立进行，必须结合实体经济的状况进行改革。怎么改革呢？

第一，在竞争领域和开放后的垄断行业中，应按照企业良性增长方式的需要进行贷款。对各类经济主体应采取一视同仁的办法。

第二，为促进民营企业和多种所有制企业的需求和发展，应抓紧时机，逐步建立和完善开发性金融机构、风险基金、信托投资公司、票券公司、财务公司、保险公司、租赁公司。起码要使有科技含量的民营企业在孵化、创办期间就能得到资本金的支持。

我国的直接投融资渠道——货币市场、股票市场、债券市场已从1991 年的 9.61%，上升到 2002 年的 18.35%，但这还远远不够，应在市场规范化的前提下，积极发展。

第三，对待小额贷款也不应该忽视，这一领域同样具有巨大商机。我国的农民有 9 亿人左右，户数为 2.4 亿户，其中有贷款意愿的农户为1.2 亿户，实际有贷款余额的农户只有 6 千万户。金融业在农村发展的空间余地不为不大，但真正做这方面业务的金融机构只有部分的农村信用合作社和一个政策性的农业开发银行。如果农村的金融业没有一个长足的发展，"三农"的兴旺发达还无从谈起。

二、后发展国家的特殊任务

西方发达国家产业行业的发展经历的是一条自然、自发的历史之路。先航运，次贸易，再实业，后金融。日本是资本主义的后起国家。明治时代的"近代工业之父"——涩泽荣一，在建立他的工业王国之前，便用反弹琵琶的方式，建立起第一家日本现代民间银行。他捷足先登，高度重视金融业对工商业发展的促进、稳定作用。他有一远大计划，就是把实体产业和金融业的共同发展，互相提携，循环增进作为自己的目标，然后才启动了他的工业计划。至今他的企业、事业还在日本和世界各地鼎立不衰。

在产业行业的发展历程中，我国作为一个后发展中国家，应以发达国家的历史经验为鉴，走出一条必然、自觉的新型工业化道路，和平崛起。从而使实体产业和金融业结为互为犄角、同进同退、共生共荣的关系，进入全球市场。民营企业那种短贷长投，以短支长的状况再也不能继续下去了。这方面的教训经验要尽快总结。

三、科学使用政府的公权力

我国政府在指导国民经济的健康发展，加强和改善宏观调控的能力，按照市场原则配置资源，改进政府管理体制，转换职能方面的力度越来越大。这些重要的工作，都要以科学发展观作指导。如何认识、处理我国实业和金融业之间的关系呢？历史唯物主义告诉我们："国家权力对于经济发展的反作用可以有三种：它可以沿着同一方向起作用，在这种情况下就会发展得比较快；它可以沿着相反方向起作用，在这种情况下，像现在每个大民族的情况那样，它经过一定的时期都要崩溃；它可以阻止经济发展沿着既定的方向走，而给它规定另外的方向——这种情况归根到底还是归结为前两种情况中的一种。但是很明显，在第二和第三种情况下，政治权力会给经济发展带来巨大的损害，并造成人力和物力的大量浪费。"（《马克思恩格斯选集》第四卷，人民出版社，1995年6月第1版，第701页。）只有第一种方法，才是我国政府应采用的科学方法，符合"三个代表"重要思想的精神。

根据 2005 年 11 月 5 日第二届中国民营企业投资与发展论坛——"后'非公经济 36 条'时代的创新与商机"整理而成

切实解决民营企业融资难问题

北京大学民营经济研究院院长、北京大学光华管理学院名誉院长

厉以宁

对于当前的民营企业融资难的问题，需要分四个问题讲：

一、融资难已经成为民营经济发展的最大瓶颈

1. 如果不解决融资难，民营经济的日常运转困难重重、寸步难行。民营经济的融资难不仅是投资过程中的融资难，而且也包括日常运转过程中流动资金的不足。如果日常运转中资金经常是不流畅的，那么企业经营将遇到巨大的困难。

2. 如果不解决融资难，民营企业的经济增长方式无法转换。现在我们都在讲要转换经济增长方式，转换经济增长方式是从企业做起，对民营企业来说，转换经济增长方式必须增加投资、更新技术装备，以及减少污染，降低资源的消耗率。如果融资困难，民营企业将难以有效地转换经济增长方式。

3. 如果不解决融资难，民营企业难以具有自主创新能力。中国当前面临的迫切问题，是要让国内的企业，包括国有企业、国家控股企业、民营企业等，都具有自主创新的能力，拥有更多的自主知识产权。但是在融资困难的条件下，民营企业是难以做到这一点的。

4. 如果不解决融资难，民营企业实现不了"走出去"的战略。为了实现"走出去"战略，很重要的一条就是融资渠道必须通畅。如果融资难，即使民营企业想走出去，也无法实现。

总之，融资难已经成为我国民营经济发展中的最大的瓶颈。

二、民营企业融资难问题得不到解决所带来的后果

1. 民营企业的投资积极性和经营积极性将大大的受挫。民营企业在"非公经济36条"公布以后，投资的积极性、经营的积极性都很旺盛，但融资难问题到现在仍然没有解决，如果这个问题长期得不到解决，民营企业的积极性就会受挫。积极性受挫以后，中国经济增长肯定会受到很大影响。

2. 地下金融和非正常融资将进一步泛滥，导致金融风险增大。民营企业在不得已的情况下，只好从地下金融融资，或者通过非正常的渠道融资，这对民营经济本身和对中国金融现状都是风险增大的表现。这是非正常的，这种非正常的金融链条，一旦其中某一个环节出了问题，它的影响将是巨大的。

3. 社会就业的压力将无法缓解。中国现在面临巨大的社会就业压力，缓解就业压力中，很重要的就是加速民营经济的发展。民营经济在解决就业问题是起着重要作用，不仅有民营企业和个体工商户容纳了直接就业，而且还有间接就业。一切为民营企业服务的交通运输、营销、广告，提供原材料等等，民营经济上交的税收，还有民营经济投资者所得到的投入转化为消费部分，都是增加间接就业的手段。民营经济发展受挫的话，不仅直接就业会大大减少，间接就业也会受到严重影响。

4. 国有企业改革和国有资产重组将大大放慢。这是因为，民营企业从三个方面支持国有企业改革和国有资产重组：

（1）民营企业参与国有企业改革和资产重组，投资正在改制的国有企业。

（2）国有企业需要有配套体系，其中不少是民营企业。如果国有企业将来朝高精尖发展的话，更需要有大量中小民营企业为其服务。

（3）吸纳国有企业改革过程中所分流出来的职工就业。从国有企业分流出来的职工70%被民营企业所吸收了。

由此可以看出，假定民营经济还是融资难，那么民营企业发展就会

受阻，同时也会影响国有企业改革和国有资产的重组。

5. 外资将趁机控股某些民营企业，或者迫使一些民营企业依赖外资。这种情况当前已经出现了，不要轻视这个问题。民营企业可以同外资合作，但同外资合作应该在双方互利、公平的条件下进行。如果民营企业是因为融资困难而没有办法只有采取向外资企业做重大让步，甚至被外资企业所控制，对中国经济是不利的。不要认为只有国有企业和国家控股企业才是我们的民族工业，民营企业同样也是我们的民族工业。

总之，融资难必将给民营企业带来严重后果。时间是紧迫的，久拖不决，恶果会越来越明显。

三、解决融资难的关键

1. 从地方政府的角度看。地方政府主要关注的是本地大型民营企业，有知名度的，特别是知名度高的民营企业，而忽视一般的民营企业，忽视中小型民营企业。因此，地方政府的观念必须转变。应该认识到落实"非公经济36条"是让所有的民营企业（包括大中小型的民营企业）都和国有企业站在公平的竞争位置上，对它们应该一视同仁。地方政府要意识到：对待民营企业的态度，实际上是吸引更多的民营资本前来投资的前提。只帮助大企业而不帮助一般民营企业，是地方政府软环境欠缺的体现，所以，更确切地说，帮助中小民营企业是吸引外来投资的前提。

2. 从民营企业自身来看。民营企业自身也有不足之处，应该改正、补缺。比如，账目不规范、产权不一定清楚。有人感到奇怪：民营企业产权怎么不清楚呢？举两个我在南方调查的例子。有一个民营企业曾挂靠在一个集体单位，产权不明确。结果，民营企业负责人被抓了。我们到那儿去，他们跟我反映，说原因在于大量挪用公款。后来我们仔细一调查，发现人家是一个私营企业，当初是因为各种原因挂靠在集体单位，集体单位一个钱都没有给他，而且还收他的管理费。私营企业自己挪用自己的钱，顶多说是程序不规范，手续不合，不能说是挪用公款。后来听说释放了，这是产权不清楚的结果。还有一个例子。我带调查组去某城市调查，晚上有人敲门，说是民营企业家要找厉教授谈一谈。我说谈吧。他说，我这个企业是我父亲带我们几个弟兄一起办起来的，一开始只有几万块钱，干到了上千万资产时，父亲就去世了，弟兄们商量了，我们要继承父亲的遗志，继续干不分家。又干了几年资产上亿。在这过程当中有一个兄弟死了。他一死，他的儿子和女儿就来要钱了，说我们不愿意搞企业，我们是大夫、教员，对企业他也不懂，提出要分家。这时就乱了，因为当初产权不明确。家族成员每个人都有产权啊，其他兄弟也知道这件事了：他们能分钱，我们为什么不能分钱？我们也出过力的。他问我怎么办。我说，当初产权就不明确，现在必须根据账目来弄清楚，各人每年出力多少，也应有一个交代，否则企业会越来越乱。这也是产权不明确，账目不规范的恶果。还有，就行为不规范也有坏处。确实有一些民营企业行为不规范。行为不规范，别人就害怕，就不愿意把钱借给你。所以从民营企业自身来说，企业素质需要提高。

3. 从金融业的角度看。银行主要害怕坏账增加，所以要解决担保问题。担保问题如果不解决，每一个贷款单位都是害怕的。经济学里面讲过是"信息不对称"。比如说，你去买二手车的时候，卖车的人对车的大毛病、小毛病都知道，可是你去检查的时候，并不一定有他知道得那么详细，他不会全告诉你。所以买车的人跟卖车的人对旧车的信息是不对称的。买车的人一定要砍价，认定一定有隐瞒。还有买二手房也是一样，房子住久了，主人知道哪儿有毛病。但检查是检查不出来的。银行和企业打交道同样如此，银行只有从账面上了解企业的情况，这不能怪银行。银行贷款需要有担保，这是有道理的。

四、解决民营企业融资难的建议

1. 尽快建立专门为民营企业提供金融服务的小型商业银行，吸收民间资本参股，促使民间资本从体外循环转入体内循环。

2. 现有商业银行（包括尚未改制的和正在进行改制的商业银行）

在调整业务结构的过程中，对大额贷款业务和小额贷款业务分别制定规划和分别核算，即对小额贷款业务另行制定规划和单独核算，避免贷款部门因担心小额贷款的成本高而予以放弃。此外，商业银行应制定符合民营企业、尤其是中小型企业特点的信贷管理和风险控制的制度，以便提高工作效率。

3. 对有条件发行企业债券的民营企业，要积极引导和扶持。企业债券不一定都是中长期的，短期债券可能更加实用。

4. 在上市方面，国有企业、国有控股企业、民营企业应该一视同仁，当前需要重点推进和达到一定规模的高科技行业的民营企业上市，包括到海外上市。

5. 要发展有利于民营企业融资的信用担保机构，包括：

（1）企业集资联合建立商业性的担保公司，主要是接受民营企业的财产抵押。因为民营企业向银行贷款的时候虽有财产抵押，但银行很为难：将来不还钱，我对你的财产怎么处理啊？这样，需要有担保公司专门接受民营企业的财产处理问题。

（2）政府拨款建立非赢利性的担保公司。

（3）民间组织建立互助性的担保基金。

（4）企业集资建立行业内互助性的担保基金。

6. 加强企业信用体系的建设。应当完善企业信用评价制度和评价机制，由信用评估机构全面实施企业的信用评价，规范各类信用中介机构的设立和发展。

7. 引导民间资本进入民营企业的融资领域。包括民间资本作为资本金注入民营企业，现在已经试点了。还有只贷不存的民营机构，这种民营机构贷款收利息，但只贷款不存款。将来，有的可以向既存又贷的方向发展。

最后，在引导民营资本进入民营企业这个问题上，民间已有的民营机构比如同乡会、互助会可以继续发挥作用。它们实际上也是带有金融互助性质的组织。中国民间曾长期存在标会。比如家里很困难，需要买一头牛，但没有钱买牛怎么办？作为村里若干家农户聚在一起，成立标会大家按月出钱，决定第一月归谁，第二月归谁……这是民间由来以久

的互动组织。这样的组织形式能不能用在民营企业，特别是小型民营企

业之中呢？

　　　　　　　根据 2005 年 11 月 5 日第二届中国民营企业投资与

　　　　发展论坛——"后'非公经济 36 条'时代的创新与商

　　　　机"整理而成

民营资本进入银行业的有关问题

中国光大银行董事长、原中国银行业监督管理委员会副主席

唐双宁

我今天想就中国民营资本进入中国银行业的问题谈几点看法。近些年来，关于民营资本进入银行业的议论比较多，作为中国银行业的最高监管当局，中国银监会有必要做一个负责任的回应。总的态度是，区分两种准入，欢迎民营资本，防止关联交易，审慎设立机构。

我想了三句话来概括这个问题：法律上是允许的，操作方式是市场的，监管是审慎的。

一、民营资本进入中国银行业不存在法律障碍

目前中国银监会依法监管的金融机构中，对于商业银行，《商业银行法》并没有禁止民营资本参与商业银行设立。对农村合作金融机构，民营资本历来都是该类机构资本金的重要来源。《农村商业银行管理暂行规定》明确，农民、农村工商户、企业法人和其他经济组织都可以作为农村商业银行的发起人；《关于规范向农村金融合作机构入股的若干意见》提出，自然人、企业法人和其他经济组织符合向金融机构入股条件的，均可申请向其户口所在地或注册地的农村金融合作机构入股。对非银行金融机构，《信托投资公司管理办法》、《金融租赁公司管理办法》、《企业集团财务公司管理办法》、《汽车金融公司管理办法》、《货币经纪公司试点管理办法》等等，均没有限制民营资本参与金融机构的规定。

我国现在有多少类金融机构，可能有些人不怎么清楚。从商业性的

金融机构讲，分政策性机构和商业性机构。从商业性机构讲，最大的一类是商业银行，商业银行又包括过去我们概念中的国有商业银行，那是在计划经济和转轨时期的提法。我们从监管角度把这些称为大型银行，有五家，即工、农、中、建、交。再就是中小型的商业银行，也就是传统意义上讲的股份制商业银行和城市商业银行，我们从监管角度把它们称为中小型商业银行。还有一类是新出现的，就是农村商业银行，是农村金融体制改革过程当中出现的，这一类现在有 12 家，今后还会有更多。这些都属于商业银行。在商业银行的市场准入上，是没有障碍的。第二类是合作性的金融机构，农村信用社改革以后出现了一批农村合作金融机构，这些金融机构不但没有准入障碍，而且这一类机构中国有的股份可以说很少。第三类就是非银行的金融机构，包括信托投资公司、财务公司等，在法律上、政策上也没有障碍。

二、民营资本事实上已成为我国银行业金融机构资本金的重要组成部分

目前，民营资本已经进入到中国银行业的各个领域，截至 2005 年年末，根据对 11 家全国性股份制商业银行股权结构的统计，国家股、国有控股企业法人股、外资股以及民营股分别占比是 23.95%、30.79%、14.33% 和 12.07%。2002 年到 2005 年三年间，民营股增加了 65.54 亿股，增长率是 144.9%，而同期国家股、国有控股企业法人股下降 14.16%，民营股占比增长了 1.24%，而同期国家股、国有控股企业法人股占比分别下降了 0.76%、17.19%。比较典型的像浙商银行作为成立时间不长的一家全国性股份制商业银行，民营资本已占其总股本的 85.71%，民生银行作为一家成功上市的股份制商业银行，民营资本已占其总股本的 55.04%。

根据对我国 115 家城市商业银行的股权结构统计，国有控股企业法人股、地方财政股、外资股、民营资本股分别占比是 41.66%，17.34%、4.17%、29.42%，民营资本占比仅次于国有控股企业法人股；从 2002 年到 2005 年三年间，民营股占比增长了 10.19%，而同期

国有控股企业法人股和地方财政股的占比分别下降 4.33% 和 7.65%。

根据对城市信用社的股权结构统计，国有控股企业法人股、民营股分别占比是 29.17%、40.41%，民营资本占比最高。2002 年到 2005 年三年间，民营股增长了 8.24 亿股，占比增长了 15.62%，同期国有控股企业法人股占比下降了 12.66%。

我国农村银行机构一般由辖内中小企业、农村工商户、农户及其他的经济组织入股组建，从资本归属来看，基本为民营资本。到 2005 年年末，全国 12 家农村商业银行民营股占 70.5 亿股，占比是 56.3%。全国有 60 家农村合作银行，民营股达到 32.92 亿元，占比是 32%。这两类机构的其他股份是自然人股，包括社会自然人股和内部的职工股。这就是说，民营资本事实上已经成为中国银行业股本金的重要组成部分。

三、民营资本进入银行业需要分清资本准入和机构准入两个不同的概念

银行机构的资本准入和机构准入是两个不同的概念，在资本准入上，如前所述，民营资本进入银行业不存在法律障碍，而且现在已经出现一大批民营资本参股甚至控股的商业银行，中国银监会鼓励符合条件的民营资本积极参与我国银行业的重组和改造，至于有的银行目前没有民营资本，主要是目前市场的选择。在这个问题上，作为监管当局应注重两条原则：

第一，相关民营资本不能借入股银行业机构从事关联交易。

第二，坚持所有权、经营权分离，严格高级管理人员的任职资格管理，只有精通银行经营管理的专业人士才能担任银行业机构的高级管理人员，而不是民营资本的所有者想当然的成为高级管理人员。

在机构准入上，监管当局一直持审慎的态度，但这并不是针对民营资本，而是考虑到我国银行业机构数量基本饱和（当然在结构上，包括机构的结构和地区的结构，像西部地区，当然还需要有局部的调整，但就总体来讲，基本饱和）。目前银行业潜在风险仍然较大，懂业务、会管理的专门人才仍然十分紧缺，从维护存款人利益和防范金融风险的

角度出发，监管当局对银行业机构的市场准入必须慎重。

今天借这个机会我就民营资本进入中国银行业的问题发表这些看法。为了祝贺我们这次论坛的举行，我给论坛写了两首诗，在这里给大家读一下。

第一首《无题》，房杜二相，各有所长，善谋善断，痛心佐唐，若不是后来藩镇割据，断不至于出现安史之乱及大唐的灭亡。感念至此，浮想于今，民营资本，国有资本，在现代金融体系建设中的作用亦密不可分，可以共同以资本形式参与银行业的重组改造并在其中发挥作用；鉴于银行机构已基本饱和，不宜过多建设。谨以此诗献给北京大学民营经济研究院举办的第三届中国民营企业投资和发展论坛。

> 房杜从来不可分，
>
> 谋断戮力亦痛心，
>
> 不是后来藩镇乱，
>
> 如何马嵬断香魂？

还有一首，厉以宁教授是诗词大家，求教于您。我写了一首诗叫《古风·读史新译》（参加北京大学民营企业投资与发展论坛，有感于设立民营银行的呼声日高而作）

关张诸葛不宜分，【关张是刘备集团最早的"国有资本"，诸葛亮是后来补充的最大的"民营资本"，共同发挥作用，不可或缺】

鼎立皆仗士若云。【魏蜀吴成鼎立之势，全靠人才济济，"资本"充足】

西蜀奠基赖三顾，【汉基业，端赖三顾茅庐，吸纳"民营资本"】

东吴毁盟怨征亲。【吴蜀联盟的破坏，是由于蜀汉集团"一长"独大，不尊重其他"董事"的意见所造成，亦即刘备御驾亲征，经彝陵之战被陆逊火烧连营七百里，被迫白帝城托孤，吴蜀自此交恶】

高祖有恨封王事，【刘邦最痛心的是分封王国，滥设机构】

姜维无悔归汉心。【姜维本来作为"法人机构"，割据陇右，后推出市场，归附于汉，为蜀汉补充"新的资本，无怨无悔"】

早遵长沙贾太傅，【如果都听从贾谊关于分封的意见】

何必七国乱到今？【怎么会有后来的七国之乱，以至国家到今天（三国时期）仍不能统一？进而思之，如严格市场准入，审慎设立机构，怎会有严重的金融风险？】

我就给大家献丑了。

提问：尊敬的唐主席，您的诗意让我对您非常感兴趣，所以向您提两个问题。第一个问题就是我注意到 4 月 1 日银监会发布了一个公告，公开招聘六家审计单位对农村的商业银行进行审计，我不知道这是出于什么目的。因为以前对城市商业银行的改革一直都是由银监会和中国人民银行组成工作组进行摸盘，不知道这次为什么聘了六家独立的审计机构，银监会是出于怎样的目的？第二个问题就是通过独立审计机构审计之后，农村信用社是不是也会实行五级分类的管理？如果会，这个有没有时间表？

唐双宁：很愿意回答你的问题。大概你有所不知，不是现在才刚刚开始利用中介机构对银行业机构进行审计，从实践上，我们最早从 2000 年就开始了。从法律政策规定上来讲，2000 年就有这方面的意见出台了，从监管的国际惯例上讲，银行监管应该包括这么几道防线：第一道防线是内部自律；第二道防线就是通过银行业协会等行业机构来进行行业内的自律；第三道防线就是用中介机构进行集合审计；第四道防线就是监管当局的监管。这些其他银行已经实施过，农村信用社是我国金融机构数量最多、管理水平最低的一类机构，存在的风险是很大的。我们提出来农村信用社在过去改革取得的已有成果基础上，通过五到十年的时间建成社区银行机构，要达到这样的目标就必须使农村信用社规范经营，规范经营就要充分发现它的问题所在。所以今年的大动作就是对农村信用社进行贷款五级分类。全国的金融机构全部从 1998 年试行，到 2005 年全面实行，统统都实行了贷款五级分类，唯有农村信用社没有实行贷款五级分类。所以你讲的两个问题可以并成一个问题，我们今年准备在年底让所有农村信用社完成贷款五级分类。为了使农村信用社风险底数更清楚，分类更准确，我们利用中介机构的力量开展这方面的工作，我认为对这项工作是有益的。

提问：现在民营企业，特别是民营中小企业融资难还是焦点问题，我想请教的问题就是民营中小企业融资担保机制在银监会方面有怎样的考虑？最近我们发现有台资进来组成融资担保机构，请问您对这个问题有什么评价？

唐双宁：不仅是民营企业，其他企业都提出过融资难的问题，这个问题首先是客观存在的，我们应该认真的研究。其次，企业融资问题在法律上是没有障碍的，主要是市场的选择，是市场对你认可不认可的问题。当然，另一方面是市场灵敏度的问题，银行有没有灵敏度？再一个问题是企业市场选择不选择、认可不认可你，是市场的选择，并不是行政的干预。这里面其中一个有利于解决这方面问题的因素就是建立担保机制，担保机制在全国各地不同的模式已经有所建立，对这个问题国家发改委牵头，正在进行这方面的研究论证，我想在论证充分以后会有一个明确的说法。

根据 2006 年 4 月 9 日第三届中国民营企业投资与发展论坛——"'十一五'规划与民营经济发展"整理而成

拓展股份代办转让系统功能
促进民营资本创业和民营企业转型

中国证券业协会会长

黄湘平

今天的题目是"扩展股份代办转让系统功能，促进民营资本创业和民营企业转型"，有很多人对此不太熟悉，股份代办转让系统全称就是证券所说的三板的全称，我重点的介绍代办与民营企业发展和民营资本创业的关系，以下讲的都是个人的观点，不代表证券业。

第一，改革开放以来，我国民营经济始终处于高速增长的阶段，在拉动经济快速增长方面发挥了明显的作用。其基本的特点是民营经济呈总体上走入了原始积累阶段。其次，民营经济在很多方面发挥了重要的作用。

第二，我国民营经济的发展走自主创新的道路。一方面，目前我国民营企业处于经济规模小的模式，所谓的企业经济规模是指随着企业经营规模的不断扩大，单位生产成本又不断下降的趋势，这使企业的生产能力被有效地调动和利用，不会存在闲置的资源，规模经济要求的企业资源能够得到合理有效的配置，生产要素能够优化，有利于提高资源的配置效率和利用效率。经过二十多年的发展，我国的民营企业总体规模经营偏小，难以达到要求，使得部分的资源闲置，不能充分的利用。造成生产能力达不到最大化资源的有效利用，配置效率低。另一方面，我国民营企业的精神能力比较弱，管理比较薄弱。特别是从技术方面看，民营企业需要加强技术创新能力。科技进步的日新月异，新技术、新工艺、新产品的不同，一些企业不断的增强自主创新的能力，加大技术创新的力度，掌握自主开发的知识产权，才能促进产品的升级换代。当前经济环境下，我国民营企业继续的转型，增加企业科技含量，走自主创新道路。

第三，民营企业的转型和发展需要相应层次的资本市场的帮助。民营企业的转型和发展需要一个直接融资的制度，一方面从投资基金抓住机遇自己发展的角度看，民营企业不能依靠间接的融资，必须有直接融资的渠道。资本市场通过其直接融资的机制能够使得企业的资本在极短的时间内成倍增长，在很短的时间内完成一个企业靠自身的积累和缓慢借贷用很多年才能实现的目标，通过新思路及时抓住发展的机遇，同时也完成了对社会资本的优化配置。而这是对社会化生长所要求的，因此直接融资方式是最适应社会化大生产方式的融资形式。中国经济现代化的中坚力量，也就是中国的民营企业也必须要有资本市场这个直接融资的渠道，来为自己做大和做强服务。民营企业要实现转型和发展，增强在市场上的竞争力，必须建立现代企业制度，进行股份制改造，同时还需要一个有效率的资本市场，为股份制改造提供制度保障，为民营企业的转型和发展提供资金支持。因此，我们需要把建立和发展一个公平的、能够为民营企业服务的资本市场作为民营企业市场发展的突破。

从民营企业发展和我国资本市场的关系看，民营企业在国民经济中所处的举足轻重的地位与其所获得的资金支持是不相称的，在很长时间内，大批的民营企业的融资渠道还十分的狭窄。另外利用部分资金再融措施，由于公司不仅受到了市场本身发育的外在条件的限制，也受到了企业自身素质的内在条件的限制，市场上已经存在的各种债券重点放在国有企业，其他城市和形式的股权市场发展的比较滞后，没有一个专门为民营企业提供融资、并购的证券市场。这就使民营企业的发展受到了资金、内部治理结构的制约，无法应对外面的变化，实现快速的转型和进一步的发展。

第四，完善和拓展股份代办转让制度，改进相关制度设计，建立包括场外市场在内的多层次资本市场体系，充分发挥资本市场引导民营资本创业的部门。

股市或者是资本市场就是要引导社会创业的热潮，支持特别是民营资本创业，在证券统一监管下设立的由证券业自行管理的股份代办的转让系统就是一个为民营中小型高科技技术企业提供股权转让、融资，引进战略投资的一个服务的场所，也是体现资本市场支持民营创业和民营企业发展的重要的场所。2006 年为北京中关村园区高科技企业实行股份代办转让系统以来，除原有的 50 多家主板公司和实行股份转让公司以及一些其他公司以外，目前已经有 27 家在中关村高科技园区挂牌转让的公司，其中大部分为民营企业。现在该 27 家公司总计实现了主营业务收入 33.8 亿元，比上年增长 40.4%。股份代办转让系统为挂牌公司提供了价值的品牌。通过市场的定价，使得股份的交易价格在一定程度上体现了企业的价值，按照 2008 年 4 月 30 日最近成交价格计算，扣除没有股份转让的公司，22.8% 的公司的平均估价是 6.97 亿元，平均的市盈率是 25 倍，低于中小板的上市公司的市盈率。

数值显示，2007 年 27 家挂牌公司全部盈利，其中 24 家实现净利润增长，平均每股收益同比增长了 44.2%，平均净资产收益率达到 18.8%，也比上年增加了 5.6 个百分点。2007 年年末，资产总额是 39.6 亿元，净资产总额 22.4 亿元，平均每家挂牌公司拥有总资产 4.46 亿元，比上年增长 24.8% 和 28.9%。业务转让的过程中，我们及时的总结经验，了解当前情况下民营企业迫切的转型和发展需求，证券监管机构不断的调整和完善相关制度来强化民营企业服务，包括以下四个方面：

第一，缩短企业代办挂牌的要求，一般是要求三年以上，我们的规定由三年缩短为两年。通过创业板的推出，代办系统在全国市场的地位也逐渐的明朗，创业板服务成长级高的企业，而代办系统作为更低层次的资本市场，服务于规模更小的、发展初期的高科技公司，代办系统实质上是为创业板或主板孵化和培养优质上市公司的场所。从众多的国外市场看，无论是北欧市场还是纳斯达克市场，上市公司的设立时间限制为两年，高科技公司发展与资本市场发展的基本规律，缩短了企业从股份代办系统和资本市场得到服务的时间，及时的满足其成长性的融资需求，成为最有效的促进民营高科技企业走自主创新道路的动力。

第二，有限责任公司改制为股份有限公司之后，就可以在代办股份挂牌。民营高新技术企业的发展一般股本较小，股东人数较少，绝大多数采取有限责任公司的形式。针对这一情况，2006 年年底我们对高科技园区有限责任公司以及有关代办公司进行了修改，规定高科技园区有限责任公司改为股份制公司。以变更有限股份资本为依据，折合股份有限公司的股份不高于公司净资产，董事高级管理人员没有发生重大变化，特定时间和有限责任公司成立之日起改制成股份公司后可以立即在股份公司挂牌。挂牌推出符合代办系统业务的初衷，扩大了代办系统服务的范围，有效地推动了中小企业规模的高新技术企业改制和改善高新技术企业融资环境的工作，从而促进了高新技术企业的成长。这个措施推出之后极大地推动了中关村高科技园区公司的挂牌，在目前挂牌的 28 家中有 11 家是改制立即挂牌，占 40%，中关村科技园区内三万多家有限公司目前准备变更为股份有限公司。

第三，代办转让系统挂牌公司，可不定期小额融资。改制公司挂牌后，股东的股份往往要等几个月或近一年的时间，企业在经营和发展中，融资的需求十分迫切。随着改制和挂牌公司总量的不断增加，为了解决这个问题，代办股份系统允许改制挂牌公司不必等到股份接受形成公开挂牌之后，即可通过股份价格的形式进行资金筹集，这是通过新老股东之间的架构来确定的，这样的挂牌公司可以根据公司的发展和市场的需要随时的进行融资，增加了公司资金使用的灵活性，满足了公司的资金需求，促进了高科技企业的快速发展，同时新老股东的利益也得到了平衡。挂牌的公司中一家公司首先进行了尝试。公司在 2007 年 1 月 30 日由有限责任公司变更为股份制公司，2007 年 9 月 19 日进入股份代办转让系统，2008 年 1 月 30 日发起股份，采取的股份制的系统运行。2008 年 1 月 9 日公司通过了股东大会的审批，并于 2008 年 3 月 4 日获得了协会的备案，到 4 月 15 日公司已经全部完成融资，发行股份 1 000 万元，募集资金 3 000 万元。

第四，挂牌后，对公司整体的价值评估发生了变化。公司的价值将被放到一个更大的视野中，即在资本市场中被投资者重新的评估，同时股东的利益也通过其拥有的股份价值得到体现，公司价值的提升有利于公司获得较大的资本溢价，募集更充足的资金。股份代办专项系统是全国性市场公司改制挂牌后可以在全国范围内提高知名度，迅速的提升企业的形象，通过规范的信息披露，一方面有利于挂牌公司树立企业品牌，开拓市场，提高自身的信誉；另一方面加深了银行的金融机构风险投资，对挂牌公司的全面了解，有利于进一步拓宽公司的融资渠道。

通过股份代办系统的挂牌，公司财务管理的运作也得到了规范，同时治理结构的不断规范，使得公司更加地了解资本市场，更加清楚如何利用资本市场来促进企业的发展，对信息规范的披露的理解，实现公司股东最大利益，充分发挥股份代办转让系统的作用，为公司进一步的发展转板到更高层次的资本市场发挥了重要的作用。

各位嘉宾，国务院的关于实施国家中长期科学和技术发展规划纲要若干配套政策的通知中，要求在总结实践经验的基础上，逐步的在具备条件的国家高新技术产业开发区内，对高新技术产业股份开发系统进行开发。也就是说，我以上讲的挂牌企业现在还只是在北京中关村科技园区进行试点，但是扩大试点到全国的高科技企业园区只是一个时间问题，今年年初证监会尚福林主席也明确的要求，在总结中关村代办股份转让系统试点的基础上逐步推动其他具备条件的高新技术园区的有序系统，相信随着试点公司的推广和系统各项措施的文山股份八家股份系统和民营企业转型和发展的功能将得到进一步的发挥，为更多的民营资本创业和转型走上又好又快的发展道路，提供良好的服务。

根据 2008 年 5 月 11 日第四届中国民营企业投资与发展论坛——"民营经济三十年：新生与困惑"整理而成

第四编

准入与商机

文化产业的民营资本准入与商机

文化部文化市场司司长

刘玉珠

关于民营资本进入文化领域的问题，我想讲两个方面。一是最近颁布的"非公经济36条"和《国务院关于非公有资本进入文化产业的若干决定》，谈谈有关文化产业规定的体会。二是对民营资本进入文化产业应注意的问题谈几点看法。

国务院在不到两个月的时间里，连续出台两个文件对鼓励支持和引导民营经济发展做出了专门的规定，我认为此举是前所未有的，这也充分说明了国务院对民营经济重要性的认识。

从国内情况看，改革开放二十多年来，我国的国有经济总量在不断壮大，集体经济有了长足的发展，个体私营经济等非公经济从无到有，从小到大，得到了快速的发展，形成了国有经济、民营经济与外资经济三足鼎立的局面。民营经济的发展速度成倍的高于全国经济增长速度，民营经济占 GDP 的比重也已经超过了 1/3。目前民营经济增加值已占国内生产总值的 40% 以上，从业人员占全国城镇从业人员的 65%，投资占全社会投资的比重也已经超过了 50%。有关方面的研究同时表明，民营经济的经济效益指标好于全国平均水平。

从国际情况看，当今日趋激烈的综合国力竞争，越来越突出地表现在知识力量和文化力量的竞争。蓬勃发展、潜力巨大的文化产业是当代及未来综合国力的重要组成部分。文化产业的老牌强国欧美发达国家的强者更强，正在企图覆盖各国文化特征。文化产业后起之秀日本、韩国也试图把中国文化市场作为它们的战略后方。发达国家凭借雄厚的经济实力和强大的文化传播优势，借助现代市场机制和高新科技手段，将大量的精神文化产品输入中国，与我国文化企业同台竞争、抢占国内文化市场。

长期以来，我们一直把文化作为上层建筑，作为意识形态的重要组成部分，不考虑不研究文化的产业属性问题。文化单位以国家为单一投资主体、管办不分、政事不分、条块分割和城乡二元结构为特征的传统文化体制，严重地束缚了文化生产力的发展，致使文化产品和服务供给严重短缺。因此，进一步开放投资准入门槛，积极鼓励民营资本进入文化产业，尽快形成以公有制为主体，多种所有制经济共同发展的文化体制格局，是推动我国文化产业实现跨越式发展的迫切需要。

我国文化市场的开放落后于经济领域，20世纪80年代后期，演出和娱乐行业对民营资本开放引起社会的强烈反应，指责声多于赞同声。党的十六大以来，文化部、广电总局、新闻出版总署等文化主管部门和地方政府相继发布了一系列文件，鼓励和支持民营资本进入演出、网络游戏、出版发行、影视制作、影院建设等文化产业领域。这是国务院《关于非公有资本进入文化产业的若干决定》（以下简称《若干决定》）明确放开投资准入领域，鼓励民营资本进入文化产业的同时，也包含了对此进行规范和引导，加强市场监管，促进我国文化产业有序、健康发展的含义。

按照经济学的理论，全社会的生产与消费可以分为私人消费品和公共消费品两个领域。就文化领域来说，这一划分标准还涉及了文化产品的"公共性"问题。将二者结合起来分析，文化产品大体可以划分为三种类型：一是私人文化产品，即文化意义的"公共性"较低，且具有消费的竞争性和排他性的文化产品，其生产和供给应由市场调节，可广泛向民营资本开放；二是纯公共文化产品，是指文化意义的"公共性"特别高，直接关系到国家文化主权、文化安全和社会稳定，或与国家和民族文化传承、创新直接相关的文化产品，这类产品具有消费的非竞争性和非排他性，以致"市场失灵"而无法提供，只能由政府进行干预和由政府提供；三是准公共文化产品，是指其文化意义的"公共性"较高，但与国家文化主权和文化安全不直接相关的文化产品，可以由政府和市场混合提供。国务院的决定，实际上是以此为依据进行分类的。

提供私人文化产品和服务的领域，政府投资可逐步退出，鼓励和支持民营资本进入，让市场充分发挥调节作用。主要包括：文艺表演团体、演出场所、互联网上网服务营业场所、艺术教育与培训、文化艺术中介、旅游文化服务、文化娱乐、艺术品经营、动漫和网络游戏、广告、电影电视剧制作发行、广播影视技术开发运用、电影院和电影院线、农村电影放映、书报刊分销、音像制品分销、包装装潢印刷品印刷等。向社会提供纯公共文化产品的领域，由于产品的"公共性"特别强，有的还涉及国家的文化主权、文化安全因而存在着"市场失灵"的问题，必须由政府干预并投资经营。文件明确规定：禁止非公有制资本投资设立和经营通讯社、报刊社、出版社、广播电台站、电视台站、广播电视发射台站、转播台站、广播电视卫星、卫星上行站和收转站、微波站、有线电视传输骨干网等，非公有资本不得利用信息网络开展视听节目服务以及新闻网站等业务；不得经营报刊版面、广播电视频率频道和时段栏目等。对于面向集体和社会提供"公共性"较强，但与国家的文化主权、文化安全和社会稳定关系不太大的准公共文化产品和服务，可采用政府和市场混合提供的方式，允许非公有资本进入这一领域并投资参股国有文化企业，但国有资本必须控股51%以上。这些领域主要是：出版物印刷、发行，新闻出版单位的广告、发行，广播电视和电视台的音乐、科技、体育、娱乐方面的节目制作，电影制作发行放映，建设和经营有线电视接入网，参与有线电视接收端数字化改造等。

从意识形态或者国家文化安全的角度分析，事实上《若干决定》把文化产业分成核心板块、中间板块和边缘板块三个部分、三个层面。相当于地球的地核、地幔和地壳。对于核心环节和核心业务，坚持国家专营，禁止民营资本进入；对于中间板块，允许民营资本进入这一领域并投资参股国有文化企业，但国有资本必须控股51%以上；对于边缘板块，鼓励和支持民营资本进入。总体上看，显示出国家对文化产业从边缘部门到核心部门逐步开放，从边缘业务到核心业务逐层开放的渐进改革路线。对于同一产业链而言，则从流通环节到生产环节最后到出品出版环节依次放开的渐进改革模式。

《若干决定》有两个特点，一是明确了鼓励、允许和禁止民营资本进入文化产业的领域，把放开投资准入门槛与规范市场监管结合起来；二是明确了民营资本进入文化产业的具体途径，即可以采取增强投资的方式，可以对国有文化单位进行参股改造，也就是说，把增强改革与存量改革紧密地结合起来，这既是对改革开放以来历史经验的总结，也表明我国文化体制改革和文化产业发展从启动之时，就走上了有序、健康和可持续的发展轨道。可以预见，在党的十六大和国务院这一决定精神的引导下，文化产业作为朝阳产业的广阔前景，必将促使民营资本掀起进入文化产业的新高潮，从而大大加强我国文化产业的发展步伐。当然，文化体制改革和文化市场开放是在政府主导下有计划、有步骤的渐进的过程，需要方方面面的条件配合，相信随着政府市场监管和宏观调控水平的提高，在时机成熟时，还会进一步放开文化市场，搞活文化产业。

关于民营经济在今后文化产业发展中的地位和作用，发达国家的成功经验和我国近十年来的实践已不需多做强调。随着党中央确立坚持以人为本的"科学发展观"和构建社会主义和谐社会，文化的重要性和影响力会越来越强，人们对文化的需求越来越大，越来越多样化。民营经济在丰富人们的文化生活、满足人们多样化的文化需要方面的经营空间也越来越大，社会对此的依赖性也将日益增加。这里，结合我多年的工作经验和我对我国文化政策的了解和走向分析，对民营资本进入文化产业谈几点看法。

第一，要充分认识投资文化产业的敏感性、复杂性。对民营资本进入文化产业，中央、国务院都有明确的要求和规定，但切不可认为有了这些，投资就可以畅行无阻了，就可以有丰厚的投资回报了。坦率地说，社会和政府管理部门对文化产业发展是高度认可的，但当前从认识水平、政策法规环境、市场机制和市场环境来看，与中央的要求和社会的期望值是有差距的。对此，投资者必须有充分的心理准备和风险评估。

第二，要审慎的选择好投资目标。文化产业范围很广，目前多头管理现象比较严重，政策法规针对性和可操作性欠缺，市场需求变化快。

敏锐的把握商机和了解政策走向这两点尤为重要。近二十年的文化市场发展实践证明，社会主流价值观认可，产业发展初期投资承销明显。二十年来歌舞娱乐、出版、影视制作、音像、演出、电子游戏、艺术品、网吧、网络游戏的发展历程都说明了这一点。先期把握住商机的，现在都已是身价几亿甚至几十亿的老板了，而且是20岁到30岁之间，而且他们聚集财富的能力都让你很吃惊。而市场看起来红火热闹时再进入，则有可能商机已失去了一半，政策变化的可能性也在加大。上述这些文化产业领域都经历了发展整顿的循环过程。比如现在的动漫产业，在国际上也是发展很快，方兴未艾。大家都知道日本的动画，《环球时报》有一篇文章，动画、漫画、生鱼片提升日本形象，我看了这篇报道启发相当的大。现在国家比较支持，国务院扶持动漫产业的政策就要出台，市场又有强烈需要，前期投资者已淘出了第一桶金，以至于现在一大批投资者蜂拥而至。据我掌握的资料，现在全国已有60多个地级以上的地方政府把发展动漫产业作为本地的支柱性产业，而且拿出大把资金开办论坛、博览会、搞产业基地等。我对此做法感到忧心忡忡。文化产业投资切忌跟风、一哄而上。北京去年投资演出的单位一半以上亏损，但却有一家只有几个人的小演出公司组织大型木偶戏去华东农村演出，一年赚了两百多万元。我想这样的案例值得我们思考和借鉴。

第三，要选择好创造性的经营者。投资与经营是获得回报的两个同样重要的环节。《若干决定》对民营资本投资文化产业提出了明确的导向。对投资者来说，选择好合适的投资方向后，经营则是将财富由预期化为现实最重要的事情。项目选择后，这个文化企业的生存和发展能力如何，很大程度上取决于企业的主要领导。文化企业尤其是新兴的文化产业项目，其领导者不仅需要一般企业的管理能力，而且更要是一位创造性的人才，他对文化消费趋势应有敏锐而深刻的洞察力，有独到的见解，能看到别人看不到的东西，能抓住机遇决策促进企业发展。一个新型文化企业的经营者，绝不能因循守旧，而要不断拓展思维空间，善于抓住和适应文化产业的千变万化。文化产业是一个高风险、高回报的产业，一个项目选择好，很短的时间几十万、几百万乃至上千万的收益都是有可能的。2002年保利公司引进大卫·克波菲尔的魔术在北京演出，也就是抓住了市场的机遇，演出只有七天的时间，收入了近千万。保利公司的一举成功，就证明了项目选择的重要性。上海盛大公司，1999年底靠50万元起家，11月份才注册成立，现在市值达到了120亿元。2005年10月，国务院办公厅组织了一个关于文化产品出口调研组，我们专门到盛大进行了调研，现在盛大到2005年10月底的经营收入已经达到了25亿元。项目选择不好，赔得也很惨。近几年新上马的网络运营企业由于同质化竞争激烈也遇到了经营的困境，类似的案例还不少，但由于时间的关系我不想讲太多。

应该说，2005年对于民营资本进入文化领域是一个具有特殊意义的年份，有中央、国务院一系列利好政策的支持和引导，有各位有志于投身文化产业发展的投资者、经营者的努力，我相信我国的文化产业一定会迎来一个更加生动活泼、繁荣发展的局面。

根据2005年11月5日第二届中国民营企业投资与
发展论坛——"后'非公经济36条'时代的创新与商
机"整理而成

市政公用事业的准入及实践

建设部政策研究中心副主任

秦　虹

市政公用事业是城市运行和发展的基础，与人们的日常生活息息相关。我们每天的生活中需要喝上干净的水、用上清洁能源、方便地出行、有个优美的居住环境等等都跟市政公用事业发展密切相关。市政公用事业过去都是由政府投资，但随着经济的发展，时代的进步，由政府完全财政投入推动其发展已经凸显弊端。最大的问题就是由于政府财力有限，市政公用设施的发展不能满足快速城镇化的要求，所以出现了"喝水难、行路难、乘车难、脏乱差"等城市问题，人居环境的不良发展直接影响了生活质量。但是，自"九五"时期以来，有关城市运行的公共服务发生了巨大变化，很多城市发生了巨大变化，百姓的评价是"路通了，天蓝了，水清了，灯亮了"。城市公用事业如何能在短短几年实现迅速发展呢？这与各级政府在城市建设方面解放思想、改革开放，实行多元化、多渠道的筹集城市建设资金息息相关。正是因为有多元化投资的支持，城市建设的面貌才发生了迅速的变化，其中，民营经济的投入和民营企业的参与支持做出了重要贡献。请看以下城市建设投资来源的图示，初步估计，2004年全国城市市政公用事业固定资产总投资的4 762亿元中，民营企业的投入占到20%左右（见图1）。

民营企业的投资不仅是在资金上解决了政府财政上的压力，使市政公用设施的服务能力大幅度提高，更为难得的是民营企业投资给过去长期由政府财政投入的建设、投资成本，建设经营成本和服务质量水平提供了难得的参照。因为长期政府投入核算比较少、意识也比较低，但有了民营企业的投资，这个账就看得清楚了。举一个简单的例子：淮河流

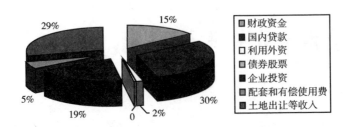

图1　2004年城市建设投资来源比重

域有三个污水处理厂，有两个是政府投入的，分别投入1.8亿元和1.9亿元，规模都是每天处理10万吨污水。而民营企业在同样一个流域投资日处理10万吨污水的处理厂，只需要投资1.1亿元。相比之下，政府投资的办公场地、办公人员等都比民营企业规模要大。在没有企业进入投资时，我们认为投资是合适的，但民营企业进入之后，对政府的投资经营、服务形成了一个参照。从对比中也可以看出来，政府的投资成本较高，而服务上也有所欠缺。这种对比也将迫使政府改革服务、降低成本，这是非常难得的方面。

随着政策的环境改善，近年来，民营企业在公共设施市场中的份额在扩大，服务也在改善。比如，新奥燃气在全国40多个城市投资了管道燃气，燃气市场化程度已经很高。从政策上看，市政公用设施的政策没有对民营企业限制，从政策法律法规来讲，过去更多的限制是来自行政的限制、行政的垄断。现在关于如何打破行政垄断积极引入竞争、开放市场方面已经出台了很多政策。最早是2001年原国家计委出台了《关于促进和引导民间投资的若干意见》，里面规定凡是允许外资进入的都允许民营企业投资。在"十五"期间建设部、发改委等国务院其他一些部委和地方都出台了一系列文件，来鼓励民营企业积极投入到城市的市政公用事业进行发展。这些文件对促进公用事业多元化的投资，鼓励企业积极进行投入来改善城市公共服务都起了很大的作用。在这个过程中，还需要解决一系列的问题。主要有三个大方面：

——继续完善政策环境。

第一，国务院、建设部到地方都相继出台了鼓励民营企业进入市政公用市场的政策文件，但政策在具体实施方面还并不完善。也就是说大的吸引政策有了，具体的实施政策还不够完善，这方面需要改进。

第二，政策环境的完善与整个社会的诚信体系和政府的职能转变有关系。还有部分地方政府重承诺轻实行。在需要投资的时候，政府是持欢迎的态度，积极的招商，同时有很多承诺的条件，但公共事业涉及长期的服务，一旦企业进行投资进行长期经营的时候，有的地方政府随意改变政策，导致企业投资的不稳定，也造成政府和企业合作的失效。

第三，地方政府在开放过程中市场目标和运作程序存在不规范。由于市政公用事业正式全方位开放的时间较短，有些地方政府在这方面缺乏经验，在整个操作程序上也不够规范。比如说竞争的机制不够合理，合同谈判的过程比较粗略，风险意识较弱，简单的签订合同最终导致合同和政治服务的要求有所差别。另外，地方政府同时还有其他的指标，比如要完成招商引资的指标，引进资金搞形象性工程，比如地方没有污水处理厂，但为了实现环保模范城市的目的，吸引一些企业投资建立污水处理厂，由于政府的目标和市政公用事业发展的规律性没有很好的吻合，也导致企业在整个过程中出现问题，企业长期运行受到影响。

第四，存在政策不平等的问题。现在市场实现开放，允许民营企业进入相关领域，但不同性质的企业在整个的经营过程中，在政策上仍然存在不平等。比如民营企业的公交企业为增强竞争力要增加车辆、增加线路，但审批需要很长时间，最终还不一定能实现，而国有公交企业则可以随时增加车辆和线路。

——激励机制的问题。

如何进入市政公用事业有一个稳定的市场，现金流是比较稳定的，可以长期的经营，特别是在允许特许经营的时候，面临的挑战是非常小的，盈利的前景是比较稳定的。但由于污水处理和垃圾处理收费还比较低，或者覆盖面比较小，政府的补贴机制也不稳定，等等，造成激励机制还不够完善。

——融资的难题。

市政公用设施的投资，无论建水厂还是垃圾处理厂，一次性投资量非常大。民营企业在融资的时候遇到了问题，由于公共事业的收费是非常稳定的，因此通过未来的收费权做抵押向银行贷款是最佳途径。但目前国内很多银行在这方面的融资政策却非常欠缺。

在进一步扩大市场，更好地提供市政公用设施服务的时候，我们需要解决这些问题，同时在市场开放的过程中增强政府的监管。2005年9月，建设部出台了《关于加强市政公用事业监管的意见》，对开放市场后如何维护人民群众的利益，保证市政公用事业的安全运行进行了明确的规定。改革正积极有序推进，随着城镇化的快速发展，未来对市政公用设施的服务需要是巨大的，民营企业投资市政公用事业正面临着良好的商机，欢迎各位民营企业家投资到市政公用事业。

根据2005年11月5日第二届中国民营企业投资与
发展论坛——"后'非公经济36条'时代的创新与商
机"整理而成

信息产业的民营资本准入与商机

原信息产业部电信研究院政策研究所所长

陈金桥

很高兴参加第二届中国民营企业投资与发展论坛。

信息产业是大家都非常关注的行业，今天由于主办方时间限制，我就把主题焦距一下，讲一下关于投资的问题。电信产业现在面临转折期，不同的主体能够做什么等等，我们来探讨一下。

首先，介绍中国电信业发展概况和特征。其次，中国电信业遭遇国外攻击比较多，首要的原因就是国外认为中国整个经济发展体系不健全，特别是电信运营业法律体系不健全，相关的政策不明朗。这方面我想做一个澄清，中国电信业发展体系在初步建立，相关政策保持一贯和系统性。再其次，在多元投资时代民营企业的商机。文化产业包括银行目前发展都比较快，"非公经济36条"的出台使得对外政策意见有了规范。信产部有一个意见还在讨论当中，不太成熟，所以现在还没有系统的说法，跟大家交流的是我们在准备当中的意见，希望大家能有所建议。

其一，近十年来中国电信高速发展，都是在两位数的增长，占国民经济总体的直接贡献也在提高。2005年全国电信业是5 200亿元的规模，其中移动通信已经成为主体。尽管蛋糕很大，但增长的趋势却逐步的放缓。从结构上来看，电信运营结构是多元性的资本结构，我提醒大家关注一个转型的问题，明显的趋势就是在语言业务市场，移动对固话的替代非常明显，在数据市场里面，非语言市场主要是靠宽带，中国也正在兴建全球最大的IPv6的实验网。从竞争的情况来看，我们基本上形成了多业务、多运营商的格局，当然在基础运营市场我们是六大运营商，但在增值业务市场我们全国截至2006年的年中有15 000多家，其中民营企业是主体。换句话说，在增值业务领域民营经济早就存在，但是动静不大，只是在默默无闻的奉献。SP和CP跟中国移动、中国联通合作的大部分都是民营企业，里面也有一些外资的成分。尽管从目前阶段来看，它们的产值规模并不大，生存上也面临很大的压力。早在一年多前中国的电信市场就已成为全球第一大通信市场，从用户、网络规模等等来讲我们都是世界第一，互联网是世界第二。但同国际平均水平比较我们还是有差距的，2005年我国才达到世界平均水平，而同最发达国家相比（如美国）仍然相差六年。另外，区域发展不平衡，城乡差距很大，党的十六届五中全会提出要建设社会主义新农村，其中一个核心的概念就是农村怎么建设，三农问题怎么解决。在这其中，信息网络贡献也很大。信息产业部在2002年就提到2005年年底电话普及率要达到95%。也就是说，到2006年年底，每一个行政村至少有两部固定电话接入。按照国际上的规定，电信普遍服务的义务分为两个阶段：一个是普遍性接入；一个是普遍性的服务。现在来讲我们的任务非常艰巨，2005年启动了村通工程，把六大运营商找来做行政谈判，虽然做法受到了运营商的质疑，但为了完成目标还是采取了该方法。

中国电信处于转型时期，通过"九五"、"十五"的发展，中国电信开始进入高速发展的时期，下一步面临更大的跨越就是由大到强。2004年3月，在全国信息产业部会议上发出了中央批准的战略转型的要求，要求全行业要转向由大到强，抓住有利时机，建设电信强国。电信强国战略显然不能再靠资金、规模驱动，而是靠效益、创新驱动，也就是"急转弯"——"十一五"转型的问题。这也是党的十六届五中全会提出的要求。在基础设施里面尤其如此。在未来五年的发展阶段中，大家将看到通信领域非常激动人心的变化，包括我们一会儿谈到3G、NGN问题，以及通信无所不在的问题。

电信市场的驱动力在变化，不管从市场区域还是语言通信，从非语言通信到网络的融合都在发生变化。我们总结电信市场五大特征：第一，全球规模最大，从1999年开始，我国电信市场就开始急剧增长。第二，全球增长最为迅速。第三，我国是目前最具增长潜力的通信市场。有专家认为未来5～10年印度会赶超中国，但我们的研究显示在

5~10 年内很难有一个新兴市场会超越中国。第四，中国电信市场是最有影响的市场。第五，中国电信市场是市场竞争最激烈的市场。从市场竞争来讲，中国也是比较独特的。国有经济存在的比重太多，虽然六大运营商有四大运营商已经上市，但国有股权比重都比较高，最低的中国网通也接近 40%，其他是全资的国有公司，中国铁通和中国卫通。2005 年我国开始清理整顿短信服务以及基于移动网和互联网的数据服务。首当其冲被清理整顿的是民营经济，电信业中民营企业有 7 000~8 000 家，在当前的产业市场环境中，民营经济处于非常弱势的地位。中国电信运营模式的特征是资源分散、垂直分离，电信市场并不能自由进出。在许可证发放上，基础业务采取分业竞争模式。中国移动目前是中国最大、最有实力的运营商，但它是专业运营商，只能进行移动网运营，固网则非常弱势；而中国电信、中国网通则是固网的运营商，没有移动的牌照。

其二，中国电信业目前的法律法规。比较遗憾的是到目前在信息产业领域的政策意见还不够系统，但对非国有资本的另外一种主体形式——外资进入的形式我们有一个清晰的框架。这里拿出来跟大家分享。相比外来非公有制资本进入市场，国内民间资本的待遇更应该享受国民待遇，甚至比外资进入更早的获得锻炼的机会。由于我们的民营经济今后将面临不同层次的竞争，包括强大的国有企业和外资企业，所以必须在某些业务领域有一些政策上的扶持。目前电信领域颁布的法律比较多，有 1 部国家级法律，5 部国务院行政法规，36 部信息产业部规章，还有若干规范性文件。目前这些法律体系最核心的是《电信条例》，《电信条例》自 2000 年 9 月颁布至今已经过去五年，在现在来看很多内容都已过时，当时确定的八项基本制度依然还在发挥作用。新的条例 2004 年已经上报，现在正在修改中，可能不久会跟《反垄断法》一起提交到全国人大进行立法，可能《反垄断法》更早一些。

目前，这个市场仍然是有管制、并不是自由竞争的，很多资源不能自由地进出。这里面就有一个管制的问题，比如市场准入政策、互联互通政策、电信资费政策、普遍服务政策、服务质量监管、资源管理政策、电信技术政策、外资监管政策、电信设备进网、电信建设管理、网络信息安全。本身的规模经济就是本特卡门原则，经济产出是跟互联网规模成正比。很多民营经济想进入基础设施是很艰难，首先，存量没有那么大，并且没有足够的融资能力；其次，即使民营经济进入，但如果不能保证业务互联，企业也无法发展下去。1999年中国联通成立，包括后来中国铁通的公网，在开始初期实现互联互通这个领域都发展的非常艰难。短信业务的互通实际上是很艰难的，欧洲、美洲到现在短信都并不是很发达，中国是从广东省开始，短信业务并不是很大的增长点，但这个业务在互联互通也是付出了两年多的努力，才使固定网和移动网互联。包括最近我们让6 000万～7 000万小灵通用户跟移动、联通短信互联。

　　2001年11月1日我国加入WTO，到2007年我们开放程度到期。我们是按照业务领域、地域、股权比逐步开放，外资最大的比例包括在增值业务比例不超过50%，在基础业务领域更低只有35%。目前走过了一大半，现在来讲这个领域目前受到的攻击比较大，因为与保险、银行业，甚至与教育相比，我们目前在电信服务领域没有太大的成效。我下面分析可能有几个原因，另外我们在2005年与中国香港地区和澳门地区签署了CEPA协议，这让内地和香港、澳门有更紧密的贸易安排。电信市场开放四年多，我们基本上遵循承诺开放了电信市场，另外我们比其他的发展中国家承诺的范围还广一些。我们对港澳地区也提供了优惠，但优惠的时间并不是特别长，幅度也不是很大。另外很多的外资企业想进入中国电信市场也有一些抱怨，认为我们程序比较繁琐，有些条件不合理。比如在2001年加入WTO前一个礼拜，信产部和现在的商务部颁布了330号令，明确规定进入电信的国外投资企业必须要有电信运营经验，这一条就把很多的外国投资者打回去了。曾经有沃尔玛、耐克问在中国搞一个电子商务网站可不可以，我说依照现在的法律法规不能作为主要的投资人，只能作为参加投资人，因为你们没有电信运营验。现在外资在中国关注的比较多，参与的比较少，增值也是他们的首选，主要是互联网增值和移动增值。早在我们加入WTO之前就是以规范的形式进入了中国的电信产业领域，特别是互联网，很多的门户网站、搜索引擎等都有外资，并且外资成分比较高，这些方面我们也在关注。最近像业界最大的并购案——阿里巴巴和雅虎并购案，这实际上已经绕过了当前法律法规的要求。当然我们的成效并不是很显著，2006年信产部获得批准的才十几家，真正拿到牌照的才三家，主要原因就是我刚才举的例子，外资存在弊端和不足：一是资质不合要求；二是外资要求控股，外资认为用违规的方式做成本比较低，正规的渠道比较慢，而且违规做法也没有得到什么惩处。

　　一方面是直接进入方式；另一方面是间接进入方式。间接方式进入比较多一些，直接进入的像欧洲全球第二大的移动网络运营商入股中国移动，实际上是花了近 20 亿美元，仅仅购买了中国移动不到 6% 的股权。未来几年外资想进入中国电信市场的可能性，包括增值业务和基础业务，就像类似 NTTDOCOMO，包括欧洲的 DT、ST 都没有实力在中国基础市场搅起风浪，因为现在中国前四大运营商已经非常强了，想完全同质竞争是完全不可能的，正好现在有了新的技术——IP 技术的兴起。中国还没有启动第三代移动通信，但他们也知道外资企业进来搞 3G 也不现实，我们初步算了一下，不管用 WCDMA，还是 CDMA2000，还是 TD—SCDMA，还不包括港口等地方，铺网就需要 1 000 亿元人民币，所以没有一个国外企业会直接进来做这么大的投入，所以一定会有合作。另外国外企业也希望给他们提供机会，比如中国政府可以允许做移动网络虚拟运用，国外企业不需要建网，可以租。像英国有一家非常有名的公司做 MVO 比较成功，中国香港地区有六家移动运营商牌照，其中四家拥有 3G 牌照，其他网络资源则非常少，网络模式类似 MVO（虚拟运营商）。目前信产部评估政策还没有开这个口，还没有说马上发放虚拟牌照。

　　其三，关于多元投资时代民营企业的商机是什么。我们刚才描绘的前景很美好，但大家也很灰心，说外资企业都这么困难，我们民营企业商机何在？中国电信正处于转换之中，特别是随着四大运营商上市之后，从原来内部的融资和间接融资方式，越来越转变为直接融资。这是一个投资机制转变的问题，为什么有这个机制的转变，主要有几个驱动力：

　　新技术大规模商用的迫切需求。按照大家普遍认可的观点，中国

3G要发三张牌照的话，3～5年我们累计投资几十亿元。整个电信行业占国有资产是1 400多亿元，整个中央管理的国有资产还不到900多亿元，所以一个电信行业占的比例是很高的。我们想调整布局，把非国有资本引进来，让更少的国有资本控制关键设施，同时吸纳更多非国有资本进来。随着这几家公司上市的完成，把国有股权的比重进一步稀释降低，也就是国退民进的问题，这不仅对外资，对民间资本而言也加大了投资机会。政府在深化机制改革的过程中，有一个重要的转变就是不再作为投资主体，原来没有中国联通的时候，政府投钱，政府百废俱兴，各个方面都需要投钱，初装费和入网费的给予，促使中国电信有了跨越式的发展。现在这些都取消了，因为没有办法，因为你不可能直接从政府拿到资金投资和政策扶持，怎么办？就走向市场。另外电信公司面临巨大的国际竞争压力，几乎所有重要的跨国运营商都在中国的北京包括上海设立了办事处，他们都是在虎视眈眈，想进入到中国最大规模、最具增长潜力的电信市场。我们民营企业的机会何在？民营企业进入电信企业的现实机会，现在存在的是传统语言的增值业务，还有基于移动网和互联网的服务业务，SP、CP非常的多，现在全国有7 000～8 000家，跨省就有80家。2005年一年整个电信增值业务规模只有600多亿元人民币，而基础市场是5 200亿元，国外以非语音业务为代表的电信增值业务占基础市场业务的比例会达到20%，甚至超过20%，而我国还不到8%，所以中国电信有巨大的商机，特别是基于移动网和互联网。另外，有很多企业进入区域性的信息网络基础设施，区域性的信息网络基础设施建设民营企业还是有实力做的。2001年信产部启动了CPN试点，现在很多的城市都有民营企业发展的身影，但有一些民营企业的做法存在不同程度的违规，做一些代理、基础业务的转售，后来进行了清理整顿。总体来看，民营企业在电信业方面一方面有实力，另一方面政策上有空间，因此，发展空间依然很大。

下一步，民营经济的投资在中小企业信息化方面还有很多的机会；在家庭网络建设方面，从接入网到家庭网络建设，基础运营商往往不愿意做，这也给民营企业带来了机会；还有基础电信业务转售，这个业务的趋势也是放开。现在传统语言被IP技术以及蜂窝移动技术的话音被

VOIP 技术冲击很大，2002 年信产部发放长途许可权，IP 电话接近了 60%。

　　虽然有投资的机会，但民企怎么进来呢？第一步要与基础网络运营商搞同质竞争，进行差异化竞争。第二步要与它建立合作关系，特别是区域性的基础网络运营商。自从分为南电信北网络之后，南电信到北方寻找网络合作，这里面存在很多的合作机会。另外民营企业起点应该完全不一样，要采用创新的网络技术，不能够人家做什么，你做什么。比如人家做 PST，但对民营企业来说成本太大没有办法做，而真正需要做的就是创新的网络。目前 VOIP 在互联网上 PCtoPC 的网络没有规定，现在很多的企业已经进来了，这对语音冲击很大，今后会有明确的政策，经过今年四个城市试点，2006 年扩大试点，或许到 2006 年下半年形势就会明朗。民营企业可以做传统业务代理或者转售，跟区政府合作搞社区智能网，综合接入解决方案，也就是一线通。民营企业应该选择多网融合业务为突破，比如所说的 VOIP 和 IPTV，但 IPTV 民营企业可能暂时不具备这样的实力，因为 IPTV 投入还是蛮大的。另外可以注意区域化的试点。尽管民营企业可以做的事情不少，但企业还面临大的政策环境的问题，因为电信还不是充分竞争市场，而是受管制的有限竞争的市场。政府会采取什么措施呢？措施还在考虑中，并没有最终决定。

　　第一，我们应该参照 330 号令颁布的一个指引，我国对民营经济规范还缺乏指引，应该实时的出台这样的文件。第二，围绕"非公经济 36 条"鼓励引导民营资本在电信增值业务领域发挥主要作用，因为电信增值业务基础运营商不愿意做。第三，国家正在考虑适时出售电信国企的国有股权，这也给了民企一个机会。第四，对扩大民营企业能够进入的市场领域和空间，如果信息产业部能够放开政策，民营经济也就能够找到更多的增长点。第五，减低民营企业在基础设施领域的进入门槛。这一块我们目前也开始考虑，原来规定跨省的全国运营的 IPC 要达到 1 000 万元的注册资本，省内 100 万元的注册资本，后来发现标准过高，到西部调研的时候发现西部地区就需要十万、二十万就够了，而并不是工业经济的投资模式。还有一个 IPR 产权问题，这些都是需要我们配合解决的。另外降低民营企业在非基础设施类领域的进入门槛，还有要保障民营企业对重大电信政策的决策参与，我们 2005 年也邀请一些民营企业参与决策论证。

　　　　　　　　根据 2005 年 11 月 5 日第二届中国民营企业投资与
　　　　　　发展论坛——"后'非公经济 36 条'时代的创新与商
　　　　　　机"整理而成

第五编

创新与转型

民营经济转型与自主创新

全国人大常委、民建中央副主席、武汉大学战略管理研究院院长

辜胜阻

2008 年对民营经济来讲是政策丰收年。中央文件出台之后，中央很多部委也出台了自己的政策，然后有很多的省市自治区也出台了一些政策。决策力的问题已经解决了，现在最关键的是执行力，对企业管理来讲，大家认为执行力是很重要的，但对政府的管理来讲，执行力也是非常重要的。

目前，民营企业已经进入重要的转型时期。有四大标志。第一，制度安排：自下而上转向自上而下。第二，竞争格局："与狼共舞"、"三足鼎立"。第三，区域发展：东部领跑、中部强化、西部开发、东北转型。第四，外部制约："地荒"、"电荒"、"技工荒"、"民工荒"、"水荒"和贸易摩擦。

重要转型时期民营经济的发展趋势，十分明显。

我们可以看出，民营企业发展战略将发生变化。

第一，企业战略归核化。许多民营企业在发展过程中将走出盲目多元化误区，推进企业专一化经营，过度多元化的企业将会"回归主业"和主业重构。民营企业在企业战略方面必须进一步突出主业，走出盲目多元化误区，实现企业归核化经营战略，保持基业常青，增强核心竞争力。

第二，增长方式集约化。一部分民营企业将积极转变增长方式，从粗放经营到集约经营，由"高物质消耗、低技术含量、低经济效益"向"低物质消耗、高技术含量、高经济效益"的增长方式的转变。粗放增长的弊端：一是企业物质消耗高；二是企业核心竞争力不强；三是

贸易争端不断。

第三，品牌运营战略化。优秀的民营企业将从产品经营、资本运营走向品牌运营，进入全方位竞争时代，从"微笑曲线"的品牌高端获得丰厚利润。目前，温州已拥有 9 个中国驰名商标、16 个中国名牌产品、67 个国家免检产品、216 个浙江名牌产品和浙江著名商标，其中 8 个品牌成为 2004 年中国 500 个最具价值品牌。

第四，股权结构混合化。在国有经济改造过程中，部分民企将改变股权单一化格局，通过参股、控股、并购等多种形式参与国有企业的改组改造，实现混合经济的大发展。东北三省国有及国有控股工业企业增加值占规模以上工业的比重依次为：黑龙江 89.34%、吉林 77.8%、辽宁 62.7%，均远高于全国 52.8% 的平均水平。东北经济转型将会为混合所有制经济带来巨大的空间。

第五，公司治理现代化。民营企业将逐步走出家长式管理和封闭式运行，一部分优秀的民营企业将进入现代企业制度建设的新阶段，建立老板与职业经理人之间的互信。我国一部分优秀的家族企业必须进行管理革命，通过所有权、管理权和剩余索取权的共享，实现企业内部资源同外部社会资源的有效结合，"家人"与"外人"的融合，企业老板与职业经理人的互信，使管理者诚心诚意、尽心尽力地为企业工作。

我们可以看出民营经济发展环境有以下几点变化趋势：

一是市场准入平等化。"非公经济 36 条"最大的意义就是在平等化方面有很多的措施，民营经济的所有制障碍将逐步消除，国企、外企、民企竞争环境将趋于全面公平，一些领域行政性垄断形成的寡头垄断格局将逐步消除。民营经济将获得更加坚实的理论支撑和公平的舆论环境，在更公平的市场环境中与外资企业和国有企业竞争。在区域经济协调发展思想指导下，地方保护主义将逐步消除。

二是政商关系合理化。政府将由管理民营企业的"全能政府"、"管制政府"向"有限政府"、"服务政府"转变，民营企业的企业扭曲行为将被改变，市场在资源配置过程中将发挥基础性作用。一些"问题富豪"的落马与当地的腐败大案有着千丝万缕的联系。官商勾结，对商人最终是不利的。究竟是问题官员产生了问题富豪，还是问题富豪产生了问题官员呢？这实际归结于我们的政府，如果政府控制资源而不是市场控制资源——这样的体制不改变，那么政商关系就是扭曲的。所以，我们一方面要转换政府职能，由"全能政府"、"管制政府"向"有限政府"、"服务政府"转变；另一方面要防止企业行为的扭曲。改变单纯重视"点石成金"的取巧，忽视"十年磨一剑"的实干等价值取向。

三是融资渠道多元化。民营经济的财税金融支持逐渐加强，融资渠道不断拓宽，民间金融发展将获得较大的政策支持，融资环境大大改善。

四是产业发展集群化。民营经济集群内网络化分工协作进一步增强，产业发展模式由"企业集聚"、"块状经济"模式向"产业集群"、"网状经济"模式转变。产业集群的发展将改变原来的企业"扎堆"现象，向有机聚合形成多层次的创新网络系统转变，走上网络分工协作、促进产业互动的新发展之路。

五是活动空间国际化。民营经济将充分利用两个市场和两种资源加入到贸易自由化、竞争全球化的大潮，逐步走出国门，实施国际化经营战略。国际化的动机由"机会导向"和"成本导向"向"战略导向"和"价值导向"转变。中国的民营企业只有不断提升自身的比较优势，才能在全球产业价值链中发挥更大的作用。

除了转型外，民营经济的自主创新也是值得我们关注的。目前看来，民营企业自主创新的确存在一些障碍因素：

第一，制度障碍。现有金融制度无法分散自主创新的风险；教育科研体制的僵化使产、学、研难以一体化；法律制度的不健全对自主创新成果保护不力；产权制度的不完善使得"为谁而创新"还不明确。

第二，产业组织障碍。当前，我国市场结构的问题主要包括：市场集中度过低、规模经济效益较差、产品差别化程度较低，垄断是创新的天敌，创新的实现需要规模经济效应，但我国现在"大而全、小而全"的过度竞争和行政性垄断并存的市场结构成为自主创新的重要障碍。

第三，市场障碍。自主创新的市场障碍表现为创新资源不足、创新主体缺位、创新结构不合理、R&D 效率低下、创新链断裂等技术创新供给不足和由于实施低劳动力成本竞争战略，企业自主创新、激励创新机制较弱产生的需求不足以及技术创新供给与需求的错位、市场与企业家结合形成创新能力困难和技术市场信息不完备、不对称造成的结构性失衡。

第四，企业自身的障碍。我国国企、民企和外企三类企业在创新方面的障碍是不一样的。国企是创新动力不足，民企是创新资源不够，外企是自主创新效益不好。国企自主创新的体制不健全，创新的激励机制不强；民企员工素质不高、融资渠道狭窄、自身研发力量弱，以机会和低廉劳动力成本为发展战略，热衷于寻找"一招制胜"的灵丹妙药，忽视自主创新的基础工作；外企的知识外溢很低，"市场换技术"没有换来核心技术。

为了突破这些障碍，在自主创新上，我们可以采取以下五个方面的战略对策：

第一，典型引路。目前，企业界、学界、政界最需要的是树立自主创新的信心。要做到这一点，需要典型引路。自主创新需要由点到面的实施。深圳是我国自主创新的典型，自主创新的经验在于"四个90%"：90%以上的研发机构在企业；90%以上的研发人员在企业；90%以上的研发经费来自企业；90%以上的专利是由企业申请。华为是我国企业自主创新的榜样，它坚持自主研发和自主创新，积极参与各个标准组织的标准制定工作，形成了较强竞争力。我们应该善于总结典型，并吸收经验，增强自主创新的信心。

第二，分类实施。自主创新包括原始创新、集成创新和引进消化吸收再创新。我们现在实施自主创新，战略重点应该放在搞好引进消化吸收再创新和集成创新上，这种创新相对来说风险小、见效快。而原始创新要求太高、难度最大，风险高、周期长。

第三，各司其职。企业应该是自主创新的主体，政府是自主创新的重要参与者，在环境营造、制度保障和共性技术的投入供给等方面发挥着重要作用。大学科研院所的科学研究和实验室成果是自主创新的重要源头，社会中介组织应该成为自主创新的桥梁和重要协调者。

第四，配套联动。这里面要处理好以下六个关系：创新和创业、引进和改进、内生和外购、合作和竞争、技术创新与制度创新、企业集中与产业集群的关系。比如在内生与外购的关系上,我们必须培植企业自己内生的创新机制,建立自己的技术维护、管理、创新团队才能够有效地消化吸收外购的技术。

第五,防止误区。对于自主创新的态度,有的人过于悲观,有的人过于乐观。在自主创新上,我们要防止各种误区。目前,这类误区有四种表现:一是完全排斥引进;二是主张一切从头再来;三是全靠自力更生;四是一概反对模仿。要防止在自主创新的口号下,全面否定开放。其实,模仿是创新的前提,人只有先会"走路",才能"跑步"。

根据 2005 年 11 月 5 日第二届中国民营企业投资与
发展论坛——"后'非公经济 36 条'时代的创新与商
机"整理而成

关于企业自主创新的十个问题

北京大学民营经济研究院院长、北京大学光华管理学院名誉院长

厉以宁

一、自主创新的主体是企业

当前的热点问题之一是讨论什么是新型工业化道路。在新兴工业化道路中，应当强调自主创新能力的建设。那么，自主创新的主体是什么？自主创新的主体是企业。政府应该扮演什么角色？政府是支持者。科研院所、高等院校起什么作用？他们应该是合作者。

政府、企业、科研院所和高等院校这四者之间又应该形成一种什么样的分工与互动关系呢？

政府支持企业的自主创新，主要体现在资金的投入、政策的引导等，此外，政府还要负责组织及进行基础研究，因为基础研究的成果对于应用类研究有极大的帮助。

为什么说科研院所、高等学校是合作者呢？因为任何科研成果，如果不转化为市场化产品，而仅仅停留在实验室阶段，成果只以论文的形式发表，那么无论这些成果如何尖端，它们对经济增长的意义都是不大的。

科研成果要转化为生产力，就必须要靠企业。现在既要拿出成果，更要使它们转化为现实的生产力。这是提高技术水平的最重要方面，也是我们的产品能够打入国际市场的主要依靠。企业的自主创新与市场的需求是分不开的，自主创新应该在市场导向下进行。

这里讲的企业自主创新应是应用型的，国家支持的基础研究要从国家长远的、深思熟虑的、远大的目标来着想。而企业创新一定要有市场

需求，没有市场需求就谈不到企业的自主创新。有了自主创新，国家的经济形势将改观。中国将不仅是制造中心，更将成为世界的创造中心、创新中心。

二、品牌是靠不断的自主创新来支撑的

品牌的重要性已毋庸多言。但是，树立了品牌之后就可以一劳永逸了吗？不行。品牌是和产品连在一起的，而任何产品都有它的生命周期。根据现在国际竞争的态势来看，现在产品的生命周期在不断缩短。所以品牌要靠不断的自主创新来支撑。应该看到，每一个行业都有发展的空间。按经济学的观点，没有夕阳产业，只有夕阳技术，只有采用夕阳技术的企业才是夕阳产业。技术一突破、一改进、一更新，这个企业就不是夕阳企业了。所以企业必须认识到这个问题的重要性。现在企业都认识到了品牌的重要性，的确，品牌是企业进入市场的敲门砖，品牌是保护我们国内市场的一个防护堤，有自主创新的企业会使自己企业的品牌更红火。

三、政府在企业自主创新过程中要加大对新兴行业的支持力度

新兴行业一般是在政府的大力支持之下发展起来的，世界各国莫不如此。新兴行业之所以新，说明过去没有，所以一开始建立都是很弱的。同时，新兴行业的利润率也是事前无法预料的，既要冒很大的风险，利润率又不可预期，企业就不愿意搞。如果没有国家的大力支持，新兴行业的发展就难以渡过其体弱的幼年期而苗壮成长起来。因此，国家产业政策中最重要的一点，应该是扶持新兴产业。国家对新兴产业的扶持主要体现在三个方面：

第一，国家对新兴行业应该有资金上的支持，这不一定是直接给钱，可以在政策上给予优惠，比如在税收、金融方面给予支持。

第二，国家对新兴行业的产品要加大知识产权的保护力度。知识产

权缺乏制度性保护，就没有人愿意搞创新。

第三，在行业准入方面应该贯彻落实"非公经济36条"。现在有人经常讲，行业准入是一道玻璃门，看见了里面了，就是进不去，因为还存在一道玻璃门。怎样打破这道玻璃门，这需要政府下决心，各级政府要坚决贯彻落实"非公经济36条"，消除各种行业公平准入的障碍。这里会遇到三大障碍。第一个障碍就是行业垄断。行业垄断的形成非常复杂，是由很多因素造成的，其中最重要的是和既得利益结合在一起。第二个是地方封锁，或曰地方保护主义。地方保护主义同样是不愿意玻璃门取消的，它也跟利益结合在一起。第三个困难是现在还缺乏重要行业的技术标准。行业准入该不该要门槛？要门槛，但门槛应该是透明的，一视同仁的。要打破行业垄断就要同时配合技术标准，以达到技术标准作为进入某行业的资格。把技术标准公布出来，够技术标准的就可以进来，不够标准的再继续努力，创造条件。这样既实现公平竞争，又避免盲目投资、重复建设。但技术标准不应该由政府单独制定，现在有个不良倾向是部门利益法制化，立法过程及标准的制定也存在垄断的问题，这些同样是不公平。应该通过包括政府、学术界、企业等在内的各方面共同讨论，制定行业技术标准。程序正义才能保证结果公平。

四、创意是创新的基础

自主创新分两类：一类是原始性创新；一类是引进消化后的再创新。两类都是创新，两类相比，更重要的是原始性的创新。引进吸收、消化后的再创新也很重要，同样有用。但如果缺乏原始性的创新，这样的自主创新能力建设还是不完整的，起码是重要的一环没有放进去。原始性创新中很重要的一点，就是必须要先有创意，"提出问题比解决问题更重要"，没有创意谈不上创新。现在中国真正缺少的恰恰是在创意方面的能力，包括缺乏有创意能力的人才。如果我们能够有更多的企业从事创意工作，拿出思想，然后再跟其他的企业联合起来，技术方面的创新可能走得更快、更有效。这是自主创新中一个非常重要的基础性环节，我们对此要有足够充分的认识和长远的眼光。

五、融资难的问题需要认真、有效地解决

这个问题不能有效解决，必然阻碍自主创新。中国要解决与自主创新联系在一起的融资难问题，银行是一方面，另一方面则一定要鼓励创业投资。两方面的问题为什么这么久没有解决呢？体制是关键。

一是银行体制。为什么国有企业贷款比民营企业容易一些？为什么大型企业比中小企业容易一些？虽然其中确实存在着信息不对称因素，在一定程度上是市场选择的结果，但更大程度上还是与银行信贷管理体制有关系。现行的银行信贷体制对国企和民企并不一视同仁。对民企贷款出现问题后，受到追究的可能性远比对国企贷款出现问题受到追究的概率要高出许多，这在客观上造成信贷人员"惜贷"。

二是创业投资体制。在国外，通常是几个青年人从研究所或是从大学出来，聚在一起搞一个发明创造，办一个小公司，虽然规模很小，但因为有创新成果，在展示宣传的时候被创业投资机构看中了，就参股进去，推到创业板去上市。一上市，企业资产就成倍地增值，到适当的时候创业投资机构就带着收益退出，再去寻找支持另外有自主创新、自主知识产权的企业。但为什么在我国创业投资就这么困难？现在国内已经有一些创业投资公司，关于创业投资基金却没有法律根据，而最大的问题就是没有退出渠道。创业投资机构把钱投进去就不能撤出。不能流动，就把活水变成了死水，无法规避风险、获取收益，那还搞这个干什么？问题是，从九届人大到十届人大，创业投资基金法酝酿了这么多年都没能出台，不能不让人遗憾。还有，现在很多有创新成果、富有成长性的公司只能去国外上市，却不能在国内上市，这是良好上市资源的流失。为什么就不能把它们留在国内呢？这是鼓励自主创新的态度吗？

所以说，鼓励自主创新首先需要制度创新。我们呼吁，为了加快企业自主创新，一方面从银行的角度对融资难问题要有有效的解决方式；同时要加快创业投资法的制定，要让创业投资业在中国能够更快地发展起来。这样，自主创新才是大有希望的。

六、改革人事制度和激励机制，鼓励优秀的科研人员进入企业

这对我们是非常现实的问题。好的科研人员到哪里去了？是到科学院去了，或者高等院校留下了。当然，为了壮大科研力量和充实师资也非常重要，但在国外并不是这样。国外很多优秀的科技人员直接进入企业，或者是企业招聘、猎头，或者他们干脆自己创办企业。科技人员，特别是其中的优秀分子，不进入企业，对我们的企业自主创新是不利的。要改变这种局面，除了要引导转变社会上那种认为科技人员就应该到科研院所、高等院校去的传统观念外，恐怕更为实际的手段是改革人事管理制度和激励机制。在人事管理制度方面，要实现民企与"国字号"单位的同等国民待遇，在户口、档案、职称、社会保障方面予以切实保证。在激励机制方面，企业比高等院校和科研院所有更好的条件，就是机制灵活。特别是民营企业，激励机制可以更为有效、效率更高，这样自然就会引来优秀的科技人员。

另外，企业对现有的科研人员一定要加大对他们的培训，包括科技方面的培训、管理方面的培训。哪个企业能提高自己科研人员的水平，这个企业就有希望。现在的问题是，企业技术人员往往缺少接受再培训、再教育的机会，可能工作了很多年仍保持当初毕业时的水平。当然，企业做这件事情要花钱，花钱将来会有回报，因为企业自主创新能力加大了。这实际上也是提高认识的问题。

七、要进一步开展企业和科研机构、高等院校的合作

上面讲过了，除了基础研究以外，应用类自主创新研究的主体是企业，高等院校和科研单位是合作者，那么，产、学、研三者怎样进行真正有效的合作呢？我们提出三点建议：

1. 以项目为主线来组织企业、院校、研究单位的力量进行攻关。

如果没有项目为依托，三方合作就缺乏一个平台和共同的目标，就难以有效地组织到一起来。

2. 要建立产、学、研合作研究的基地。可以以地方政府的名义建立。有了基地，三方的合作就可以有可持续性，可以进行一些带有长期性的重大研究项目，也可以避免短期行为。

3. 允许有条件的企业建立博士后流动站。国外的经验表明，大企业的研究力量较强，如果建流动站，吸引一批博士后进去做研究，出了成果直接向企业报告，这对于研究人员了解市场需求和生产实践、确立研究课题的有用性有直接的好处；对企业而言，利益更为直接。

八、国家科技政策要进行适当调整，一定要公平对待各类企业

要适当调整国家的科技政策。首先是让各类企业，包括国有企业、三资企业、民营企业等都处于公平待遇的状态。比如对科研项目，实行公开招投标，实现公平竞争。如果不是这样，尽管很多民营企业它们的自主创新力量很强，但因为信息不透明，无法及时充分地得到有效信息，怎么能参与项目？其次就是要通过机制改革来杜绝腐败。各种科研基金也应该是在公开、公平、公正的情况下操作。现今学术界中的一些不正之风，如在项目立项、项目评审中的暗箱操作等，都妨碍公平竞争，因而也妨碍自主创新。有自主创新能力的企业是不怕公平竞争的。民营企业机制灵活，知道自己优劣势在哪里。今天没有希望，创造条件明天还有希望，但如果根本就没有公平竞争的条件，那就永远没有希望了。所以国家科技政策应该有相应的调整。

九、全社会应当形成宽容失败的良好气氛

一定要宽容失败。自主创新哪有那么容易？创新不可能只有圆满的成果，还有失败和遗憾。创新之路始终充满风险，需要有足够的勇气和毅力，更需要有直面失败的勇气。社会对于失败者要谅解。如果说一失

败，舆论就让创新者身败名裂，那他该怎么办？这种约束条件下，个人的理性选择只能是求稳、求成，就是不做大创新，只做小的。不宽容的氛围表面上看是严格要求，实际上只是起到了鼓励急功近利、急于求成的效果，最终只可能有小的成果，大的成果不可能出现。问题是现在要清醒地看到与真正创新型国家间的差距，我们需要的是重大的技术突破，真正有创意的技术突破。当然，宽容并不是最终诉求，宽容的终极目的还是为了有效创新，最终必须形成一个既能鼓励创新又能预防决策失误，既能宽容失败又能把试验成本降到最低的科学宽容机制。但这首先需要有一种社会风气做基础，形成一种真正的人文关怀的精神。即使失败了也是有意义的，起码可以告诉别人这条路是走不通的，别人就会换一条路走。

十、全社会应当形成尊重科学、尊重创新、敢于创新的良好的社会氛围

假如一个社会不是崇尚科学的，是保守的、愚昧的，停留在过去的阶段，那整个社会的环境是对创新不利的。我到印度考察过，印度在一些方面不如我们，但印度跟我们不一样，那就是在印度现在特别强调全社会尊重科学，人们都以能够搞科学为荣，这个风气在印度开始形成。我在印度看到了好几个例子，像研究用海水灌溉水稻，经过很多次失败，最后成功了，这就解决了大问题。他们现在还在继续研究：海水能灌溉棉花吗？海水能灌溉油料作物吗？大家都在努力探索，走科学研究之路，形成了一种社会风气。鼓励创新，崇尚科学，这就是印度经济能够快速增长的原因之一。这个经验，我想对我们同样是有重要意义的。

根据 2006 年 4 月 9 日第三届中国民营企业投资与发展论坛——"'十一五'规划与民营经济发展"整理而成

关于品牌建设问题的思考

北京大学民营经济研究院常务副院长、光华管理学院教授

单忠东

一、品牌是什么

围绕品牌所产生的许多认识误区，在很大程度上是由于对品牌这概念认识不清。很多企业对品牌的认识，甚至还停留在"注册商标"或"名牌"的阶段，认为注册了一个商标就等于拥有了品牌，或者通过大量的宣传，让商标家喻户晓，就等于树立了品牌。

实际上，品牌既不等于商标，也不等于名牌。商标更多地是一个法律概念，是有形的；而品牌则由内而外地表现了产品的个性特征及丰富的文化内涵，是无形的。品牌也不等于名牌，名牌仅仅代表了一种知名度，而品牌除了代表知名度外，还代表了产品的认知度、美誉度、消费者忠诚度和信任度。所以，仅仅为产品制定一个标示不等于建立了品牌，仅仅拥有知名度也不等于建立了品牌。

二、品牌不是评出来的

目前国内存在名目繁多的品牌评选，如"消费者最喜爱的品牌"、"最优价值的品牌"、"××十大品牌"、"××年度品牌"，让许多消费者甚至企业都认为品牌是可以评出来的，企业可以通过各种评选，参与各种大赛建立自己的知名品牌。

实际上，品牌不是评选出来的，而是在市场竞争中产生的。品牌的竞争是企业综合实力的较量。一个成功的品牌，需要具备四项基本要

素——企业的核心价值观、健康的企业文化、卓越形象的转播载体以及法律的保护。拥有这四项要素，需要企业具备良好的价值观和社会责任意识、具有综合素质修养的管理团队、良好的客户口碑和媒介公共关系等等。所以，品牌的竞争实际上是企业综合实力的较量，最终要通过消费者和市场的检验，"过五关斩六将"，最终获得市场的认可。

三、品牌不是广告堆出来的

中国每年的广告总收入超过 1 000 亿元，可是绝大部分都以失败告终。很多企业认为品牌是广告堆出来的，通过"烧钱"、大量做广告就可以建立品牌，这种认识是片面的。

在这方面，有许多反面教材可供借鉴。如河南春都集团的春都火腿肠曾一度是全国驰名品牌，但企业不注重产品质量，甚至一度让消费者买到的火腿肠像"面棍"，最终使客户萎缩、销量下降，企业声誉跌入底谷后再也无法挽回。再如，山东秦池酒厂曾斥资 3.2 亿元买下了中央电视台黄金时段的广告，并连续两届成为中央电视台的"标王"。与此同时，企业却忽略了经营的基本层面，因生产散酒勾兑的"水酒"而声名扫地，同时巨额的广告投入也使企业的财务运转大受制约，结果企业很快倒闭。

由此可见，品牌需要以企业的综合实力做支撑，如果一味的增加广告投入而忽视企业经营的基本层面，不但无法换取消费者的喜爱和信赖，反而会影响企业的长远发展，树立品牌也就成了一句空谈。

四、品牌建设不能一蹴而就、一夜成名

从全球范围内，几乎所有的著名品牌都经历了很长时期的发展过程。比如，可口可乐有近 120 年的历史，西门子的品牌历史长达 158 年，路易·威登有 152 年的历史，雀巢咖啡也已经经历了 140 年的发展历程。这些具有悠久历史的著名品牌随着时间的流逝并未被人们遗忘，反而在消费者心中，这些产品更加值得信赖。

而短时间形成的品牌往往很难实现长久发展。曾红极一时的"欧典地板"在获得一系列荣誉和美称后，为消费者追捧，品牌运作非常成功。但是产品并没有呈现出品牌应有的信誉度，欺骗消费者最终带来的只能是品牌的轰然坍塌。

独特的品牌内涵需要依靠长时间积淀，需要企业形成自己的核心竞争力、先进的理念、独特的企业文化以及经得起考验的信誉度。仅依靠炒作一夜成名，抑或靠仿造冒充他人，都难以实现成功的品牌建设，强大的企业实力仍然是品牌建设的必备后盾。

五、品牌不是一劳永逸的"铁饭碗"

和产品一样，品牌也有生命周期，会经历一个从问世、成长到成熟、衰退并逐渐消失的过程。所以，将品牌视为一劳永逸的"铁饭碗"，缺乏对品牌进行必要的管理和经营，只能加快品牌的衰落速度。

随着市场需求的变化、群众消费心里的变化、传播手段的变化以及社会文化氛围的变化，品牌的文化内涵也需要随之进行调整，成功的品牌需要有不断创新的品牌理念为其支撑，同时这种理念也需要与市场发展相适应。此外，企业也需要不断地改进技术、创新管理、研发新产品，不断根据市场的需求调整企业的战略方向。将企业的战略规划以及品牌理念与市场发展保持一致，才能确保品牌立于不败之地。

六、品牌不是终极目标

品牌是企业价值创造过程的最集中体现，但不是企业价值创造过程的全部，品牌仅仅是价值链中的一个环节。品牌资产的创造贯穿于产品研发、设计、制造、配送、服务等一系列过程，最终体现于品牌之上。

成功的品牌也是企业发展成熟的标志，具备成功品牌的企业更容易受到消费者的接受和喜爱。但是品牌不能成为企业的终极目标，如果企业仅仅为了实现品牌去建设品牌，而忽略了企业最基本的生产经营管理，从而导致企业缺乏清晰的战略规划、缺乏核心竞争力、产品品质低下，在这样层面上建设出的品牌只能是毫无基石的空中楼阁，最终难以支撑企业的持久发展。

七、品牌不是买来的

据统计，在新上市的品牌中，只有10%可以取得成功，剩下的90%则以失败告终。因此，企业收购已有的知名品牌、"买鸡生蛋"成为企业实现本土化、拓展新市场的捷径。比如，在中国企业中，联想收购IBM的PC业务、TCL收购德国品牌施耐德；在外国企业中，如巴黎欧莱雅收购中国品牌小护士、联合丽华收购"中华牙膏"，等等。

很多人据此认为企业不必费力发展品牌，只要将知名品牌收购过来即可，这种认识是片面的。企业购买新品牌本身需要慎重抉择，企业一方面要衡量自身的实力，是否有能力来接受新品牌；同时也要考察新品牌的收购能给企业带来什么。对于企业而言，并不是任何一个知名品牌都适合其发展，品牌的知名度，品牌的消费者群以及销售网络等都可能成为企业收购品牌的有利面。在收购其他品牌之后，企业需要使自身与新品牌实现很好的融合，在此基础上才能实现企业无形资产的增加。

根据2006年4月9日第三届中国民营企业投资与发展论坛——"'十一五'规划与民营经济发展"整理而成

企业发展与国际化

民营企业应该如何参与国际竞争

北京大学副校长

海 闻

非常高兴参加第四届中国民营企业投资与发展论坛，受厉以宁老师、单忠东学弟的邀请参加这个会，我代表北京大学对各位嘉宾的到来表示热烈的欢迎，对这一天会议的胜利召开表示热烈的祝贺。

我的领域是国际经济学。1993年我就做过进一步的讨论，民营企业在改革开放中起到了非常重要的作用。下一步我们应该怎么走？我想强调一个方面，民营企业应该如何参与国际竞争，如何面对在国际竞争当中的机遇和挑战。中国改革开放三十年取得了很大的进步，可以说中国经济的总量特别是在国际上的影响已经不像以前那样。现在大家可以看到，国际上对我们很重视，包括奥运会所反映出来的问题，奥运火炬传递中出现的问题都是很正常的，实际反映了国际社会对中国的关注，虽然这种关注是以一种不是很友好的形式表现出来的。我最近做中国经济未来二十年的研究，其中提到了四个挑战，可能与我们的民营经济有关。第一个挑战是宏观的稳定发展，今天不在此详谈；第二个挑战是中国企业怎么参与国际竞争，接下来我会详细展开；第三个挑战是社会方面的；第四个挑战是怎样渡过未来的非常敏感时期。其实现在我们的国际竞争比那时候更加的激烈和困难，原因是什么呢？当一个国家很穷、很弱的时候，人家并不在乎你，并不意味着你做得很好了，而是因为你对人家没有威胁。比如说反倾销，仔细看看倾销的状况，可能原来倾销的情况比现在严重得多，比国内低的价格在国外销售，为什么国外以前不在乎，而现在反倾销的案例越来越多？这是因为他们越来越关注中国的发展。现在国际市场对中国表明的态度也说明中国在国际上逐渐拥有了举足轻重的地位，当你很弱的时候人家不会在乎你，当你很强的时候人家很服你，当你不是很强、影响到国际的时候他们就用挑剔的眼光看你。所以说未来二十年是中国企业面临国际环境更为复杂的时期，更加需要我们做好，这也将是按照国际规则来进行发展的重要的二十年。

为什么讲这个重要性要谈到民营企业呢？因为在国际竞争中，没有国有企业的市场。加入 WTO 以后，我国经济发展很快，取得了很多的成就，但这个时候开始我们也有一点忘掉了改革，忘掉了 WTO 的规则。在国际竞争中，到目前为止我们关注的是国有企业怎么在国际上做得成功，我们讲的是国际上的竞争力，而忘掉了在国际竞争中是不能仅仅靠国有企业竞争，而要更多地靠民营企业竞争的。我们谈民营企业的时候不能不谈国有企业，由于以下原因，也使得未来民营企业在国际竞争中更加的重要。

国有企业存在一些根本性的问题，比如在激励机制方面、管理机制方面以及有效性方面。我们怎么能在国际竞争中取得成功呢？体制上的竞争是非常重要的。不要看国有企业在国内利润很大，那是因为有某些因素，行业不许其他民营企业竞争和进入的因素，在国际上国有企业的体制肯定是不能适应的。

比如刚才讲的激励机制。我们怎么能把优秀的人才吸引到国有企业呢？国有企业是很难做到这一点的，大家可以注意到，有一些国有企业的老总工资一高，马上就引起人们的关注和质疑。低了吸引不到人才，高了就受到老百姓的质疑，但是民营企业用这种激励机制就没有人挑剔和质疑。对于国有企业而言，没有监督机制确实容易滋生腐败，因为大家不把企业作为自己的事业，因为不是靠干出来的，而是通过某种任命来确定国有企业的老总。

又如，国有企业缺乏管理机制，现在国有企业的老总在不同情况下，真正代表的是哪一个人的利益，有时是说不清楚的。所以某种程度上讲，在国际竞争中我们不能依赖国有企业。国有企业还存在一个体制上的缺陷，也是更重要的一点——竞争性。现在很多的国有企业进行收购和兼并，就是因为国有企业缺乏竞争性的环境，这个问题千万不要小看。现在有一些领导，还有一些经济学家，认为只要我们有国际竞争力就行，但是千万不要忘记 WTO 的竞争是有两个含义：一是公平竞争；二是自由贸易。公平竞争不是明确地反对国有企业，而是通过一系列的条款限制国有企业的国际竞争，比如反倾销、透明度等。为什么反倾销呢？企业的反倾销最常遇到的是非市场性，只要你有国有企业的成分，他就说你的定价是不合理的。以这种体制经营，一旦给对方造成威胁的时候，对方一定千方百计的从体制上找你的麻烦。如同体育竞技项目游泳，我们的运动员游到后面的时候，别人不担心我们吃什么药；一旦游到了前面，那么就查了，第一年没有查出来，第二年就换一种办法查。所以，企业在做强做大的时候，一定要考虑体制的问题，不考虑体制问题今后做强了要遇到更多的麻烦。

面对国际竞争，重要的任务就落到了民营企业肩上，我们需要民营企业争气。民营企业如何做大，如何在国际上做强，这是我们需要考虑的问题。面对民营企业在国际上有竞争力，我认为现在面临很多的挑战，大致可以概括为两方面：外部挑战和内部挑战。

（1）关于外部挑战。民营企业在面临挑战时有改进的必要。面对国际挑战你是怎么准备的？我非常佩服美国人，他们有很多的战略思维。20 世纪 90 年代当我们讨论全球化的时候，美国的企业就围绕全球化做了很多的战略调整。大家如果关注一下，美国自 90 年代末以来的企业兼并是非常大的。我们知道，惠普和康柏合并了，波音和麦道合并了，还有美国银行的合并，为此他们的法律做出很多的修改。比如说波音和麦道的合并，按照经济学概念来讲是两家民用航空的制造商合并为一家；按照反垄断的概念是不可以合并的。但是他们面临的是全球经济，合并对消费者、对航空公司来讲始终拥有权利，或者买波音的飞机，或者买空客的飞机。美国的银行也发生了很多的兼并事件，原法律规定银行是不可以跨州到其他州经营其他的业务，90 年代以后法律也做了很多的修改。然而，我们的企业没有这些方面的考虑，政府也缺少这样的考虑。比如行业的准入。现在很多的政策扶持对民营企业的发展壮大还存在诸多的问题，加入 WTO 以后，我们在行业准入方面进步不大。我们曾抱有很大的希望，加入 WTO 后能够更加开放，但是到目前为止，民营企业在金融业、通信业等行业并没有获得准入。

关于外部环境，我并不单纯讲企业怎么样，面临什么样的挑战等等，这其中还包括政府的问题。怎么才能让中国的民营企业走向世界？首先，关键的行业要向中国的民营企业开放，允许行业进入，我认为这是外部环境需要改善的首要问题。其次，需要进一步改善资本市场的发展环境。今天论坛的主题是投资与发展，外国的民营企业之所以能够做大，典型的像微软，不是靠自有资本的慢慢积累，而是靠发达的资本市场，我们的资本市场现在是什么？关于发展中小板、创业板的讨论，重点是放在资本市场的安全上，这固然重要。但从另外一个角度看，即从民营企业发展的角度发展资本市场，还需要不断地改进。再其次，国内劳动力和人才市场发展不充分，整个人才的培养和储备不够。当企业发展壮大，尤其跨国以后，在国际上的发展急需人才，特别需要有国际眼光、国际经历的人才，这方面的外部环境确实需要努力，在未来的10~20年，中国需要在培养适应全球化人才方面下功夫。

（2）关于内部挑战。从内部来讲，我们的民营企业还需要接受一些挑战，或者说为了走向国际，需要做两个方面的努力。第一是眼界和战略思维上。目前中国企业面临很大的问题，大多数企业还是以一种传统的小农经营思想经营现代的、开放的企业。什么意思呢？我刚才讲了美国的情况，美国的情况是完全的适应全球化的市场要求，有两个特点，一是规模经济，二是专业化。为什么企业兼并？在全球竞争中，企业的成本必须要通过规模来解决，本来都活得很好，哪家公司能对波音造成太大的竞争呢？虽然它存在竞争，可是没有必要一定要和麦道合并啊，美国很多的企业其实是可合并、可不合并的，那为什么要兼并呢？实际上是在不断的创造规模，这是非常重要的。我们现在有些企业都觉得我已经很大了，已经很不错了。其实你要拿国际的眼光来看，我们真的是拿不出几个像样的企业来，规模都很小。所以，经营的理念一定要大，不能只盯着自己周围的"邻居"。我接触过一些民营企业——你这个行业怎么样？他说在行业里排前几名，可是市场的份额非常小。我要说的是，市场仅零点几的份额，这是很不稳定的，不在于你排第几名，中国的每一个行业都有很多的企业，每个企业在这个行业中的规模都很小。美国的汽车工业四家，日本的汽车工业三家，韩国的汽车工业三家，中国的汽车工业一百三十多家。医药，包括制鞋、服装等规模都很小。企业家满足于现在这种地位，一年有几个亿的收入和几个亿的营业额，企业也很风光了。中国企业要发展壮大仍然需要国际的眼光规模。第二就是专业化。这是一个很重要的经营理念，我们曾经很喜欢多元化经营，我们曾经认为日本、韩国的模式是我们学习的榜样，我非常欣慰的是韩国遇到了问题，东南亚金融危机让我们知道了多元化的经营不见得是一个非常好的模式。最典型的就是大宇企业，问题就出在企业涉及的行业太广了。在现在的开放经济中，这种理念是不行的，真正能避免风险的选择是在这个行业中占的市场份额很大，哪怕你做一个零件，做到一个行业中最大，市场份额达到最大。鸡蛋放在筐里、肥水不流外人田，这都是小农的意识。美国的市场都是非常专业的，制药公司从来不涉及别的行业，英特尔从来不做别的。我们的企业多数是多元化经营，哪怕规模很小也进行多元化，海尔要生产一万多种产品。原来有的民营企业做鞋子很好，但是还要做很多种类的产品。我们本身做一件事做的都不是很好，还要做多元化经营，如何成为国际化的大企业？所以这个眼界非常的重要。有这个眼界、有这个目标，你才有可能在5～10年之内创造大的企业。这是内部的挑战。怎样培养民营企业家的眼界，战略思维，以国际的标准，不能看国内，国内北京做得不错了，但还不够。如果我们的门是关着的，没关系，一个国家开始的时候总是需要行业慢慢的重组，当我们打开门看，国际的企业在适应全球化，一个个专业化的企业，而我们还在小的行业中，人家进来都是专业化的大集团，我非常担心这种竞争的结果。如果说有了这个眼界，有了这个理念，怎么做不能光靠自己，一定要靠资本市场，这是一个眼界问题。怎么做大？不是靠自己慢慢做大的，没有那么多的大企业，在国际上，哪怕在中国，经历多少年成为中国最大，是不容易的，即使成为中国最大，能不能成为世界最大？这需要一个开放的理念。同行业之间的合作，这个理念对我们这代企业家来说没想过，早年美国也一样，比如说老福特做汽车的时候，非常注意创始人的情结。惠普和康柏合并，为什么到了一定程度以后撇开创始人的情结，到一定的时候必须要想办法通过联合、兼并的办法迅速的做大，这比自己慢慢的积累、慢慢竞争做大更重要。这一点我曾经和一些企业家聊过，我有一些 EMBA 的学生，都是做药的，他们都说做得很大。我说你们有没有想过两家合并起来，共同做大、做强，得到的答复是"几乎没有想过"。怎么通过与别人的企业兼并来做大，这一点上中国人的理念和美国人相差得很远，美国人是哪怕我这个品牌没了，只要利益合理，就只能作出部分牺牲。这种牺牲有两个办法，一个是在竞争中牺牲，还有通过合作的办法避免部分牺牲。怎么能够做大做强，包括家族企业，民营中有很多的家族企业，家族企业做大很难。我们做贸易很早，丝绸之路源于中国，为什么我们的贸易不如西方，这就是一个经营方式的竞争。靠家族企业做贸易，有很多的弊病、风险等等，通过公司的形式就可以迅速的分散风险，集聚资本，迅速的做大。民营企业到了需要转变经营模式和经营理念的时候，对于想做大的民营企业，如果安于现状，你可以心安理得的再过十年，而且永远有小企业存在；对于有国际竞争力的企业，除了大家关心的外部环境的改善之外，在企业内部要有更高的远见，有全球的视野，同时改变我们的经营方式，这确实是不容易的，说出来容易做起来不容易。

总而言之，中国进入了新的历史阶段，我们面临的挑战更加严峻，同时我们的机会更加多。我希望这个论坛通过这种讨论大家更多地把问题谈出来，畅所欲言，很重要的是要能够跟国际比较，看我们的差距在哪里，使中国的民营企业迅速的成长起来，承担起中国民营企业经济的主体作用。

根据 2008 年 5 月 11 日第四届中国民营企业投资与发展论坛——"民营经济三十年：新生与困惑"整理而成

民营企业的精细化管理

北京大学民营经济研究院精细化管理研究中心主任

汪中求

大家知道，精细化管理作为一门管理学的分支学科，当然不可能是用一节课的时间可以说得清楚，而且我们的研究也非常有限，因此在这里只能是重点讲清楚它的基本概念，然后突破它的一个点来给大家做一个相对详细的解说。

刚才主持人说的，吴敬琏老师在宁波考察时讲过一句话："面对全球经济一体化的直接压力，中国民营企业必须走精细化管理的路子"。但非常遗憾的是，我们查了相当多的资料，没有发现吴敬琏老师对"精细化管理"的具体解释。他只是提到精细化管理具体表现为三个方面：专业化、归核化和国际化。今天在这里重点介绍专业化的问题。

首先，我们对"精细化管理"做了一个定义：精细化管理是一种管理理念和管理技术，是通过规则的系统化和细化，坚持规范化、标准化、数据化、信息化的原则，使企业管理各个单元精确、高效、协同和持续运行。之所以要强调管理技术，是因为中国的学者大部分不太喜欢用数理的方式进行思维，更多是用抽象、写意和艺术的、文学的方式来思考问题。所以中国的管理学极少有很严密的科学性和方法论的一面，更多的是理念部分。因此我们认为精细化管理是一种管理方法，这种方法是基于对规则的系统化和细化来展开的。

昨天有记者来采访，我就讲了，中国人对规则的重视程度是远远不够的，我们喜欢用自己的所谓智慧，严格来说是喜欢用自己的小聪明做事情。中国人做一个事情总是认为非常容易，不像西方人表现出极其谨慎的态度，西方人会认真搞清楚这个事情怎么做，分多少步，每一步怎么做，如何达到这个标准，达到什么标准需要什么工具，应该接受什么训练。而我们往往凭自己的聪明认为很容易，很方便，我一定可以完成。但一旦做的时候就五花八门，各不相同。我们对规则的漠视产生了对管理的混乱，实际上管理是一门复杂而简单的理论，说复杂是因为涉及到太多的人和事，而之所以简单是因为完全靠规则推进。

其次，我们通过四种手段来解决：规范化、标准化、数据化和信息化。我在这里给大家提出至关重要的八个关键词：清晰、可控、规则、条例、细节、底线、客观、量化。首先是清晰、可控，管理一定要是很清楚的，能够掌控的，不能把管理变成一个遥不可及的东西，或者说我们只能看着办。看着办不是管理，它是不受操控的状态，所以管理的可控性是必须的。那怎么去做到清晰、可控呢？主要依赖规则和条例，条例是规则的细化。所以大家看到，西方之所以成熟，西方的企业之所以强大，无一例外地有非常详细而系统的规则条例，像麦当劳这么一个简单的企业，产品几乎比我们在座的每一个老板做的东西都要简单，不超过 20 个品种，但是它的管理文件加起来有一米高。人家为什么要花那么大的精力做这个东西？因为管理需要通过非常详细的、认真的、具体的、可操作的、系统化的规则来实现，甚至把它变成手册、条例来执行。当然，规则是需要细化的，要落实到细节上，要落实到底线上，最起码要达到什么标准。当然这种细节和底线要尽可能以客观量化的方式来达成。我认为这八个关键词是非常关键的，如果放弃这八个关键词的基本理解，就无法了解精细化管理，甚至无法了解管理的真谛。

图 1 试图给大家说清楚我们认为的精细化管理是什么。管理首先是从目标开始，有些企业有很多提法，比目标提的更大的是战略，比战略更大的是使命，我想我们做企业的不需要太花哨，集中为一点，就是目标。在目标的引导下，我们需要把目标展开为流程，企业管理当中是需要通过流程来分解目标的，想达成这个目标要做多少事情，这些事情的步骤是什么。流程展开就是活动，每一个活动会变成管理要求的若干程序，落实到每一个岗位上。程序包括步骤和标准，即一件事要分成几步走，每一步应该达到什么标准。

一次我接受几位年轻记者的访谈，当时我手上正好有一杯服务员送

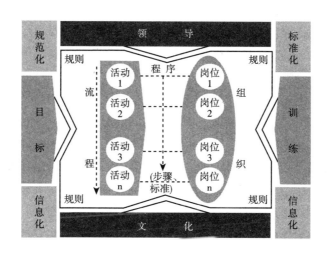

图1　精细化管理模型

来的茶，我说："倒茶是一种活动，而这个活动是有程序的：第一，给这个杯子注入70%的水；第二，把茶叶袋放进去；第三，把茶叶袋抖动几下，使茶汁散发出来；第四，把茶叶袋的绳子绕在水杯的把子上，以防把纸片冲进去。"很多酒店的服务员根本不懂这些，就是因为我们的管理者没有教别人怎么去倒一杯水，我们总认为倒水是常规的，但进入管理的状态，倒水是一个活动，是一个需要规范的活动，是需要予以程序规范的。

　　岗位累积起来或者说岗位的组合就是组织。因此，管理一方面研究流程，一方面研究组织，一方面研究程序，一方面研究岗位。总之一句话，管理研究人和事，人以岗位来描述，以组织来构建；事以程序来表现，以流程来构建。这就是我们认为管理的问题，而这些问题都是由规则来限制的，不是由领导的意图来限制的，不是由员工个人的小聪明来推测的。管理必须假定所有人都不会，这样管理者才会用心研究每一件小事怎么做，如果把这些东西变成了规则，企业就可以在规则指导下做事情。因此管理者85%的时间应该是用来处理规则覆盖不到的事情，或者说企业85%以上的例行事务不需要管理者参与，更不需要管理者直接下命令。

　　因此管理者过于忙碌本身就是管理不足的表现。所以我们认为在管理当中规则是重点，而这些规则如何形成员工的能力呢？只有一个办法，那就是训练。前不久我在一个部队讲课，说规则转化为能力最重要的是靠训练。当时有学政工的研究生给我发信息说我说错了，说我们主要靠毛泽东思想的教育。我承认有用，但更有用的是训练，因为没有毛泽东思想的国家同样有军队，他们的军队同样有能力。所以，军队一定是训练出来的，而我们的员工也是训练出来的，因为训练可以把规则变成员工的习惯，可以把要求变成素质，除此以外没有更好的办法。这一系列的活动在中国需要领导重视，以及持之以恒地贯彻才能把这个事情执行到底。文化是一个企业的价值观，是一个渗透在所有行为和所有人心灵深处的某种东西，这是贯彻在企业整个活动所有环节当中的，因此这是一个包容的东西。我们如果要把管理简单的用一个公式来说，当然这个公式很不严谨，我只是想说明问题，那就是"（规则＋训练）×文化"。实际企业就要靠大量系统的、细化的、可操作的规则，然后加上大量的针对岗位的程序训练，在文化的深度影响下形成企业的管理核心竞争力。

　　精细化管理的推进要坚持两个原则：一是立足专业；二是科学量化。什么叫立足专业？立足专业一方面是企业经营方向的专业化。第二方面是员工岗位分工的专业化。员工岗位分工这里只强调一个方面，中国是一个重视身份、职务、领导级别、官职大小的国家，是一个不太重视专家的国家，一个人是哪方面的专家，这个专家达到什么样的程度并不被人们所重视。一个国家、一个民族如果不把专家看得比领导更重要，这个国家是不会真正走到各个民族前列的。未来的世界一定是根本不在乎官员的，当然我们对官员的基本尊重是需要的，服从领导、服从规则、服从法律是必要的，但我们没有必要过于尊重某一个领导或者某一个人，这个不重要，我们应该尊重的是个体专业上有极其深刻成就的人，所以未来是专家的世界。当我们这个国家大多数人不愿意当官，而绝大多数人培养子女成为专家的时候，这个民族中兴的阶段就到了。因此，我们认为很多发达国家都是专家成群的，而且人们从内心深处特别崇尚专家，哪怕是一个简单的园艺工人。我在日本看见一个种铁树的，种了 40 年铁树，对铁树的研究在他们国家没有人超过他，人们对他非常尊重，不比一个企业的科长、部长差。一个昏庸的省长并不比一个非常有技艺的园林工人强，这是我的态度。这个世界需要专家，因此精细化管理是提倡专家管理的，因为社会分工越来越细，每个人所做的事情越来越窄，在非常狭窄的领域，能不能做得最好，这是每个人应该做且可以做到的。用我们的话来说就是，我们不要做两公里的战线往前推进两厘米的工作，而要做两厘米的宽度往纵深推动两公里的工作。中国这么多人，我们有什么必要要求每个人什么都做呢？

这里重点讲讲企业经营方向的专业化。企业经营方向的专业化，首先是从战略的集中开始，虽然战略要做，要达到系统化有很多的内容，但在这个内容的基础上，我们最终要做三个战略：首先是企业战略，其次是经营战略，最后到职能战略。我们今天重点讲经营战略的部分。研究竞争学、战略的权威专家迈克尔·波特先生很早就告诫我们什么是战略，他说："制定战略就是要把你想要的、想实现的东西加以限制。如果想满足所有的需求，就等于没有战略。"请注意这个词，"限制"，而不是"扩大"。尽管这个话我们都读得懂，但事实上中国的企业家大多数都不懂。我们总是见什么就做什么，一有机会就插进去，什么地方都是机会。我们对战略的认识往往是很杂乱的，没有把思想集中起来。我们一个很小的公司就叫集团，什么原因？因为有很多产品要做，好几个产品就有好几个公司，好几个公司就成了一个集团。我们的所谓集团是拿一个桶子把所有乱七八糟的东西都装进去，我们只会做东北大炖菜。

有很多同仁肯定会说：很多国外的公司也是多元化的，怎么中国企业就不能做呢？我武断地说，中国企业绝大多数没有资格做多元化。当然，GE 公司也做多元化，为什么？第一，GE 公司在下面的若干公司、在某一个领域几乎已经饱和了，没有办法再大了，只能多元化。而我们的企业连在一个城市都没有做好，不要说第一名，10% 的市场占有率都没有，凭什么多元化？最熟悉的事都搞不清楚，想搞清楚更多事情不太可能。有一个美国专家曾经亲口对我说："我刚刚考察完一个小企业，这个企业一年的销售收入是 20 亿美元。"这是原话，20 亿美元的企业是小企业？我听了非常难受。中国企业要做 20 亿美元，就是 130 亿元人民币，这个企业太牛了，胖得简直走不动了。中国的企业很多是微型企业，连小企业都算不上。营销学上有一个兰切斯特法则，说的是一个企业在市场的占有率，不一定是整个市场，而是在局部市场，达到26%是有竞争力的，达到42%是相对安全的，达到74%才是绝对垄断的。在一个小的市场上，在我们自己家门口，都没有占到绝对的份额，我们有什么资格多元化？所以，我们只能集中精力做好一个事情。这样一定会有风险，但集中精力一件事都做不好，分散精力做好更多的事可能吗？大家看一下，GE多元化的前提有四个：第一，基础投资最少一个亿；第二，该行业年增长率30%以上；第三，科学预测要保证自己的企业在三年内能够进入前三名；第四，有一个现成的班子。不像我们找几个哥们儿凑起来。人体的嫁接都有变异的可能，企业的高层干部怎么就没有企业文化变异的可能？如果和企业不相融，光会做事就一定能做成你的高管吗？连高管的稳定都不能保证，即使处在一个先进的行业又能做成一个先进的企业吗？所以我们说，如果你还很不起眼，那你就必须先将你的市场界定得足够小，然后在小的市场当中你是大爷。200年前的德国将军克劳赛维茨就说过："在没有取得绝对优势的地方，你必须根据已有的条件灵活地在关键之处创造相对优势"。在西方的军事学家看来，没有更加高明的东西，最关键的问题是如何产生相对优势，如何在不具备绝对优势的情况下产生相对优势。企业的经营战略也是一样。

　　如何制造相对优势？第一，专业主义。各位可以去读大前研一的《专业主义》。第二，投资与回报。一般来说，投资分散回报率低，而且速度慢。因为只有集中在相对专业的领域，回报率才是有把握的。当然我们也不是说这个世界就没有新的东西可以做，但一个新的东西出现，不是所有人都能抓住，抓得住的人一定是跟新出现的领域联系紧密的。我们很容易判断机会，但我们不太善于分析风险。第三，机会成本。新做一个东西，把新做这个东西的人力、财力集中起来放在原有的事情上，是不是能够做得更好？新的行业进入成本是很高的，而且熟悉这个新行业的学费也是很高的。第四，行业前景分析。现在很多的企业由于长期以来对市场的研究不精细化，所以对前景的问题都是凭直觉，没有数据支撑。我们经常说，这个市场非常大，那是指总量需求，但是总量需求跟你有什么关系？任何一个产品在中国市场都非常大，没有人说不大，看前景，一定要看到非常具体的细分内容才行，而且是根据性价比而论的。因此如果没有真正进入产品的试运营状态，我们很难真正测算企业的前景。很多企业到了产品试产出来已经不忍心把它砍掉，总是认为我已经投了 200 万，不干可惜了。但如果再坚持三年可能两个亿没有了，或至少浪费了另外两个亿赚钱的机会。第五，新进入领域的管理难度系数，即我的企业是不是在现在的领域更好管理。

关于经营战略的思考，我一直强调注意"五个手"：第一，绕开强手。进入一个新的领域，要看这个领域里谁是最强的，他有哪些元素、哪些资源是你不具备的。第二，甩掉庸手。GE 公司为什么对投资不到一个亿的项目不干，就是想甩掉庸手。第三，伺机下手。找一个合适的时机进入。第四，培养杀手。你的杀手锏是什么？你能拿什么东西挡住别人？第五，留有后手。中国企业对新东西的出手总是迫不及待，总是一开发出来就开新闻发布会。这非常不理性。一个新产品要在旧有产品市场快要接近尾声的时候再出手。

除了核心业务，剩下就是对市场进行细分。市场细分犹如魔方。比如做茶杯，材料有钢的、铁的、铜的，用途有家庭用的、旅行用的、工艺品的（不用来喝水），档次有高档的、中档的、低档的。最后市场如何进行细分呢？做钢质的高端旅行杯，在三个维度的魔方找出一个小块，这就是一个细分市场，而不是所有杯子都做。因为中档的木质家庭用的杯子和高档的钢制旅行杯子是不同的思路，材料来源不同，加工设备不同，销售对象不同，太多的不同，虽然，说起来是一个东西，都叫杯子，事实上几乎是两个行业。还有很多细分的工具，以后找机会再重点讲。

我认为，中国企业到现在这个阶段，用三十年时间学会了做企业的一些基本做法，但我们的管理仍然是粗放的，就连自己企业的目标、市场定位、产品定位、客户定位都未必搞清楚了，因此从这个意义来讲，我们需要精细化管理。不过，中国由于文化的原因，讲究学而优则仕，优秀的人不去经商，因此没有人集中精力研究一个企业应该怎么干，因此这个文化对现在这个时代的研究帮助不够大，至少还不足够大。罗素曾经说："文明一旦成熟，就难免被自己的成熟所腐化，走上衰落之途。"我们总是借助自己过去成熟的东西来思考问题，不善于借鉴别人的东西。黑格尔也说，中国人总是不愿意跨过海洋，总是把海洋作为自己的边界。但现在，我们没有办法再不跨出去，没办法不学习西方的科学管理。我们现在研究的精细化管理，从某种意义上说，是从泰勒的科学管理到戴明的全面质量管理，以及日本丰田汽车的精益生产延续而来的、一个相对适合中国目前比较粗放的管理状态的企业管理模式。

根据 2008 年 5 月 11 日第四届中国民营企业投资与发展论坛——"民营经济三十年：新生与困惑"整理而成

现代企业管理之道
——治大国若烹小鲜

深圳市金泓昇投资（集团）有限公司董事局主席

林乐文

    "治大国若烹小鲜"这句话流传甚广，它不仅深刻影响了中国几千年的政治家们，而且对世界上很多国家的重要人物也产生了深远的影响。这句话说的是，治理一个国家就像是煮小鱼一样，只能将调味、火候放得适中，文火烹煮，不急不躁，这样煮出的东西，色鲜味美；如火候不对，下锅后急于翻动，东一下，西一下，最后煮出的东西一锅糟，色香味什么都没有了，肉也碎了。

    企业管理就跟煮小鱼一样，不能常常翻弄。一个工厂几个人至上万人，如果制度朝令夕改，会让大家的行为无所适从，不知该做什么才好；如果制度稳定，职工心情稳定，就会专心于工作，必出大成果。

    进一步说，尽管天时、地利、人和诸因素都在变化，企业生存的大小环境、软硬环境都在变化，但企业规章、大原则不能变，只能因时间推移、市场演变和大小、软硬环境的变化而作出相应的"小调整"和"小改变"。企业只要抓住了大原则，制定了大的、基本的规章制度，使企业有一个正确的、基本的运行轨道，在通常情况下，就应当坚持"以不变应万变"。只要基本的东西是合道的、正确的、较为完善的，就不要轻易"翻弄"它。

以无事取天下

    "治大国若烹小鲜"这句话，后面暗含了老子"道"的思想。"道可道，非常道，名可名，非常名"，是道之精华，是朴素的辩证法。"道"是可讲的，但其是讲不清楚的；因道生万物而有"名"，但名是可变的，非固定的。天道循环，永无止境。运动、变化、发展是永恒的，不以人们的意志为转移。于是，天、地、人中，适应自然，应"人法地，地法天，天法道，道法自然"。"道"的运动，变化，发展，有其自身发展规律，人的主观能动性就在于如何去发现规律，利用规律，促进社会进步发展。

从"道"的立场上看问题，你会发现：世间万事万物之所以生生不息，充满生机，是因为万事万物都在"无为"中顺应了规律、顺应了"道"，不是"争"，而是共同自觉遵守自然规律，和谐相处。因此，现代企业的外部关系不是"竞争"，而是"竞赛"。

企业要顺应市场规律，要紧的并不是在市场上找对手与之相争相斗，而是各自去认识规律，做到自觉服从和运用这些规律。市场的真相是接受真实，有价值的奉献，社会公众急需的产品就是有价值的奉献。这里，衡量和检验的标准，不是谁比谁更会"争"，而是谁找到了市场的奉献点，并拿出了实际的奉献，说穿了，就是看谁更能自觉地、全心全意地顺应客观规律。对企业而言，最明智的市场谋略应当是"以无事取天下"。

在市场领域，"以无事取天下"，并不是说什么也不做，而是说不要去"争"。"争"会导致自我混乱，使自己脱离市场根本，把人力、物力、财力投到了"奉献"之外。明智的企业，应当在"不争"下工夫，自己去了解市场新的、未被发现的利益需求点，在公众的"利益需求点"上做文章，设法去满足那些尚未被市场认识到的潜在需求。

"以不争取天下"——这是市场本身的规律。不与任何企业竞争，而与它们竞赛，"以无事取天下"——这是企业无为的外部模式。

我无为而民自化

在企业的内部运行管理中，除了"企业信仰"、"企业宗旨"、"企业理念"等基础软件系统应当正确、坚定、长期稳定外，实际运行系统还应该围绕质量标准，制定出操作规程，即工作标准；然后，根据组织机构制定的管理流程和针对工作标准，制定操作法，让每个岗位均有可操作性、可控制性。

这之后，应让职工在企业内部运行中"自化"，企业领导层无需过多地干涉他们，因为制度、原则、操作规程都已经建设好了，企业的运行也就有了基本的轨道，只要在这个轨道上运行，结果自然是产出高质量的产品。在这种情况下，若再去过多干涉的话，反而会出乱子。

在各项制度建设完成以后，日常管理工作中的问题不是很多，剩下的问题主要就是疏导了。哪一个环节有什么不畅，疏导疏导就通畅了，这种疏导往往是情感性的、思想性的，所以我们说，感情必须要在制度下才能适当运用。从生产者的角度讲，其目的，是要让员工发挥才干，发挥生产积极性、提高生产能力；从生产本身的结果讲，就是要多出、快出高质量的产品。

领导者的"无为"艺术

首先，企业领导应尊重规律，尊重"道"。企业领导人应当崇尚规律，崇尚对规律的顺应。要以顺应规律为重，不能以个人欲望为重。不仅如此，企业领导还应亲自参与顺应规律的工作，并在这项工作中亲自主持"火候"。"烹小鲜"并不是不翻动，该翻动时，还得翻动。企业家必须亲自站到规律面前，引导企业行为朝着顺应规律的方向发展。企业处逆境时，只要根本上是对的，就要沉得住气，积极创造转化的条件，使之向正面效果转化；而企业处顺境时，也要明白"有"可以变为"无"，因而不骄不躁，清静无为地去根据规律办事，创造相应条件，化解存在或可能存在的矛盾。

其次，企业家在用人问题上，也不可过分"翻弄"。一般而言，企业在发展干部队伍时，应将干部的基本道德品质、工作能力等看清看准。经认真考核、试用，证明其胜任并符合企业道德要求的，就应大胆任用。只要没有大的原则性错误，就应长期使用，支持其开展工作。对那些过不了考核关、试用关的，或者过不了道德关的，坚决不用。"治大国若烹小鲜"，在企业用人问题上，就在于干部队伍的相对稳定，任人唯贤，创造宽松、和谐的内部人际关系。

再其次，企业家在项目选择上，也应采取"无为"的态度立场。确定一个项目究竟是该上还是不该上，应依据是否符合社会众生的利益需求这一准则。属于社会众生的迫切需求、众生所急的项目就上，而且不要轻易改动，应按照既定的道路，脚踏实地、坚忍不拔地前行。相反，这山望着那山高，成天忙于变更项目，过分有为，也就违反了"烹小鲜"的规律，结果一定是"一锅糟"。

根据 2008 年 5 月 11 日第四届中国民营企业投资与
发展论坛——"民营经济三十年：新生与困惑"整理
而成

温州民营经济发展与对外投资

中国中小企业协会副会长、温州管理科学研究院院长

周德文

非常荣幸应北京大学民营经济研究院的邀请来参加本次论坛。我来自中国民营经济的发祥地温州，昨天下午我接受了三批媒体记者采访，采访我不是因为我个人有什么成就，而在于我是来自温州的经济学者，因为温州是改革开放的前沿城市，我们中国的剧变世人瞩目，温州的发展世人关注，温州是吃改革饭长大的，是走民营路起家的。从温州这个窗口，可以清晰地看到中国改革开放独特的风景，温州是中国民营经济发展的缩影。

今天借这个论坛，我想讲三个方面：第一，回顾温州改革开放。因为 2008 年是改革开放三十周年，温州改革开放的路是怎么走过来的？温州的民营经济是怎么发展起来的，我想简单地回顾一下。第二，温州的民营经济为什么能够得到这么快、这么好的发展，得益于什么？也就是讲讲温州人的创业精神。第三，我讲一下温州人的对外投资。现在大家都很关注温州人的对外投资方向，把它认为是中国投资的一个风向标。

一、回顾温州民营经济发展的历程

二十多年前，在温州乐清的柳市镇有一个普通家庭，家里的顶梁柱是位补鞋匠，他出了事故后家庭失去了支撑。这个时候他把长子叫到面前，含着眼泪对儿子讲，我现在不能谋生了，你要辍学，我把我的手艺传授给你，你要挑起家庭的重担。当时这个少年只有 15 岁，他没有办

法，接过了父亲补鞋的担子，跟他父亲学会了补鞋。此后，他就开始走街串巷地补鞋，补了两年。因为这个年轻人很聪明，很快掌握了补鞋的技巧，又很勤奋，经过两年他完成了几千块钱的原始积累，这个时候他想到了创业，他觉得要改变自己的命运就必须走创业的道路。那个时候我们国家刚刚开始改革开放，这个年轻人就找了几个小学的同学，8个人凑了5万块钱租了一个人家废弃的厂房开始创业。8个人同吃同住，白天同吃一锅饭，晚上同睡一块地方，每个月拿35块钱的工资。后来这8个人中有几个人坚持不下去了，但是其中有两个人坚定不移地走创业的道路。今天这两个人成为了中国民营经济中两个龙头企业。一个叫正泰，一个叫德力西。前述故事的主人翁就是正泰集团的董事长南存辉。今天正泰集团已经进入民营企业百强企业前十名，为社会创造了巨大的财富，他个人一年的所得税就交200多万元。从正泰白手起家的例子可以见证温州民营经济发展的历程，也可以看到中国民营经济发展的过程。

温州的民营企业是从草根起家的，改革开放初期温州是一个非常贫穷落后的地方，当时有一个顺口溜来形容贫穷的程度：平阳讨饭，文城人贩，洞头靠贷款吃饭。平阳是温州的一个县，平阳是讨饭为生；文城也是温州的一个县，靠贩卖人口为生；洞头是温州百岛之县，靠贷款吃饭。温州当时是"三少一差"，第一是人均耕地少，新中国成立前温州人就人均不到三分地，温州的土地资源非常紧缺，在座的朋友都知道中国的祖祖辈辈赖以生存的最重要的物质条件就是土地，哪个地方土地肥沃，哪个地方一定是鱼米之乡，老百姓生活就会相对富裕。但是温州新中国成立前人均不到三分地，今天温州的土地更是寸土寸金，现在温州的工业用地是200多万元一亩。第二是温州可利用的资源少。老天爷对温州很不公平，温州的地底下没有任何的资源，企业要发展，就必须要有一些要素的支撑，土地资源是其中很重要的要素，但是温州不具备。第三是国家投资少，温州以前似乎是我们国家抛弃了的儿子，从1949年到1980年，国家在温州仅投了6.5亿元，在座有很多的企业家，一年的产值可能都有几百个亿。"一差"是交通条件差，当时温州与外界的联系就是一条水路。

温州在这样贫穷落后的基础上是怎样建设成为举世闻名、繁荣富足的现代城市？是什么给温州带来了如此巨大的变化？最根本是得益于党的改革开放政策，得益于温州大力发展了民营经济。

改革开放初期，温州的改革从农村开始。温州一批农民开始发展家庭工厂，什么叫家庭工厂？前店后厂，这是温州民营经济的萌芽。温州的民营经济发展大致经历了四个阶段：

第一个阶段是改革开放初期，农村有小学、初中文化的人（这部分人在当时被称为农村的能人），和一批能工巧匠，比如会弹棉花、补鞋的人，开始走出温州，推销温州家庭工厂生产的小商品或推销自己的手艺。温州第一个阶段是大力发展家庭工厂，那个时候家家户户办工厂，我们到农村随处都能听到机器的轰鸣声，生产各种简单的小商品。

第二个阶段是20世纪80年代的中期，家庭作坊式的企业已经不再发展了，温州人又在改革当中发明了一个伟大的创举，创造了一种叫作"股份合作制"的企业组织形式，也就是把西方的股份制与毛泽东时代的合作制结合在一起，既有西方的股份合作，又有毛泽东时期的劳动合作。把家庭的工厂围墙拆了，几个家庭工厂合在一起，组建成一个股份制合作企业。这种创新带来了温州民营经济的快速发展，这时候的劳动有了分工和协作，大大提高了劳动生产率。第一个阶段、第二个阶段称为温州民营企业的第一次创业。这个阶段的创业，温州顶住了巨大的压力，因为当时"左"的思想占了上峰，温州被称为所谓的走资本主义的样板田。因此，温州一直处于被冲击和打压的地位。

邓小平的南巡讲话，带领温州进入第三个发展阶段。邓小平南巡讲话奠定了中国改革开放的路线50年不变，并且充分肯定了温州民营经济发展的路子，所以温州的民营企业在这个阶段又开始得到很好地发展，企业纷纷进行改制，把原来的股份合作制企业向现代企业制度靠拢，开始改造成有限责任公司和股份有限责任公司。由于大批企业运用了先进的现代企业管理制度，在这个阶段温州的民营企业发生了新的变化，企业开始走向联合之路，在各个行业中温州民营企业出现了一些航空母舰式的集团型企业。

21世纪以来，温州经过了第一次、第二次创业积累了巨大的财富，具有了对外扩张的能力。我们用两个数据可以看出来：一是，据不完全的统计，在温州民间流动的资本有 6 000 亿元人民币，这是因为两次创业，大力发展民营经济带来的财富积累。二是，去年春节，温州的银行统计，温州人有一个习惯叫做恋乡不守土，温州人平常四海为家，哪个地方有商机就到哪里发展，而一到过年就回家。回家就要消费，孝敬父母，宴请亲朋好友，在外面的温州人开始往家里汇钱。春节前后 10 天，全国各地汇回来的钱是 30 亿元人民币，平均一天是 3 亿元。由此可以看出，温州人在创业过程中为社会、为个人、为国家都创造了巨大了财富。

第四个阶段是 21 世纪以来，这个阶段温州人不叫第二次创业了，温州人提出了第三次跨越的目标。温州的民营企业要打破常规，要进一步解放思想，用一种跨越式的思维和手段来发展民营经济，这个时期我们出现了许多新的变化，我就不展开讲了。

温州的民营经济经过了四个阶段，在座的朋友可能还会有一个疑问，既然改革开放之初温州那么穷，没有资源，不具备发展民营经济的条件，那到底是怎么发展起来的，温州人有什么秘诀？

温州人改革开放初期就采取了三个做法：

一是走南闯北。温州当时农民洗脚上田，开始走出温州，当时为了谋生，由于温州没有土地，没有良好的生存环境和条件，只有去经商，走出温州。当时的一批人把温州传统的小商品、小礼品推销到全国各地，当时号称有 10 万供销员队伍。还有一批温州人走南闯北做手工艺，给人家弹棉花、理发、开小餐馆，不仅解决了生存的问题，更重要的是收获了大量的市场信息。今天东北缺什么温州有的，明天西安缺什么上海有的，什么地方紧缺物资温州人就从有的地方运过去进行贩卖，当时叫长途贩运，后面把这个定性为投机倒把，所以当时温州也抓了一些人。

这就是温州最初的民营经济发展的状况，最早的一批人走出温州，带来大量的市场信息。知道什么地方缺什么商品。温州人很聪明，就开始想怎么生产，所以就出现了第一批的家庭工厂。

二是拾遗补缺。就是把别人遗失的东西捡回来，补我自己所缺的。

温州人发展家庭工厂，发展个体经济，没有钱买设备怎么办？去捡废旧的机器设备，把国有大型企业废弃掉的机器设备捡回来，或者从废品收购站收购回来，温州人的手很巧，把机器修修补补，涂上油漆放在家里作为生产的工具。没有原料怎么办？温州人捡工业垃圾、生活垃圾，比如说废旧的塑料捡回来做成编织袋，编织袋到今天还是温州的支柱产业之一。把废旧的布头布料捡回来，做成毛毯和低档的服装，销售到全国各地。在温州人眼里，垃圾就是放错了地方的财富，所以改革开放初期温州人捡垃圾，温州很多的产业都是这么捡出来的。永嘉县桥头镇现在是一个纽扣城，被称为世界纽扣之都，原来就是小山村，纽扣就是温州捡垃圾捡出来的产业，捡出来的经济发展。在改革开放初期，温州人就是拾遗补缺，开始走向了发展个私经济的道路。

三是以小博大。因为温州这个地方没有资源，不可能像东北那种资源比较丰富的地方，可以发展现代工业。温州一没有资金，二没有资源，只能做小商品，从小商品起家，做一些甚至今天别人都看不起的东西。今天温州的产品大量还是小商品，比如说眼镜、打火机、服装、皮鞋、纽扣等，当时的一个主流的社会学家费孝通先生到温州，总结出一句话"小商品、大市场"，温州人就是从最基础的做起，最小的地方着眼，逐步把民营经济发展起来。

温州的民营经济经过近三十年的努力，形成了现在这样的规模。温州到现在已经拥有30多万家民营企业，这些企业创造了巨大的财富，现在的温州被誉为中国民营经济之都。大家可能会说，你是温州人，不免会吹捧温州。温州是民营企业之都，这不是温州人自己讲的，而是政府的官员、外部的学者、媒体记者朋友，对温州的情况了解以后，根据温州在中国民营经济发展的地位去考量的，定为中国民营经济之都。大致可以从三个方面理解：

第一，温州的民营经济起步最早。改革开放初期，因为温州人天生有一种经商的基因，所以市场经济一开始温州人就如鱼得水，在中国率先发展个私经济。中国第一张个体户的营业执照就出在温州，还是一个女同志，叫张华妹，她当时领取了中国历史上第一张个体的营业执照。

第二，规模最大。温州的民营经济在国民经济中可说是一统天下，占了99.99%，温州的财富都是温州的民营企业创造的，我们的税收、财富都是靠民营经济来取得的，所以它的规模很大，贡献很多。

第三，温州的民营企业品牌很多。经过三十年的发展，温州已拥有30多个国家级制造业基地，像中国鞋都、中国服装名城等所谓国家的金名片有36张，温州民营企业的产品也拿到了很多的国家级的荣誉，像中国名牌、中国驰名商标、国家免检产品等，成了中国地市级城市中品牌最多的城市之一。温州的民营企业对社会作出了贡献，创造了温州经济发展的路子，也为其他地区发展民营经济提供了借鉴。

二、温州人的创业精神

我今天穿衬衣在这里演讲，其他的演讲嘉宾都是穿西装革履，因为我是温州人，我与众不同。温州人的许多观念和精神是与众不同的。温州人的创业精神表现为五个方面：

第一，温州人刻苦耐劳、坚忍不拔。温州人特别能吃苦，温州人认为吃苦是经商的必修课，不懂得吃苦就不懂得做生意，吃苦耐劳是生意成功的保障。温州人是这么想的，也是这么做的。温州人白天当老板，晚上睡地板。即使到了今天温州人创造了巨大的财富，温州人也很能吃苦。前任国家主席江泽民曾经对温州人有一句非常中肯的评价："世界上的人都知道温州人会做生意，沿海靠海，赋予温州人一种冒险的精神，但最主要的是温州人能吃苦。"温州人确实很能吃苦，这样的例子很多。

第二，温州人的创业表现为自立自强、自我发展。温州人最喜欢唱的歌是国际歌："从来就没有救世主，也不靠神仙皇帝，要创造人类的幸福就靠自己"，温州人要想改变自己的命运，要出人头地、要发家致富，必须靠自己的努力。温州人说："工字不出头"、"不找市长找市场"，只有创业才能改变自己的命运，才能实现自己的理想。前面举的补鞋匠儿子南存辉的例子，他在很小的年龄就努力创业了，最终改变了自己的命运。

第三，敢想敢干，敢为人先。温州人什么都敢想，什么都敢做，简单讲就是温州人特别敢冒风险，我要创业，要想想有多少的把握，如果有50%的把握就可以去做。温州人认为没有风险是最大的风险。承包时期，温州人可以包天、包地，什么都敢包。我举一个例子，现在世界不太平，美国老是欺负这个国家、那个国家，今天打阿富汗、明天打伊拉克，一听说打仗，当地老百姓就立刻撤离，因为炮火是不长眼的，人的生命、财产都可能受到损害。只有温州人一听说哪个地方要打仗了，他们就特别的兴奋，温州人认为现在战争不会像抗日战争一样一打就是八年，现在的战争都是很短暂，美国的导弹都是精确性的导弹，跟美国打仗可能三五天或半个月战争就结束了。战争结束了就带来大量的商机，温州人一听说阿富汗要打仗了就向阿富汗集聚，伊拉克的战争刚结束，第二天早上巴格达的街头仿佛从地底下一下子冒出来一般出现了一大批的温州人，你缺什么我可以卖给你。温州人还吹牛，说这是冒着别人的炮火前进。

第四，温州人的创业精神是四海为家，"走出去"是温州人的长期战略。温州人要发展民营经济，因为温州没有资源，哪个地方有市场就去开拓，哪个地方有商机就去发展。到今天为止，温州780多万人口里有近300多万人在全中国、全世界投资经商、办民营企业。据不完全统计，温州人在国内建造了5万多家工厂。温州人不断走出去，并且温州人非常抱团，到哪个地方都能够扎堆，建成自己的商会，相互帮助，共同发展。因此温州经济也叫蚂蚁经济，蚂蚁是最抱团的，所以温州人适应外部环境的能力特别强，到任何地方都能生根、发芽、开花、结果。

第五，温州人的创业精神是百折不挠、永不言败。温州民营企业的发展也不是一帆风顺的，过程非常艰难。以前被称为假冒伪劣产品的发源地，温州的皮鞋叫做星期鞋，买了一个星期，口也开了、跟儿也掉了。现在温州的皮鞋质量非常好，大家可以放心买温州的产品，因为温州已经痛定思痛，走出了发展的过程。温州人为了赚钱，为了发展民营经济、民营企业，吃尽了苦头，但温州人永不言败，失败了爬起来继续做。我举一个例子，有一个企业是从温州迁到北京的，叫章光101，因为他的名字叫赵章光，为什么叫101？因为这个企业家是赤脚医生，为了创办企业，他失败了100次，第101次他成功了，所以把自己的产品命名为章光 101。

三、温州人对外投资

温州人在对外投资方面曾被称为是可恶的温州人，经过改革开放温州人积累了巨大的财富，积累了对外拓展的能力。温州人的眼光非常敏锐，能够非常迅速地找到商机，在国家大力鼓励房地产业发展的时候，温州人把大量的资金投到房地产上，被称为炒房团，当房地产政策开始压制的时候，温州人及时地从房地产中退出来，从北京市场退出 400 多亿元，从上海退出 500 多亿元。这几年能源很紧张，温州人把大量的资金投到能源上，投资煤矿、投资油田，温州人赚了很多的钱，社会上又给他们评价为"炒煤"、"炒油"。前几年我带了 70 多个企业家到北京参与国企的改制，也是比较轰动的事情，媒体又开始说了，温州人现在胆子越来越大，又开始"炒"国企了。2007 年军工企业对外开放，我带了温州的企业家参与军工企业改制，媒体更夸张了，说温州人胆子越来越大，连军工企业都敢炒了。其实，资本还是逐利的，温州人必须把剩余的资本进行对外投资，所以温州人是到处寻找投资的商机，我每年都要带几十批的温州企业家到各处去投资考察，寻找商机，譬如到四川找矿产。温州人甚至把投资的眼光瞄到国外，我们的一些企业甚至到非洲买矿产，到巴西买原始森林，到迪拜买海岛，等等。

今天的温州得益于改革开放的政策，得益于中国经济的快速发展，其自身积累了巨大的财富，其经济也得到迅速的发展，所以温州成为举世闻名的城市，成了中国乃至世界最具活力的城市。

根据 2008 年 5 月 11 日第四届中国民营企业投资与发展论坛——"民营经济三十年：新生与困惑"整理而成

民营企业升级的瓶颈

深圳市恒运泰实业发展有限公司董事长

郭泰诚

很荣幸能在这里和在座的各位一起探讨民营企业升级之道。市场好比汪洋大海，企业好比出海的船只，企业家好比船长，大海里的鱼是市场的价值，天气好比国家的经济政策。我想，一个企业它是什么样的船只？大船可以抓大鱼，小船可以抓小鱼，什么样的企业就有什么样的价值。什么样的价值应该用什么样的工具，去抓什么样的价值。所以这个话题是企业家本身要思考的问题。

我主要讲的是企业在成长过程中会遇到什么问题。我想主要会遇到三类问题：一是企业发展与国家经济政策相左；二是企业成长与市场愿望不相适应；三是企业家自身成长。我认为，在民营企业成长过程中面临的三个瓶颈问题中，最重要的还是民营企业家的意识瓶颈问题。在我看来，民营企业作为一个机构、一种组织只能是企业家的表演，其真正的灵魂在于企业家，因为企业家是人，而只有人才有灵魂，所以我认为民营企业升级过程中的瓶颈问题关键还是企业家自身的问题。

再谈一下企业家意识瓶颈的产生过程。企业家意识瓶颈伴随着企业和企业家的成长而成长，企业家的成长过程就好比是从演员转变为导演的过程，这中间要经历超越。要做一个成功的演员，必须演什么像什么，每一个角色都必须学会表演；而要做一个成功的导演，仅仅去体会表演已经远远不够了，需要退到幕后去组织适合的人员来演适合的角色。我们企业家大多是从一穷二白的基础奋斗出来的，现在还带着一个帽子，叫"草根企业家"。我们在市场经济某个时点做了正确的事情，并在大浪淘沙运用了原有资金组建企业。刚开始资金少、业务少，企业家集公司的股东、董事长、总经理、业务员、出纳、会计于一身，就好像一个优秀的演员，什么角色都可以做，现金、公章也都随身携带，人走到哪里企业就带到哪里，企业就是我，我就是企业。当企业越做越大，一个人忙不过来的时候，开始想到让最亲的家人来帮忙，比如哥哥当采购，姐姐当出纳，弟弟跑业务，类似一种家庭小作坊模式，经过慢慢地发展，公司里的人才开始多了起来。当一个企业小的时候，可以让个人的经验来影响每一位员工，从而实现企业的管理。当企业业务小的时候，可以靠老板自己的亲力亲为，解决企业所面对的一切问题，从而实现发展。但随着自己业务经验越来越丰富，业务量就会越做越大，员工的诉求也越来越多，但是这时企业主的管理意识开始跟不上企业发展的需要，因为企业主在业务意识时，其管理意识才开始萌芽，两种不同领域的意识已经不知不觉地在企业主脑海中出现，并形成落差。因为管理意识的薄弱，自然造成企业主意识的瓶颈，在这个阶段，出现的情况就是企业主脾气大，着急，烦躁，往往找不到适应自己需要的。当尝试一系列方法不断改变后，企业开始走入正轨，在管理上有一些起色，此时企业主按照自己原来丰富的业务经验不断求大，此时企业都会依赖其他职工，但是一般职工会按照自己的经验和意识来考虑，与企业主互动很少。再加上企业主本身也盲目，大家沟通不够，往往就会各自为政，这时候就会出现财务问题、业务关系协调问题，其中最大的问题还是财务问题。大家都能看到，究其根源还是企业主意识上出了问题，企业主最擅长的、最能发挥作用的就是企业本身，最重要的就是业务人员培养、人力资源组织安排等等。这些诉求已经大大超过原来的发展层面，在这个时候，企业家要开始学会当导演。

要当好导演，我个人认为应该具备多种意识。比如市场发展意识、国家政策变化意识、企业发展战略意识、资本运营意识、人才培养意识、资源组织意识、系统管理意识、国际趋势变化意识、不断丰富自身等意识。这对我们企业家来说，都是极大的挑战。我们这一代人吃过苦，一般都是从社会底层起步，并不是一开始就是总裁。就像唐僧取经一样，历经九九八十一难。我们成长时遇上"文化大革命"，家里穷得叮当响，所以没读多少书，大多是在后来实践中自己探索，自己学习，这就造成知识不全面、不系统，基础薄弱，提升的难度也比较大。在目前的知识经济体系下，我们的企业要不断发展壮大，对管理的要求就会越来越高，面对日新月异的技术和管理变革，我们越来越感觉到知识的欠缺，显得力不从心。这就是意识瓶颈的问题。

为什么会出现这些瓶颈？人的生命是有限的，因此他的见识、活动空间也都是有限的，但自然的发展、社会的发展、市场的发展都是无限的，因此企业发展也是无限的。当发展的无限遇到认知的有限时，瓶颈就出现了。做企业是有自然规律可循的，它是不断认识、不断组织和不断超越的发展模式，每一次超越就有不同的认知。认知需要有不同的知识量，在不同知识面之间转化，往往会遇到问题。瓶颈就是从这个断层中产生，有限的认知与无限的现实之间构成了意识瓶颈，这都是需要面对的。所以企业主不能过于依赖个人智慧经验，而要善于组织经营，善于学习，不断超越自我，不可故步自封，夜郎自大。

企业主价值取向不同，因此选择的市场也不同，不同行业有不同行业的新瓶颈，以房地产行业为例，企业在发展过程中就会遇到土地资源的瓶颈、产品瓶颈、技术瓶颈、市场成本瓶颈、管理操作瓶颈，等等。再比如投资、管控行业，会遇到不同行业之间转换的瓶颈，不同资源的瓶颈，不同资源运用的瓶颈，等等。不同的民营企业选择不同的行业，从一个行业进驻另外一个行业就会产生不同的瓶颈，民营企业种类很多，有的以出产品为主，有的是以服务为主，有的只以投资为主，他们经过长期积累、打拼，已经成为这些领域的专家。但是他们寻找新的业务，进驻到新的行业，由于对新行业的不熟悉就会产生瓶颈，因为不同的行业有不同的组成，需要的意识也不同，这就导致了瓶颈的产生。如企业主要有按照流水线模式运作的意识，而投资型的企业是多层次投资的，按不同比例发展的。企业要向高一层次发展就必须打好本层次的基础，同时对有实力的产业、工业以及其他业务进行投资，每个行业特点不同也会产生不同的瓶颈。很多民营企业主都会面临行业转换的瓶颈，因为随着企业的不断发展壮大，就必然会进驻新的行业，进驻新的行业就会产生新的瓶颈。

因此，我个人认为，要解决中国民营企业的升级之道，还是要先解决民营企业主的意识瓶颈，这就需要民营企业主在发展过程中不断学习，尊重员工的思路。好比企业家在当演员时要勤奋地学习，不断总结，以提高自身的能力；在当导演时，要努力吸收各方的优势，充分发挥企业家的艺术，规避自身瓶颈。

总之，企业要想发展壮大，企业家就必须由小业主、家长意识蜕变成企业家意识。企业家是一种素质，而不是一种职务，不要任人唯亲，企业家不见得自己去做具体的业务，他可以请别人去做，但他要组织建设好自身的队伍，培养自己企业的人才。企业家要站得高、看得远，能不能具备现代企业家的意识，对我国目前许多民营企业主来说是一个亟待解决又值得反复深思的课题。我们目前所处的时代是最好的时代，国家繁荣、社会稳定、经济形势一片大好，但我们也要与时俱进，才能谈得上发展。刚愎自用、故步自封则会限制我们的发展空间，我们应该学会在困境中成长，学会在瓶颈中突破，相信我们民营企业会发展得越来越好。

根据 2008 年 5 月 11 日第四届中国民营企业投资与
发展论坛——"民营经济三十年：新生与困惑"整理
而成

民营企业后三十年的前瞻

大中华国际集团董事局主席、中华卫视常务副主席

黄世再

今天我首先想和大家共同分享改革开放三十年来我所得到的经验。其次，谈谈我们的国家、企业家、家庭，国事、企事、家事，我想企业所遇到的困难，取决于我们所做的一切。1949～1978年是30年，1979年到2008年也是30年，民营企业正是在这30年中发展成长，而后30年又将如何发展民营企业？有人说中国最近宏观调控是不是在走回头路？不是。中国在世界上的成就已经得到公认，这也表明改革开放是正确的选择。我们的民进国退是大方向，国有企业在发展中已经成熟了很多倍，对于改制问题，中国是有信心、有决心、有实力来解决这个问题的。

国有企业从改革开放以来到今天走过了30年，民营企业也走过了30年。如果所有的企业家没有清醒的头脑，今后的30年可能就走不下去。昨天大家都讨论了，政府的宏观调控在经济发展中、企业发展中起到了什么作用呢？企业要知道自己的力量有多大，在宏观调控中能不能继续走下去。那么企业应该如何走出困境呢？这要看企业的管理水平。回忆30年前，我们国家的水平是什么样？西方国家的发展历史有200多年了，实际上我们在30年中的发展在世界排第五，发展异常迅速，如果加上香港、台湾的经济发展，我国的经济总量增速在世界排第一。上午很多专家企业家在讲温州人、潮州人，总结一句话：我们是中国人。不管你是台湾还是国外，中国人的力量是最大的。我们希望所有的中国人团结在一起，分享企业的管理等各方面的经验，互相交流，当今世界的财富是交流出来的，而不是不择手段赚回来的，这是我的观点。

　　不管是国家经济运行、企业运作，还是国际交往，我们的目的是要获得不断增长的盈利。但赚钱也要考虑到我们的国家，考虑到我们的企业，考虑到民生问题。企业要负起社会责任，后30年企业责任会排第一位。

　　企业的发展靠什么？靠信用、诚信，看员工是否关心企业。我们大中华集团的员工是在企业成长发展的过程中得到发展，员工的家庭、员工子女教育等都和企业紧密相连。企业要做大，一定要在国际上吸引国际人才，这是企业所面临的事情。在现代社会中有一半企业讲英语，后30年的企业家，特别是领袖要能讲英语，把我们中国的文化、西方的文化结合起来，这是今后30年所要做的。比如我们的企业开会要讲英语，演讲要讲英语，这样企业才能更好地和国际企业接轨。我们现在都知道英语是国际化的，企业更是不能向外界关门，不和外界打交道，这是不行的。中国要想在世界排第一，第二个30年的发展是关键时期，在这个时期民营经济在经济中作出了巨大贡献。

　　很多企业到国外去谈合作，因为国外没有自己的人员，所以要派专人过去。要签合同时，由于员工看不懂英文条例就盲目的签字，很多企业不明不白亏本。企业同国家是一样的，我们的企业不要忘记，每一个企业也好、企业家也好，都需要政府的支持，民营企业老老实实赚自己的钱，无论在何处都要相信中国政府最好、中国的政策最好，而不能讲我们的国家哪儿不好，出卖自己的国家，这永远都不行。我们的企业要记住，这30年来很多人的企业得以发展壮大，但是最终却又倒闭。根本原因仍然是企业的成长离不开政府的支持，我们要信任政府，同时政府也要为企业考虑。比如前30年、中30年的发展后，国家十七大提出对企业及企业家的个人财产进行保护，政府对民营企业的支持是建立在民营企业发展团队、企业家的辛苦经营基础之上的，这一点企业家是需要考虑的。

　　企业要培养更多人才，培养经费需要占到公司利润的10%；而员工的学习及出国培养，则要占总资产的10%，这样这个企业才会成长。企业刚刚开始的时候就是从小往大发展，然后再壮大。但是30年的时间我们要看到，为什么我们的大企业经过30年的发展仍然不成功，而西方国家为什么能够成功？这是我们的教训。我们不能走回头路，后30年中发展的企业是否能成功地做到大型企业？这是我的经验，企业的发展需要精心策划，管理水平不足是无法与国际对手相抗衡的？企业做地产就精心做地产，产业做汽车就专心做汽车，你懂什么就做什么，不要有一两亿元的资产量企业就开始多元化扩张，最后宏观调控下企业无法继续发展。我们的企业应该简单化求发展，应该是借船出海，借人家的生意，借你的头脑帮助企业家做事。这是第一个时代。第二个时代时，一定要借用人才，借用国际人才来做中国的事，这是企业家要做的。

现在的现实是大企业合并小企业，我们的年轻人处在后30年应该是一个快乐、幸福的时代，你们要尽责任，是打工皇帝，新的时代到来了。很多企业老板头发白，为什么？他每天都忙，每天都是为了钱，钱在哪里？这时候大家要想到一个问题，挣了很多钱之后就要想到社会责任的问题。我们的公民在企业发展过程中，是不是为了社会？我们的北京，慈善机构等经济收入比不上西方国家，我们的中国企业尤其是大企业实际是赚钱的，企业可以把款捐出去帮助贫困地区，尽社会责任。企业还需要考虑后30年的环保问题，工厂等各方面的问题，这是企业的责任。如果没有企业责任，你的生意会越做越小，一个没有良心的企业，肯定不会做大。如果企业考虑到社会问题，你的企业就会越做越大，我们的公民也会支持你，我们的钱也会存在你那里，未来的时代金融肯定是改革的。

中国要站在制高点看世界，我们的企业也一样，我们一定要站在制高点看世界。中国现在的企业家大多都是各自经营，而企业家之间的联合是未来企业经营的必然趋势。我是世界华人基金协会常务副会长，前些天和一些企业讨论，能否联合成立一个机构，注册资金有1 000亿元的企业，我们把这个企业打造成国际企业。如果注册资金有1 000亿元的时候，中国的企业联合起来，我们能在世界上随便收购任何一家企业。

虽然我们没有办过大企业，但我们要学习如何帮大企业做大做强。今后的发展中，中国肯定会淘汰1/3的小企业，垄断性的企业是大企业，像煤矿、金融、基金、地产等各行各业，都是逐渐壮大，不会变小。大中华最近参与到中华卫视，中华卫视是 2008 年办起来的，我们的领导知识、奥运知识等等都来自于一条，就是我们是为世界做一点贡献，讲真话。大中华把自己告诉所有人，30 年的推进是一个联合，我们和国外的喜来登酒店合作，本质上我不参与，而是美国人派 4 个人管中国的 800 人，这是我们的经验。再就是购房企业，现在我们叫做友好合作，合作是我出资金对方出人才。曾经有一个企业，对方没有钱，但有人才，我们的合作是资金方面我们出资 60%，对方出资 40%。未来的企业就是这样，你是人才不需要出钱，你帮我管好这个企业。30 年过去了，我们中国的企业家应该走向联合，像毛泽东时代是人民公社、社会主义。我们的时代到来的时候，农村是联合合作社，要把它变成农场，你没有钱就帮我工作，我发工资给你，我可以找一个资本市场来做农业，大片的农场，解决农村的问题。农村要变成合作社，企业未来是友好合作。我们共同的心愿是心态放好，挣钱了要为社会做出贡献，没有挣钱也一样为社会做贡献，共同让这个社会实现社会主义。如果 30 年以后中国在世界排第一位，我们的企业家也会排第一。我们的企业家一定要借用国际的品牌、国际的实力来发挥自己的才力，我们的小企业一定要将国家始终排在第一位，而不能把企业排在第一位。国家推出创业板对我们的民营企业是大力支持，企业盈利 500 万元就可以上创业板。然后到香港去、到国际上去。为什么这样呢？为什么企业一年赚500 万元就可以？因为这个潮流要加快，我们的政策变化很大，如果你赚 500 万元，所得税 30% 或者 25% 就是 125 万元，拿到清单以后企业就可以上市，3 000 万元、4 000 万元的上市资金能为企业带来更大的发展机会。企业永远不可能依靠亲戚、家庭、街道来维持发展，这样的经营是无法持久的。企业需要利用国际市场，国际的资本，借用国际的实力来发展我们自己的企业。

大中华集团从改革开放第一天开始，做到今天，我们的发展目标就是良心定做。有多少钱做多少事，你不可能没有钱做事，因为人家不会相信你。企业家有 200 万元、50 万元，就做你的小生意，如果你有1 000 万元再做大生意。当你有 1 亿元的时候，再做企业家的后 30

年，每一个企业家一定要把法律放在你面前，以法治公司。30 年前可以不懂法，30 年后一定要把法律放在第一位。企业在招聘员工时也是这样的，每次都咨询律师，按照《劳动法》来做，每个企业都应该学习法律。当法律到你面前的时候不要说当时没有看到或者忘记了。

根据 2008 年 5 月 11 日第四届中国民营企业投资与发展论坛——"民营经济三十年：新生与困惑"整理而成

企业家阶层的崛起改变中国
——浙商与粤商的比较

全国人大常委、民建中央副主席、武汉大学战略管理研究院院长

辜胜阻

　　这次会议的主题是民营经济三十年：新生与困惑。三十年前，民营经济占中国经济总量不到1%，现在已经超过了2/3。改革开放三十年以来，在民营经济从小到大、由弱到强的发展历程中崛起了三代企业家：第一代企业家是改革开放以来、1992年之前创业的企业家，这一代企业家既有城市经济体制改革背景下诞生的科技型企业家，如柳传志；有农村经济体制改革背景下诞生的能人——农民企业家，如鲁冠球；还有城市边缘人口创业的代表，如"傻子瓜子"的年广久，他们大多属于被迫创业，所设立的企业也大多带着"红帽子"。第二代企业家是1992年之后诞生的企业家，也就是体制内转向体制外的社会的主流精英阶层。第三代的企业家诞生于2000年前后，是伴随新经济的兴起和中国加入WTO，依靠风险投资、互联网经济迅速发展起来的企业家。他们的典型特征是高学历、高技术、年轻化，具有国际视野，熟悉国际规则，创始人或管理团队具有"海归"背景。中国企业家产生于改革开放这一具有深刻变革的时期，他们既是这个时代的先行者和"弄潮儿"，又是推动时代变革、改变中国面貌的重要力量。商帮作为具有地域、血缘及业缘关系的企业家群体，具备五个必不可少的因素，即支柱性的产业、标志性的人物、共同的价值观、沟通合作平台以及对区域经济产生较大的影响。

　　提到商帮，首先想到的是历史上最有名的威尼斯商人，现代有名的商帮有犹太人商帮和华商，华商的力量越来越强大。早在明清的时候，

中国就有十大商帮，特别是内陆商帮中的晋商曾有过几百年的辉煌。现代商帮中最具代表性的是浙江商帮和珠三角商帮。历史资料表明，浙商和粤商早在明清时期就已经位居十大商帮之列，有深厚的历史积淀。如今的新浙商和新粤商更是在中国甚至世界经济舞台上扮演着重要角色，涌现出了一大批商界精英。在 2006 年全球华商富豪 500 强中，祖籍广东和浙江的分别占到 78 位和 75 位，2007 年胡润 800 富豪榜中，广东和浙江分别上榜 138 人和 124 人，都高居榜首。

如果我们进一步分析浙商和粤商的特点，就能够发现二者在区域经济发展上存在着差异。

第一，二者发展路径不同。浙商在改革初期开始崛起，20 世纪 90 年代初完成资本积累，加入 WTO 后广泛参与国际竞争。粤商的发展路径为"20 世纪 80 年代的'三来一补'外贸加工业——90 年代中期的引进和承接日本、中国台湾的 IT 制造业——90 年代后期的吸引欧美资本发展光学、机械、电子制造业"。不同的发展路径使得企业家阶层表现出不同特征：第一代企业家，浙商多是农民企业家，粤商主要从事"三来一补"的外贸加工业；第二代企业家，浙商大力发展专业市场和小商品生产，粤商则投身于电器制造业、高科技产业和房地产业；第三代企业家，是伴随新经济的兴起，依靠风险投资发展起来的，浙商以阿里巴巴的马云为代表，粤商以腾讯的马化腾为代表。

第二，区域文化与企业家精神内涵不同。受永嘉文化和海派文化影响的浙商"草根"精神强，具有"白天当老板，晚上睡地板"的吃苦耐劳精神，"人人都想当老板"的创业精神以及"哪里有市场，哪里就有浙江人"的大胆敏锐的商业意识；受岭南文化和海派文化影响的粤商则具有"敢为天下先"的敢冒风险、开拓进取的品质以及灵活变通的务实精神。当然，广东和浙江的商业文化都源远流长，而且都有着明显的重商求利的传统文化；都是海派文化和移民文化的融合；都具有企业家的特质——吃苦耐劳、崇尚敬业、敢于冒险和强烈的致富欲望和创业冲动。熊彼特认为，企业家应该具备三个条件：一是要有眼光，能看到市场潜在的商业利润；二是要有能力、有胆略、敢于冒风险，从而取得可能的市场利润；三是有经营能力，善于动员和整合社会资源。显然，冒险精神是企业家最重要的品质。

第三，经济发展模式不同。以温州模式为代表的浙江经济是内源型发展模式，依靠自身力量，实现自我奋斗、自我发展和自我超越。有人讲，浙江是"小资本、大经济，小商品、大市场，小摊户、大网络，小企业、大集聚，小资源、大经营，小城市、大气象"。"以小而博大"，不会因为很小的利润就不去做，这是浙江商人的一个突出特征。浙江的发展成就给我们的经验：不断根植"人人创业"的人文精神，不断创新民间资本形成集聚的体制环境，不断提高民间资本的组织化程度。与浙商不同，粤商是外源型发展模式，大规模使用中央政策资源、依靠外来资金技术管理资源和内地的金融及人力资源，实现经济起飞。广东率先改革对外贸易体制，确定以外向型经济为导向，大力发展"三来一补"的劳动密集型产业。

第四，优势产业不同。浙商的支柱产业以制造业为主，优势产业为皮鞋、服装、低压电器等轻工产品制造业；粤商则以商业贸易为主，优势产业为商贸流通业、高新技术产业和电器机械产业。从私营企业和个体企业就业人数的行业分布来看，浙商在制造业方面比重超过了50%，粤商在批发和零售业方面超过了40%。在民营经济的发展上，广东民营经济总量更大，浙江民营经济比重更高。2007年，广东民营经济实现增加值13 216亿元，列全国第一位，浙江约12 000亿元，列全国第三位；从民营经济增加值占地区GDP的比重来看，浙江接近70%，比广东高近27个百分点，表明浙江民营经济对地区经济的推动力强于广东。此外，广东品牌总量略胜一筹，浙江民营龙头企业和自主品牌更多。

尽管浙商与粤商的发展路径、文化内涵、发展模式和产业优势上存在差异，但其本质都是民营经济的发展。当前，对于民营经济发展的困惑，我认为，民营企业发展面临的最大问题是中国正从低成本时代走向高成本时代，原材料价格、劳动力成本、资源环境成本上升和人民币升值等要素集中在一起，使民营企业面临着巨大的成本压力。除此之外，民营企业发展还有三个方面的制约：一是企业治理机制的制约。家族治理存在治理结构的封闭性、管理决策的随意性以及代际传承的排他性，不利于企业做大做强。二是区域文化的制约。传统的区域文化往往稳健有余、进取不足，重战术性短期利益、忽视战略性长期运作。三是发展模式的制约。浙商产业层次较低，传统产业较多，中低端制造业面临着资源环境的制约；粤商依靠外资驱动的外源型经济易受制于人。由于劳动力、土地、能源成本上升，很多外资撤离广东而迁移至中西部或越南等国家，粤商处境困难。

针对上述问题，要壮大商帮力量，推动区域经济又好又快发展，应该做到：

一是要建立现代企业制度，需要引入职业经理人、建立有效的激励与约束机制、健全公司治理结构。要通过经营信息资源、管理权和剩余索取权三方面共享，促使家族企业治理结构由封闭走向开放、由独享走向共赢；逐步健全公司治理结构，建立股东大会、董事会与监事会的专业化分工与制衡机制，逐步建立起合理的授权结构和契约治理机制，实现"家人"与"外人"共同治理。

二是要提高自主创新能力，加大研究开发的资金投入力度。强化对企业创新的政策支持，加强与科研院所、企业之间的合作创新。要抓住创新型国家建设这个重大战略机遇，实现企业从小到大、从弱到强的转变，切实提高企业的自主创新能力；政府要强化对企业自主创新的融资支持，加大财税支持，提高中小企业创新基金的支持强度、扩大资助范围等，支持和鼓励企业的技术创新活动。

三是要实施品牌战略，企业要制定品牌战略、政府要培育企业品牌。一方面，需要将品牌作为企业一项最重要的资产来经营，制定基于企业长期发展规划的品牌战略，致力于提升品牌资产的价值；另一方面，政府要通过加强激励、政策倾斜、搭建平台、技术帮组和重点保护，培育一批具有知名度和竞争力的品牌，积极在高端领域和国际市场开拓具有自主知识产权的民族品牌。

四是要提高商帮组织化程度，特别是商会建设，要加强不同行业不同层次商会建设、完善商会立法、积极发挥商会的制度功能。不断完善行业协会、商会的治理机制，真正实现民间商会作为服务企业的中介组织的本质，积极发挥商会服务、沟通、自律、整合、维权、协调、仲裁和引导企业和行业发展的制度功能。

五是要创新区域文化，弘扬创业文化、创新文化、合作文化、信用文化，大力倡导开放思维与流动意识；同时培育企业家"亲情"文化和"王道"文化。有人讲企业家应该像雄师一样，有王者风范；有人讲应该像大象，厚道庄重；还有人讲要像狼一样，强调竞争。最根本的就是打造一种优秀的企业文化。

根据 2008 年 5 月 11 日第四届中国民营企业投资与发展论坛——"民营经济三十年：新生与困惑"整理而成

热点问题聚焦：对话与研讨

对话一："民营企业创新与国际化问题"

主 持 人：单忠东（北京大学民营经济研究院常务副院长、北京
　　　　　　大学光华管理学院教授）
对话嘉宾：海　闻（北京大学副校长）
　　　　　　魏　杰（清华大学中国经济研究中心教授）
　　　　　　李书福（吉利集团董事长）
　　　　　　冯　军（华旗资讯集团总裁）

　　主持人：我们这　对话的主题是"民营企业创新与国际化问题"，完全是自由互动式的对话，也允许在座的朋友在适当的时候提问。我们想先就创新问题谈一下。一说创新我们想到的第一个问题就是什么是创新？创新的内涵到底是什么？大家理解创新是不是就是开发出新产品，还是马上抓一项新技术？创新有什么很好的经验？在座的嘉宾有什么好的经验都可以谈一谈。

　　海闻：关于创新，我以为包括两方面，即制度创新和组织创新、技术创新，对民营企业来讲，这两个创新都是为了提高效率和加强竞争力，这是创新的目的，而不是为了创新而创新。怎么理解创新呢？创新一种是绝对的"新"，一种就是相对的"新"。我们国家现在处于落后的状态下，无论我们的组织形式、技术，都还处于向别人学习的过程当中。现在的创新是相对意义的"新"，相对以前是一种改进，或者相对别人来讲是更加接近国际水平的一种做法和技术。我们可以这样理解，创新一是跟国际水平接轨，并不是我们创造出新的东西，因为我们现在很多问题都是差距的问题，做到和别人接轨；另一种创新是技术上的升级，中国的技术可能从比较低级的水平逐渐向高级改进、升级。这是我对创新的重要理解。

　　主持人：我这里有一个数据，几乎30%甚至40%的企业家认为研发就是创新，这种观点您认为全不全面？

海闻：研发是一个资本密集型的，需要科技密集型和资本密集型，我们希望企业能够自主研发，但我认为中国大部分的企业特别是民营企业，跟国外相比研发能力还是比较弱的。创新并不一定就是研发，一旦有人已经创新出某项事物了，我们就没有必要重蹈这个过程，研发是需要条件的，在没有条件的情况下，我们不能像当年搞大跃进一样，没有条件也要上。要根据现实的情况决定如何来改进、如何来学习，这也是创新的主要内容。

主持人：一项调查说创新跟研发有关，所以比较困难，另外一项调查说所有行业发起的研发创新成功率只有5%左右，好像很难，魏杰教授，您认为这个难体现在哪些方面？

魏杰：首先应该清楚，创新性不够是企业的问题，还是社会基础的问题？我自己通过调研发现，民营企业的创新欲望都非常高，这是它的体制所决定的。但目前之所以创新的成果很低，其原因就是我们的社会基础不具备。有一次美国商务部部长接见中国民营企业家时说了一段话，说中国民营企业为什么创新起不来，是因为你们缺乏三大社会基础，第一，没有一个非常发达的融资体系，没有办法支持企业创新。第二，缺乏发达的技术创新体系，因为技术创新体系不仅是企业自身的事，而且更依赖于社会创新体系的存在，没有这种技术创新体系的支持，很难自身发展。我们现在正在创立国家技术创新体系中心。第三，没有发达的贸易体系企业任何的东西都要自卖，因此不可能自己创新。上述三个原因导致民营企业创新的积极性往往得不到应有的结果，这是我感受最深的问题。

第二个感受比较深的问题是创新也不是乱创新。最近一件事让我感受很深，有一天在首都机场等飞机的时候，刚好碰到一位外国人，我们一起在书店看到一本书《36计与中国企业发展》，就是讲中国传统的36计怎么用于中国企业的管理和创新，老外非常严肃的告诉我们说，36计就是骗人的事，什么瞒天过海、什么美人计，怎么可能用在商业中呢？所以创新有规范性的问题，创新必须建立在非常诚信的基础上才行。

主持人：这就是中西文化的差异。

魏杰：不仅是文化差异的问题，还有现代市场机制的问题，到底是诚信的市场，还是搞瞒天过海、美人计那样的骗人的市场，所以不仅是文化的差异，还有市场机制的差异。

主持人：吉利的李书福先生，您是否用美人计创新？

李书福：这方面我非常同意魏教授。创新是脚踏实地的，没有一点捷径可走，只有一步一个脚印，一点一滴的积累经验，去创造条件实现创新的目标。创新有三种形式，一种是原发性的；一种叫做集成性的，把各种技术放在一起变成具有集成效应的技术的创新；还有一种就是吸收引进消化。刚才海教授已经讲得很具体了，无论是什么创新，都离不开这三个方面。但这三个方面，无论你怎么做，都离不开脚踏实地，一步一个脚印，从模仿、造句、写短文开始，一点点你才能运用自如，最后才能写长篇著作，这需要时间、毅力、资金，没有资金不行。

主持人：吉利汽车大家都知道做得不错，在技术方面我孤陋寡闻不大清楚，您的汽车技术是怎么来的？是跟别人学来的，还是自己在生产过程中开发的？

李书福：吉利汽车三方面都有，一种就是原发性的创新，比如现在世界上用的汽车变速器，一般是 2.0L 以下排量的无级变速器（ECVT），也就是计算机技术用钢带带动的变速器，超过 2.0L 以上的汽车就无法使用这项技术，需要用液压自动变速器。吉利自动变速器的技术已经解决了，但这个技术是世界上的老技术，全世界所有的技术都是自动变速器（液压），但在中国，只有吉利一家解决了这个问题。我们就是通过吸收、引进消化别人的技术在中国实现了这个目标。2.0L以上现在通常用的也就是自动变速的，无级变速只能在2.0L以下使用，因为跑一定距离后对整个车的行驶就产生了影响，这个技术全世界都没有解决，现在吉利就在研究解决这个技术。这里面有两大技术，一个技术是设计一个方程，而这个方程就是要解决左右漂移问题，如何控制漂移的距离，来计算曲面，世界上很少有人能解决这个问题，同时这个方程要进行计算，需要计算机设计，来推动车的前进、倒退、停车，这就是原创性的技术。一旦这个东西能够实现商品化生产，那就是原创性的，世界上没有的，我们就可以用在 2.0L 自动变速器上。一开始我们就是模仿，把每一个部件搞明白，每一个工序、工艺都搞清楚，先从简单的技术开始，然后一点点提高汽车的档次和技术的含量。吉利没有什么窍门和奥妙，就是通过很笨的办法实现自主创新，就跟小孩学走路一样，这样一步一步走，慢慢就会跑步、跨栏、跳高了。

主持人：您前面说的改进技术那一部分，别人都没有，你们做到了。这种改进您投了多少资金？

李书福：中国在这方面花的钱很多很多，我们都是在人家的基础上去做。比如自动变速器原来是国家纪委重点项目，863国家项目，项目开发成本很大，请了很多专家，上海交通大学等几个大学联合在一起，几百个工程师共同开发项目，但用了几年的时间也没有成功，于是项目停止。国家纪委规定说中国不能搞自动变速器，因为搞不起。国家花了好多钱已经进行的差不多了，吉利就在这个基础上接着干，把曾经开发的人找回来。创新一定要有毅力，要认准一个方向，坚定一个信念，集中一个力量，完成这个使命。自动变速器我们就是这样解决的，还有无级变速器，自动变速器有档的和无级变速器没有档的。自动变速器相当于模拟电视，而无级变速器相当于现在家里用的电视机，自动变速器就像模拟电视一样，完全是计算机计算控制的一套系统。这个系统我们也是通过中国很多专家，包括几十名教授、博士，这些专家也曾经开发过国家花费重金的课题，但最后很多人都把项目成果否定了，结果我请这些专家来，对他们说我这个地方行。

主持人：怎么听起来都是人家弄不行的，您把他们弄过来使了一把劲就做成了，您走了怎样一个捷径？

李书福：这不是捷径，这是一个很艰难的过程，这个过程我们现在无法用语言来形容。这些专家需要一种鼓励，需要一种肯定，需要一种温柔，也需要给他们时间。可能在探索的过程中，会遇到很多的困难，大家对他们不理解的话，他们就没有积极性。像神舟五号、六号、七号，接下去，不是一夜能成的，而是一代人、两代人、三代人、四代人不断地努力，中国太空计划才可能走到世界前列。汽车工业也是如此。

主持人：您刚才提到技术创新，技术创新很大一方面就是汽车环保，吉利在这方面做得怎么样？

李书福：我们千万不要迷信人家，觉得欧Ⅳ、欧Ⅴ很难。其实这些都是比较简单的事情，没有什么了不起，关键问题之一就是催化剂如何对排出的尾气进行催化。

主持人：吉利怎么做？

李书福：吉利依照国家的规定来进行，说Ⅲ号就Ⅲ号，说Ⅳ号就Ⅳ号，这一点儿难度都没有。

主持人：冯军是华旗咨讯的总裁，生产的爱国者系列产品也很好，您有什么评论？

冯军：作为高科技企业，我们理解创新实际上很简单，就是创造新的价值。所以不管是原创创新，还是组合创新、集成创新，都是为了一个目的——创造新的价值。当一个新的技术来的时候，尽量原创，申请专利，用专利保护自己的产品。

主持人：华旗的产品是原创吗？

冯军：有一些是原创，有一些不是。数字水印技术是原创，现在已经把全球的专利拿下来了，当时 DIY 公司刚成立没有研发能力，我们是从贸易起家的，因此当时很难去做。后来进入移动存储、MP4 行业后才开始有原创。除了原创还有一个组合创新，统和综效，他们可以产生非常奇妙的公式，叫做"1 + 1 = 11"。在中国，这种增值的机会实际上非常多，从另外一个领域寻找一个合作伙伴、寻求经验，用在自己的领域，很容易产生一个增值的模式。所以从这个角度上来讲，增值的空间目前更加广阔。像数字水印技术是我们的原创，后来又把这种技术与数码相机结合起来。大家都知道国产数码相机产业链没有形成，要跟日本企业竞争还比较难。当我们把数字水印技术应用到数码相机上的时候，就会提升我们的价值。在图片里面放一个暗水印，里面可以记录很多的信息，比如归某某所有；或者可以把日期、信息放进去，比如某年某月卖的；甚至盗版卖了，你也知道谁卖出去的，法庭上也是可以当成证据的。很多人认为华旗是疯子，敢跟日本企业挑战，2004 年基本上国产的数码相机都退出了，怎么一个小小的华旗就敢打着爱国者的旗号跟日本企业竞争？原因就在于通过应用这项技术我们有把握。除了摄影师喜欢之外，公检法系统也非常喜欢，因为有数字保真，可以作为证据。要让中国人一定买爱国者的数码相机，这样才是产业报国。

主持人：刚才两位企业家的讲话或多或少涉及了如何创新的问题。中国的民营企业也好，国企也好，怎么实现较快地创新？有什么捷径没有？

魏杰：刚才两位老总讨论了一下，最后都集中在一种创新上，就是技术创新。所以我对技术创新想做一些评价，怎么技术创新。从中国目前来看，技术创新主要是三个问题，第一个问题就是技术创新走的方式，或者是技术创新中心，或者是实验中心等等。比如李总成功了，大家认为是李总把别人的东西拿过来。其实这是误解，技术创新也有体制的问题，为什么前面讲汽车技术都失败了，没有成功，到他这儿成功了？因为我发现他这里的技术创新中心是真正的技术创新中心，用国际的语言来讲，就是以企业方式运作的现代化的实验经济。什么叫做技术创新中心？首先是现代化的实验室经济。但是，要以企业方式运作。李总讲怎么关怀、激励技术人员，因为他是以企业方式运作的实验室中心，而政府不是这样运作的，所以首先要建立好技术创新中心。

第二个问题就是如何选择技术创新的方向。任何技术创新都是具有新技术的，有的时候是核心技术创新，有的时候是非核心技术创新，像核心技术创新，华为这样的企业就有。为什么海尔产品在中东地区卖的比较好，因为它适合中东地区。中东地区有三个特点：一是家庭比较多；二是天气比较热；三是开冰箱的次数比较多。但一些国内企业生产的洗衣机在中东地区就卖得不好，因为他们都穿长袍。一下子洗 15 件长袍，技术上实现不了所以不行。关键是创造新价值。

第三就是李总刚刚告诉我的，技术创新有资金的问题。资金从哪儿来？中国目前很大的问题就是如何创新融资渠道的问题，私人基金比较快的放开，因为技术创新有高风险性。我们现在经济体制非常的滞后，不太适合这样的技术创新。

只有把上述三个问题解决好了，才能更好地进行技术进行技术创新。

主持人：海教授有什么补充？

海闻：创新不光是技术创新，技术创新更多是突破性的大的研发性的技术创新。刚才企业所讲的，是属于改进型的技术创新，也可以说是一种创新，包括在某种技术上有所改进。但是我想，不管怎么样，创新首先要有动力，不是为创新而创新，创新要跟经济的运行利益结合起来。如果能够突破，企业就能够实现很多的利润增长，否则就会亏的一塌糊涂，对他们来讲是生死存亡的技术，这样他们才有积极性做下去。对一些研发部门，如果不是跟利益结合的话，可能可以做，也可能不一定做的出来。技术创新一定要跟利益结合在一块。其次我觉得技术创新确实需要有资本，我讲的不仅仅是小的改进，改进的东西并不是现在才有，我们当时下乡当农民也有技术改进。

主持人：您的意思不光要改进，还要有原创？

海闻：第一个发言就说了研发的东西，大家说理想当中突破性的东西，对中国来讲还比较难。但是我同意刚才几位嘉宾讲的，在我们现实当中很多是把现有的资源做一些更加现实的改进，特别是对民营企业来讲。我在浙江的调研中发现，每个企业都想搞研发，每个企业都想搞创新，这可能是比较困难的事情。

主持人：海闻刚才提到创新的源泉，也是我想问四位嘉宾的问题。当前民营企业家创新的动力还不足，动力不足表现在什么地方呢？比如政策环境等方面，还有一条重要的原因就是企业家眼光不能放的很长，比如说美国的专利保护期是十多年以上。为什么呢？因为专利产生的效益总要经过 8 年、10 年才能显现出来，因此有了一个问题，咱们的企业家有没有这种眼光和魄力，有15 年、17 年、20 年的发展眼光，我们要用 20 年进行创新？李总您有没有 20 年踏实地做技术创新？

李书福：这不是 20 年的问题，企业想生存和发展，这是长期和永恒的，只有创新才能产生价值。

主持人：您又演化了，刚才是改变才是创新，现在又是赚钱是创新了。

李书福：一切要围绕提高竞争力去做文章。创新就是企业竞争力的一个非常重要的方面，刚才讲到技术创新，其他很多方面也讲到了创新。这是非常简单的事情，根本不需要讨论，如果这个问题还需要讨论，那么中国企业要参与全球竞争就很幼稚了。

冯军：从我们理解，创新特别是我们做数码领域，已经是国际竞争了，已经零关税了，如果不创新可能企业无法生存。大家可以注意一下，有一条路上，三星每隔六米就有一个广告，就是因为2004年我们在MP3上面超过了他们，所以他们2005年大举进攻。他们的大量资金投入进来之后，作为民族品牌，我们的广告拼不过它，要想活着只能靠创新，2004年我们靠彩屏MP3赢了三星。今年三星追了上来，我们就又推出视频MP3；大概过四个月左右，三星又会推出与我们类似技术的产品，到时候怎么办？所以逼着我们只能拼命地研发。我们现在已经做好了储备，一个是双CPU的MP3，等三星追上来，我们会把这个产品大规模的投放市场。另外就是组合创新，除了硬件创新，还需要考虑用新的方式产生价值，所以我们在今年10月18日公司成立12周年的时候再度创业，向世界发布我们正版音乐下载网站——爱国者音乐网。很多人说你疯了，在中国盗版这么猖獗的情况下，没有人投资正版音乐，你为什么投？因为被逼的。国内大家享受免费的音乐比较多，而国外收费已经成习惯了。我们跟各大唱片公司申请了超低的特价，0.99元人民币来满足这个市场。最后"1＋1＝11"，眼前正版音乐在中国下载比较困难，但别忘了互联网是没有国界的，现在全世界最低的价格在中国，如果你认为我是在打广告的话，那我是在向全世界打广告，希望大家都到爱国者音乐网下载音乐。

主持人：由于时间的关系，这段对话到此结束，感谢四位嘉宾。

根据2005年11月5日第二届中国民营企业投资与发展论坛——"后'非公经济36条'时代的创新与商机"整理而成

对话二："民营企业多元化问题及国企与民企的联合互动"

主　持　人：单忠东（北京大学民营经济研究院常务副院长、北京大学光华管理学院教授）

对话嘉宾：朱善利（北京大学光华管理学院教授）

洪肇弈（福建柒牌集团总经理）

任志强（华远集团董事长）

张志祥（建龙钢铁集团董事长）

主持人：民营企业发展有很多的热点问题，如创新问题、战略问题等，特别是对企业多元化的问题，存在很多争议。我经常去浙江泉州调研，发现很多的民营企业都走过一段弯路：经营电线业务的又涉足房地产，经营一段房地产之后又回来经营电线；也有一股脑做多元化，并获得成功的。先问朱教授，您怎么看待民营企业发展多元化问题？所谓多元化是什么含义？多元化是不是指企业发展可以漫无边际的发展下去，多头出击？

朱善利：从趋势上看，多元化并不符合现在发展的趋势。我可以举出很多的例子，从国际来看，兼并都是在同业之间进行，而且是跨国的，像汽车领域的奔驰与克莱斯勒，花旗和旅行者，福特公司与沃尔沃都是兼并。韩国大宇的多元化进行得很轰动，但最终失败了。多元化在中国也有，中国企业竞争力比较强的是温州地区，也是专业化比较集中的地区，有的地方一个镇就是做一个产业。比如温州打火机生产，打火机零件就是当地企业做的，所以才能够把欧洲的打火机企业打败。但中国很奇怪，企业都搞多元化，特别是国有企业。我不知道是不是跟中国金融条件有关系。

主持人：根据您的调查研究民营企业搞多元化的有多少？

朱善利：民营企业也有，但国有企业更多一些。这跟中国融资有关系，因为多元化有一个好处就是财务协调的作用，可以分散风险，但从国际趋势来讲，并不符合国际趋势的发展。

主持人：任总，您的公司是否也在尝试多元化？

任志强：我们也是多元化，不管国企还是民企都是多元化，但多元化有四个原因，一是被迫选择，中国经济并不是一开始就是市场经济，企业在最初并不能选择做什么。随着制度开放，市场领域也有不同程度的开放，这就导致企业处于一个无法完全定位的过程。比如我们企业解决城市就业，大量的服务业已经出来了，你能把企业关闭？再就是市场制度的限制，过去市场只有8个人，大家都戴红帽子，后来把红帽子摘掉，又只允许8个人，过了8个人就再成立一个。一开始不允许自己代理，后来允许了，这就又多一个。所以很多民营企业把产品转到外面，再转回国内，本质上东西根本就没有出去，但是经过这样一个过程产品就变了身份。二是与国企竞争中多元化也成了一个选择。国企不参与的领域民营企业进入就扩大了市场范围，国企一旦参与，民营企业基本就很难进去或经营下去。三是融资手段。单一企业的融资手段很困难，而多元化企业，比如国美电器在大量销售的过程当中，有一个资金转移的过程，若3个月后才转到厂家，所以把这笔钱转到房地产先用。四就是有些企业家比较"贪心"，如这个产业不足，我就投到另外一个企业，投机心理也是这样，大家都觉得新成立的产业能够赚钱，所以不断地投入形成新的产业。

主持人：华远是怎么形成多元化的？

任志强：我们一开始成立是计划外的全民所有制，也就是国有，而国有经营的体制又不太适合经营，所以下面成立了一个股份制公司，一个合资公司。首先，华远金融是最核心的，可以转换成我们在现有融资条件不好的情况下的金融支持，因为任何一个金融的股权都可以转换抵押变成银行贷款，解决市场融资问题。其次是房地产，房地产是政府开始强制促使我们进行西南改造。再其次就是高科技，现在工业自动化的主要产品我们仍然处于国内领先地位。最后是服务业，服务业是我们公司改革开放初期为了实现安排青年就业，解决城市五难问题而建立起来的，服务业也存在很多问题，且存在问题的公司有十几个，但每一个都经营得很好，所以就一直存在。现在还有三四十个公司，涉及四大行业里不同的产业。

主持人：洪总也谈谈企业的多元化问题。

洪肇弈：我们从 1978 年、1979 年就开始创业了。

主持人：您为什么雷打不动？

洪肇弈：改革开放到现在我们有一个最好的现实的例子。当年有一个爱华牌胸罩，当许多农村妇女还不知道胸罩是什么东西的时候，它就已经在中国一些大城市的商场如北京、上海销售得非常好了。后来它什么都做，房地产、汽车等等，但现在已经销声匿迹了。整个市场经济和中国文化要结合起来，这在世界上有许多成功的案例，在国内也有很多成功的企业。很多企业有能力进行多元化，像可口可乐、万宝路、麦当劳，但如果叫麦当劳做西服会好看吗？这些企业无形资产几百亿美金，为什么不做多元化？它们什么都可以做。所以总结一下，我们二十多年改革开放走市场经济，总结起来就是十个字：竞争、风险、专业、改革、创新。因为我们要做我们懂的事情，如果要讲农民企业家，我是一个标准，我是说我的长相，并不是说我的能力。我走到什么地方都是农民，叫我改行吗？不行，我生在新社会，长在红旗下。当时吃不饱，穿不暖，所以我只是一个农民。但我们要转变观念。中国工业化进程已经 20 多年了，我们很多人改革开放之前甚至没有看过汽车，也就是说我们基础太差了。工业化之后就不一样了，还有法律、法规各方面，我们为什么叫做有中国特色的社会主义市场经济就是这个道理。我们无法跟西方比，西方国家有 100 多年工业化发展基础，已经达到了国际先进技术水平。所以在我国的法律、法规以及人的素质还没有达到一定程度的时候，企业进行多元化可能很危险，特别是民营企业。

主持人：张总对此有什么看法？

张志祥：中国的经济不要脱离中国的实际，市场经济只有 20 多年，中国的国有企业也好、民营企业也好，从现在看过去，肯定存在很多的问题，但问题还是有一定来源的。现在看上市公司的股权分置有多少问题？我与上市的老专家交流过，他说当时能够推出就了不起了，你不要谈这个问题。所以问题要跟历史结合起来，这是中国经济发展20年的结果。民营企业这些年的发展走过几个历程，在做企业之前，在学校非常关注社会，做了一些社会调查。1992年，上海有一个现象，整个社会的包工头都是农民，而不是工程师做包工头，或者房地产商人做包工头。为什么是农民做包工头？我就去调查这些人。我跟房地产经理、工程师去交流，实际上他们给我的回答基本上是一样的。一种就是农民的回答，很简单，因为房地产还是以国有为主，房子的项目是国家的，国家是不会坑我的，只要国家项目拿到手好好干就有钱拿。一种是工程师，他们做了很多的科学分析，这其中有市场的问题，将来房地产公司资金上的问题等等，等他考虑好了项目也没有了。在中国经济发展中，20世纪90年代有很多民营企业发展起来，应了一句话就是胆子大的、敢于冒险的能成功。为什么敢于冒险就能够成功？因为当时有很多的机会，今天这儿出来一个机会就抓这个机会，明天那儿出来一个机会就抓那个机会。在中国改革开放过程当中抓住了机会，就抓住了成功。

主持人：您的多元化也像李书福说的一样，只要有钱赚什么都干。

张志祥：那是刚起步的，到今天判断多元化正确不正确应该从哪一个角度呢？应从企业的发展战略出发。为什么过去那么多多元化，就是因为没有做好企业的发展战略，企业发展战略没有落地靠什么生存？靠竞争差异化。最终靠什么支撑？差异化就要看自己的内部资源和外部资源。多元化有个问题，一是背后的东西能不能支撑它，假如能够支撑就可以考虑多元化，如果不能支撑就不要多元化。二是中国的现状，走多元化这条路还不是时候。为什么这么说呢？从两个角度看，一方面中国是非常大的经济体，经济总量足够大，每一个产业、每一个小东西都可以做得非常大，不光是产业，就是一个小纽扣也是一样，中国市场这么大，专业化还是有好处的。另一方面，中国企业发展时间非常短，还处于一个成长、积累的过程，这个时候应该把资源更加的集中，这样成功的可能性更大一些。我个人认为当前的中国企业，应该专注一些，可能成功率会更高。

主持人：建龙钢铁有没有进行多元化？

张志祥：应该没有进行多元化，虽然也经营房地产，但并不是纳入为一个产业，做一阵子不做了。为什么不搞多元化呢？因为中国钢铁产值是 1 万个亿，我做 2 000 个亿才 20%，这 1 万个亿还在扩大，这仅是主业还并不包括剩余价值。我们中国钢铁工业已经做到了世界钢铁工业的 1/3 了，这个空间是非常大的，落实到产业的角度，因为我们已经做到 1/3 了，所以后面 2/3 的竞争力会缩小，我们的 1/3 因为集中度比较高，今后的竞争力将会不断上升。

朱善利：过去讲不要把鸡蛋放在一个篮子里面，在金融市场不太发达的背景下，从理财角度来讲，把钱全放在一个业务里面不行，可能面临的损失比较大，所以有不要把鸡蛋放在一个篮子里面的说法。在产品没有竞争力的时候不仅有财务风险，还有经营风险。任总是做国有企业的，这两位都是民企，国有企业里面可能是做多元化的多一些。台上三位企业家是 2∶1 的比例，民营企业是走专业化，国有企业是走多元化，刚才说得很对，这与中国经济环境有关，但面对未来的竞争必须要走专业化，否则你不可能跟国际企业竞争。

主持人：您认为还有国际化的问题，还有国企和民企互动，说国际化，什么是国际化？一说很多人认为就是去香港上市，或者纳斯达克，或者到新加坡圈点儿钱。怎么理解国际化？我本来希望海教授谈谈这个问题，不知道大家怎么看的，国际化是否就一定要走出国门呢？

朱善利：不一定，在国内生产国际销售的产品也是国际化。

任志强：国际化可能有不同的理解，可以是制度的国际化，企业制度要跟国际接轨，在市场经营过程当中才会有竞争力；也可能是资本国际化也许在大量外资进来之前，企业已经资本国际化了；再就是市场国际化，产品服务在国际市场上流通。所以不能局限。接刚才的话题，国有企业为什么形成多元化，政府说你这个行业没了，不能干，或者今年有大量的房地产企业转到别的行业，就是因为宏观政策在不断地调整。所以我刚才说在不是完全市场化制度的情况下，在制度改革的背景下，大家一定会考虑不能在企业中死掉。像服装竞争完全充分，不会有什么政策性的障碍，在一个行业里面做大就没有关系。在每一个领域不管是多元还是专业，每一元都想要在这个行业里面处于领先地位。但有些东西并不是多元，把它做成再投资要花很大的精力。比如我们的服务业，我每年都不去考察，因为不用管它，多元的部分反而成为我积累资金的条件，成为一个蓄水池了，这个多元我怕什么？怕每一元你都要不断地投入，都想把这个单体做大，因此万科也做过减法，后来又做了加法，所以根据每个企业的情况决定你要多元化还是专业化。

主持人：我又想起一个社会上流传的说法，一些著名的经济学家会说，中国民营企业根本就做不大。一项调查发现，民营企业的生命力平均也就是在 10 年以下，永远做不大。原因之一就是乱搞多元化。

任志强：世界 500 强企业平均年龄是 12.5 年，中国企业平均年龄基本上是 3 年，中国房地产企业平均是 3.8 年，20 年以上的中国企业几乎没有，一只手就可以数完了。大部分平均年龄都很短，国外也是一样，但下一代成长的企业会比前面的企业更强，因为经历过了一轮严格的市场淘汰。

张志祥：为什么做企业有意思，就是这样。比如像上学，上幼儿园、小学、初中、高中、大学、硕士生、博士生，是淘汰制，这是客观规律。做永远不死的企业是理想，但不可能。我们只能尽量做得长，做到 50 年、60 年已经很不错了，企业跟人的生老病死是一样的，是有规律的。现在整个市场经济和工业发展时间并不是很长，所以我们很难验证它，但我认为这种企业可能比较少。第一，企业本身有生命周期，但这个生命周期是合理的，如果我做得好可以延长这个生命周期。第二，企业在发展过程当中确实有很多的槛儿，比如我刚创业的时候就三个人，什么制度都不用，三个人可以随时的沟通，三个人晚上很辛苦回家，回家之前喝点儿酒尽量沟通沟通就全解决了。发展到一定的阶段人多了，这种方式就不行了，企业当中有很多需要解决的问题，经济当中也有很多需要解决的问题，实际上就是不对称的问题，怎么让不对称变成对称呢？企业制度是什么，当企业发展到一定规模的时候，单一的企业组织机构要非常得清晰。像我们 14 个企业，年销售 200 亿元，集团化的架构这个问题又出现了，不能说管好 3 个人 300 个人就可以管好，300 个人管好了，并不代表 3 000 个人就能够管好，所以要不断挑战新的目标。这种挑战实际上作为企业也好，个人也好，不能否定自己，要把过去成功的因素忘掉，得重新学习、重新开始。每一道槛儿都能过去是非常不容易的。

主持人：谈到民营企业多元化发展，做大做强，刚才说了一个话题，国企、民企要联合，大家有不同的看法。现在有些比较成功的案例，但跟民营企业座谈的时候，他们不愿意跟国营企业联合，因为有很多顾虑。不知道各位老总怎么看？

洪肇弈：我还没有考虑跟国营企业联合，民营企业不大喜欢跟国营企业联合，是因为体制问题。国营企业不是很落后，相反，管理制度都是很先进的，但就是因为体制不好。国营企业只要任人唯贤，什么事都好解决。我经常讲，私人企业的老板任人唯亲，他是最大的笨蛋，国营企业的一些管理制度在桌面上是非常好的，可能有些比我们民营企业更先进，更可靠，其中包括财务制度。现在民营企业面临一个共同的问题，这个问题只能意会不能言传，就像厉教授讲的，民营企业拿国家的钱就要追究责任。民营企业并不是排斥与国营企业合作，但不是在目前的条件和环境下。

主持人：如果您跟西安或者内地那边的某一个纺织企业有好多问题要联合一块儿做，那不是很好的事吗？

洪肇弈：我们曾经有过一次，就是跟国营企业合作，不成功，赔了1 000万元，后来合作终止。根源还是体制的问题，其实中国人并不笨，中国人很聪明。

主持人：但问题是您选择同民营企业合作，也会面临一样的问题。国企和民企都是党的两个孩子，一起好好干。

洪肇弈：任先生讲的这些问题，国际化和多元化，我看用一句广告语可以做总结："事事无绝对，只有真情在"。关键是要有自信心，观念要与时俱进，持续不断地更新，管理、开拓、创新，听自己的，做自己的事，成功的机会比较大。如果今天一个专家叫你这样干，你听了，明天另一个专家叫你那样干，你又听了，那你天天在拐弯，在动乱。

任志强：民营企业跟国有企业合作有两个条件，一个是借国有企业的钱，另一个就是借国有企业的资源。除此之外就是把所有国有企业变成民营企业，国有企业就生存不下去了。国有企业本来就应该逐步地退出，像洪总讲的，国有企业在体制上没有任何优势，应该退出。国营企业跟民营企业合作就是转变过来，否则合作干嘛，要么就是借钱和借资源。

主持人：但有一种说法就是提防民营企业侵吞国有资产。

任志强：国有企业跟资产没有关系。跟资源有关系。比如你让我进石油，资源费收高一点儿，我仍然发财。这并没有侵吞国有资产的问题，4块钱的石油你卖50块钱，我是否也可以认为你把国有资产给了国外投资者呢？你利用不好，我利用得好，反而赚钱了，这不挺好吗。另外，国有资产在国企手中，本来1块钱的东西值5块钱，而到民营企业手中又增加了7角。像土地发展，如果土地荒漠化的话，一分钱不值，白给都不要。民营企业把国有企业资产提高了，就是把它的价值提高了，不能倒过来说因为提高了所以民营企业侵吞了国有企业资产，而实际上进来的时候你的资产根本不值钱，是我进来之后才把你提高的。

主持人：我曾经到杭州也进行了调研，比如方太厨具的王总，他们说了一句话非常对，不要过多讨论企业阶级成分论。国企、民企、港资等等，将来最后就一个企业，别分那么多的成分，我希望将来随着我们国家经济改革越来越深入，就一个成分最好。这一段对话结束，请大家跟我一起感谢各位嘉宾！

根据2005年11月5日第二届中国民营企业投资与发展论坛——"后'非公经济36条'时代的创新与商机"整理而成

对话三："民营企业融资问题"

主 持 人：单忠东（北京大学民营经济研究院常务副院长、北京
     大学光华管理学院教授）
对话嘉宾：刘 伟（北京大学经济学院院长）
     洪 崎（中国民生银行副行长）
     孙大午（河北大午农牧集团监事长）
     曹凤岐（北京大学光华管理学院教授）

  主持人：都说民营企业融资难，那么到底有多难，这是不是一个普遍性的问题？

  孙大午：民营企业融资有多难，应该划分开说，我觉得最难的应该是中小企业，尤其是小企业，几乎没有融资渠道。银行贷款贷不到，合法集资的渠道有吗？我反正没有探索到。"书山有路"，它倒是有路，但小企业融资的路我没有看到，据我所知，中国银行、中国农业银行、中国工商银行、中国建设银行把县以下的营业所都已经撤了。像大午集团这样 21 年的企业真正获得的贷款就 5 万元，我在银行工作了 10 年，我知道贷款是怎么运作的，我觉得中小企业贷款难，特别是发展的时候更难，难于上青天。

  主持人：我曾经去过很多地方调研，南方的很多民营企业家在谈到这个问题时，大多数认为融资并不是特别难，企业有一定的资质，信用也就拿到了。似乎融资有一个南北方不平衡的问题。我知道刘伟教授在"三农"问题上研究很多，记得刘伟教授在一次对话当中说，中国农民真不容易，还讲到民营企业家也不容易。您觉得这是全国普遍性的问题吗？还是南北确实有明显的差别？

  刘伟：非常高兴有这个机会参加这次对话，也非常感谢主办者邀请我参加这个对话，跟大家见面。我觉得，与其说是地方差别，不如说是制度差别。市场化进程快的地方，贷款相对简单一些；市场化进程慢的

地方，相对矛盾突出一点儿。中国经济体制落差和地理落差偶然重合会出现这样的情况。对于中国大多数中小企业、特别是民营企业里的中小企业来说，融资难的问题主要是两个，一个是没有制度安排，直接去市场上融资可行吗？而间接融资市场也是由行政管制的，所以中小企业很难从政治上融入。另外恐怕真的有一个理论和指导思想的问题，对中国改革资本市场化中，民营经济发展的重要性是需要证明的，并不是已经解决的问题，并不是说"非公经济36条"就能够把人的意识统一起来。

主持人：相关机构的调查数据说明，在整个银行开户的各个客户当中，大户占的比重非常小，但是它拿到的贷款额却占很大比例。而中小企业户头占80%～90%，但它们拿到的贷款额却不到1%，数字或许有一些出入，但大致的形态足以说明问题。这从另外一个角度说明融资难的问题。我想请问洪崎洪行长，银行为什么不愿意给这些民营企业和中小企业贷款呢？

洪崎：很高兴能有这个机会谈一下民营企业融资难的问题，其实到现在为止，银行的观念逐步在改变，从现在的数据看，大企业户头约占0.5%左右，但贷款额度占50%多。这主要是一个制度上的问题，中小企业的贷款将来若出了问题，制度上要考虑怎么个说法，"问责制"这里面有很多的问号，国有企业的贷款若出了问题，银行责任小一些。

主持人：也就是国有企业有国家买单？

洪崎：对，最主要的问题是过去利率没有放开，中小企业贷款不良率大体上要高出大企业3个百分点以上。中型企业比大型企业要高出2个百分点，小企业比中型企业又要高出大概3个百分点。如果利率不能上浮的话，很难覆盖所有的风险，从市场角度和商业角度说不合算。另外，做小企业相对比较麻烦，成本又高，小企业比大企业运营成本高出4～5倍，显然在利率没有放开的时候，想做小企业的话，在商业模式上是不成立的。

主持人：民生银行是怎么做的？是都贷给大户，还是对中小企业有一定的照顾？

洪崎：民生银行分两个阶段，最初主要是非公有资本为主，现在则是完全属于非公有的股东。1999 年以前，以民营企业为主投入全国性的股份制银行是有担子和责任的，这个责任主要是对非公有制企业作为渠道进行融资。1999 年的时候民生银行对非公有制企业贷款占了 70%，30% 是国有的，而且 70% 是中小企业，这里不是指户数，而是额度。但是不良贷款率达到了差不多 9% ~ 10%，实际上是超过 10% 的。2000 年上市以后，民生银行毕竟是一个商业机构，要发展也一样要先生存。

主持人：您刚才说为了生存所以眼光转向大户头了？

洪崎：主要看重安全感，要不然自己做的话，资金都没了，还为谁服务？

主持人：发展还是硬道理？

洪崎：对，我们这时候就为有信用评估的商业企业贷款。

主持人：你们当时有没有讨论？比如说把首钢拿下，或者把谁谁拿下。

洪崎：绝对是这样。

主持人：您倒挺实在。

洪崎：结果就是这样嘛。

主持人：看很多的报道都在讲，银行要陪伴自己的客户长大，不要老盯着大户头，要看看有潜力的中小企业，咱们是不是没有这个理念？

洪崎：有。雪中送炭，我们董事长经常提。但雪中送炭不能做太多，锦上添花毕竟还是银行的职责。

主持人：曹老师您是金融方面的专家，也参加过《证券法》、《投资法》的起草，对中国金融改革有过重大贡献。洪行长说的都是实话，但怎么办啊？不能老雪中送炭啊。

曹凤岐：我想，要综合解决这个问题，首先要拓宽中小企业、民营企业的融资渠道。民营企业绝大多数是中小企业，当然有一些民营企业已经发展成较大规模。中小企业融资确实很难，主要是银行贷款很难，我想要解决的问题有几个：一要建立专门为中小企业、民营企业服务的金融机构，包括中小银行，它们的市场定位就是这个。四大国有商业银行包括民生银行在内，不是把中小企业作为主要的服务对象。民生还特殊一点儿。

洪崎：现在改了。

曹凤岐：让国有四大商业银行去做这事，也挺为难它们。我在海南遇到一个民营企业家需要600万元的贷款，资产是2 500万元，都评估出来可以抵押，但银行就不贷给他。后来我问是怎么回事，国有商业银行说，民营企业不贷，风险太大。因此应该有专门的金融机构。二要发展合作金融。你们考察南方发展起来的企业，包括温州，包括浙江一些企业，实际上他们相当一部分是用民间资本发展起来的。

主持人：您说的合作金融用民间形式，得小心点儿，稍微不注意孙大午就给抓起来了。

曹凤岐：其实大午先生也希望用点儿民间资金，结果没有弄好出了点儿问题。这一块要建立合法的民间或者金融合作组织，不能在黑市做，或者地下钱庄或者地下什么东西，这是不合法的。这是第一个要解决的问题。

第二，这里面还要看一下中小企业，如果有条件的话可以利用资本市场。中国的创业投资还要发展，我不知道在座的有没有创业投资家，由创业投资来支持中国中小民营企业的发展是比较理想的。如果有条件可以去上市，当然已经发展到一定的水平你才可以去上市，在中小企业板，到香港创业板去上市。

最为主要的，中小企业发展还是要靠银行。所以要建立中小企业担保体系，现在中小企业担保体系不健全，相当一部分企业是互保，但互保风险是非常大的，应该建立一个担保机构，有担保就好办了。

第三，中小企业要自己建立起内部风险防范机制，银行为什么不贷给你，就是逃贷风险很高。所以要建立真正的法人治理结构，这样你不仅能够获得贷款，也可以发展得很好。

主持人：您说在中小企业板或创业板上市，深圳二板开始的时候非常好，大家期望很高，但跟大股市一样就沉在那儿没有怎么样。

曹凤岐：首先，中小企业板本身有一个创新问题，出来的时候跟主板没有什么区别。在这种情况下，主板出问题中小企业板同样出问题，我们现在正在做创新的问题。其次就是我刚才所讲的第三个问题，企业经营好，真正建立起法人治理结构，要做得好才能去上市，取得信用才能够做。中小企业板上市 20 年就出现了"江苏琼花"，这叫自毁长城。给企业创造了条件，结果企业披露虚假信息，企业有 3 000 万元国债资金没有报，实际上融资额度就是 3 000 万元，如果报就不能去融资了。企业一次虚报带来连带影响，中小企业板受到很大的打击。所以我们要完善制度建设，这样才有希望，否则企业怎么融资呢？

主持人：怎么切实解决风险呢？曹老师刚才讲了，银行也不容易，因为有风险啊，那么谁给风险买单呢？关于促成中小企业融资由难变易，不知道刘教授有什么看法？

刘伟：我对这个问题没有特别的研究，我的观点是，市场规则不能因为非公有制经济而特殊，同样，市场经济是不问出身的，是按照商业规则来进行。不能因为你现在是民营经济，我就要银行特别给你安排针对你的金融服务机构，针对你的、高风险的、社会的、高担保的机构，这也是一个制度歧视。如果我是银行家，要对业务盈亏负责，不管民营还是国营，英雄不问出身，有钱不问来路。不能要求对民营经济偏爱，更多是要求公平就可以了，这是最要紧的。

主持人：您认为民营企业面临的最大的不公平是什么？

刘伟：是机会上的不公平。可能来自市场机制不充分，法制导致的问题和企业机制的问题。有些歧视是客观的，可以理解，有些歧视是来自民营企业自身，由于企业没有做到，所以外界歧视你。我们现在更多强调的并不是要一些特殊，而是要和大家一起有一个公平竞争。保护起来的民营，如果能够保护起来，它也没有竞争力了。更多的着眼点还是公平。

曹凤岐：你的话是否是针对我的观点？我的观点是为中小企业建立金融机构，并不是对它进行保护，而是它能够在这个市场上更集中地为中小企业服务。并不像对大型国有企业，银行一贷就几十亿，而是针对这个市场，对中小企业有更多地辅导、支持、帮助，这种针对性是全方位的，并不是说对中小企业特殊保护。

刘伟：我不是针对某一个观点，我是说民营企业没有得到这样的公平。我们要做工作，做工作并不是要求特殊，而是要获得市场公平的机会。

洪崎：整个调节过程对非公有和民营企业服务中形势在转好。最近银监会有一个小企业服务的指导意见，这个指导意见首先一条就是对银行实行"问责制"，如果尽责就不问责，对非公有制企业银行是按流程做的，按照制度做的，如果出现不良不问责，这就给大家把限制去掉了。其次，对于中小企业要独立拿出账户来，主要是呆账核销。如果银行呆账核销这一块还要税务、财政部批的话，企业永远核销不了，企业给银行表现出来的永远是有很多的利润但冲销不了，这样一来，企业的形象仍然不好。再其次，是完全的市场化问题。实际上，国外银行，包括花旗、汇丰对中小企业贷款其实有很成功的经验。他们主要还是把中小企业分类，分得很细。并且每一个风险点都进行拆分，拆分后专业化操作，基本上是工厂式操作，所以它的批量销售成本低，营运成本也低。对于道德风险的防范他们也有一套经验，所以中小企业到现在确实是我们各家商业银行应该抓住的机遇了。因为在北京市场上中小企业要拿到贷款，平均利率可以上浮到12%，我大体上给他们算了一下，在12%以上。在江浙地区，基本上是15%～17%，这个利率完全可以覆盖你所有的风险和所有的营运成本，是值得做的，而且现在我们银行和其他银行都把它作为重点工作。

主持人：您眼睛也不光盯着大户。

洪崎：有钱就挣。

主持人：这也是利好消息，虽然洪行长眼睛盯着大户，但也没有忘了小户，您是否能感觉到？

孙大午：我感觉现在的银行面对中小企业可操作性不大，我同意刘伟教授说的，根本是体制和制度设计问题。国有银行设计就是面向国有企业的，你现在让它转身对中小企业，不仅是风险问题，还没有可操作性。例如，中小企业在农村就有千家万户，就应该从制度上给农村开放一个金融渠道或者融资渠道。比如信用社叫农村办，一个村就可以办几个信用社，中小企业自然就能贷到款。如果我们现在在银行做文章，怎么做都会走弯路，像洪行长说提高利率，利率提高之后就能抗风险了。但利率提高之后企业的负担加重，这种负担肯定是转嫁给好的企业，差的企业连本钱都还不上。金融都没有市场化，利率市场化也只能是官方化。现在的银行发展前景就是官商共同发展的前景，就是为大企业。所以中小企业走的是市场走向，你要说农村有什么风险，农村中小企业哪一个拆借借贷哪一个不还？我们整个的负债判了1 000万元，我们总资产已经2个多亿了，难道谁给我们贷款有风险吗？董行长还说要去看看，我们也去找过你们，结果你们（民生银行）没有去。这不怨银行，但我希望像刘教授、曹教授讲的，从制度设置上为中小企业考虑。

主持人：就您遭受的磨难，您有什么具体的意见吗？

孙大午：我觉得就是四个字"放小拆大"。"放小"就是放开小的机构，放开企业的债券，100户农民就是100个经营实体，哪怕卖糖葫芦也需要金融支持啊，有3～5个信用社在农村办起来。这就是放小，不能大，像民生银行国家得监控，不监控不行，那几千个亿就你们几个老板说了算。"拆大"，《反垄断法》应该出台，垄断应该消除。像现在银行包袱很重，有一个银行放款350个亿，只有4 000万元可以收利息，呆坏账比例非常大。分拆或许还是一个活路，像西方产权改革，这么大怎么改革？交给老外，放血也不是办法，"放小拆大"或许能够解决这个问题。

主持人：刘伟你认为"放小拆大"怎么样？

刘伟：刚才大午先生讲的"放小拆大"，我理解有两个性质完全不一样。"放小"我以为是非公有化，并不是管理权限的下放；"拆大"更多是经营规模，并不是产权上的变化。我注意到前一阵子关于这个问题的讨论，很多人建议建立中小金融机构，为中小企业服务，但建立中小金融机构都是国营的，怎么能够对民营企业服务呢？确实有一个市场化过程中的制度变化问题。民生银行是大，理论上不是国营的，你以为他就能够为非国营服务吗？这是一个大的体制问题，不是一个简单的银行规模的问题。中国确实有一个产权制度和治理结构的问题。

主持人：之前各界讨论过一个问题，能不能成立真正民营的为中小企业服务的银行，说到这个问题我们应该怎么想？

曹凤岐：因为刚才已经说到这个问题了，现在的金融改革包括农村信用社应该为大午这样的企业服务，但现实情况是越改越服务不了。因为成立县联社和省联社完全是国有化管理了，小额贷款已经很少了。真正的信用合作社是怎么出来的？是真正的农民的合作信用组织。最初的时候是社员组织出钱，然后自己贷自己的款，不对外贷款。有盈利组织内部分红，这种对农村的小企业来说是完全可以做的，但现在这些东西要么就是制度性较强的国有化，要么就不让你涉足。所以现在农村出现两个问题：一是私人放款非常得厉害，真正的高利贷，拥有几千块钱就成一个财主了，因为农村是需要钱的。二是无息贷款，婚葬嫁娶，亲戚朋友之间借就算了。标会、摇会信用非常高，几个人自己组织一个会，一人出资一万，按照一定的顺序使用这笔资金，每个人不会携款逃跑，因为大家彼此都很熟悉，都在一个村子生活。现在温铁军在农村做这个实验，能不能成功，是否是空想社会主义，那再说了。真正成立银行也可以，但允许小规模的民间银行，为一个社区、地区服务的，也有规章制度、风险防范。所以，建立多层次的金融体系对金融机构来说是完全必要的，这一领域确实是应该"抓大放小"，对真正的合作组织别管那么严格。中国到现在为止不允许民间建银行，我们考察了几家股份制的银行，渤海银行是最真正的股份制银行。实际上我们应该发展中小银行，它们有独特的市场定位，市场化、规范化都在逐步形成。所以中国还得做，要先发展几个大银行，再改革这几个大银行，同时还解决了中小企业和民营企业的资金问题。

主持人：您刚才说的和大午先生说的还是制度创新和改革，刘伟教授刚才也说了，这有点儿像去年讨论的"国退民进"，但最近不怎么提这个词了，我想知道两位教授对这个问题怎么看？

刘伟：说完了之后你再批评我，曹老师是我的老师。关于这个问题我是这么想的，因为这个地方并不是专门讨论这个主题的，我有六个问题就是你刚才说的。第一，中国改革开放26年，市场化到底走了多远？并不是到头了，而是远远还没有开始呢。至少很多地方是这样，商品市场化走得很快，但要素市场化走得非常慢，国退民进的问题根据市场化要求还有很长的路要走，并不是到位了。第二，用什么价值观来判断我们制度改革的争议性，如果说前二十几年我们是这样走过来的，总结起来是对还是错？因为实际上我们已经开始争论了，中共十六大之前就在讨论价值论问题、收入合法化问题、剥削问题。第三，用什么标准检验改革是否成功，用发展的标准检验对不对？我们说发展是硬道理，可是有观点说中国是 GDP 神话，各种观点都有。但是不用发展，用什么衡量？第四，效率标准对不对，改革是否提高了要素效率，或者说改革不深入是否对要素效率提高有欠缺，特别是资本效率？第五，改革对公平是提高还是损害了，用什么标准来衡量，中国贫困层是减少了还是增加了？第六，收入分配的差距扩大到底是什么原因？是分配不公平，还是发展不均衡？中国的问题究竟是由于发展不够，还是发展过程中的结果分配不公？这六个问题实际上就是思考国退民进要不要讨论，我现在提出问题，我也怕受批判，我只是讨论，求教于大家。

主持人：反正所谓的知名经济学家老批评你。

曹凤岐：我觉得也不要老用国退民进这个词，实际上现在金融机构的改革，应当说是进行产权制度改革，中国未来的商业银行就商业性来说，不存在纯粹的国有商业银行。四大国有商业银行都在改成股份制银行，而且所吸收的资本不仅仅是国内的民间资本，引进战略投资者还包括国外的战略投资者。所以就他们本身来说，四大商业银行不能叫四大国有商业银行，因为作为近期来看，肯定叫做国有控股股份制商业银行。民生银行、浦发银行、深发展已经是股份制银行了，我们再建立一些其他的银行，像现在，企业也可以发起银行，如渤海银行就是大企业发起做的，然后是中小银行。我是反对名义上已经是股份制了，是合作制了，但管理还是国有化，这是最危险的。所以我们现在又成立农村商业银行，而不仅仅是城市商业银行，农村商业银行到底为谁服务？所以，金融机构的改革问题不存在什么国退民进的问题，而是要真正地进行产权制度的改革、市场化的改革。

孙大午：我说的是"放小拆大"民营化，曹教授说信用社搞民营化，我认为很难。如果一个信用社拆成几个分社，搞这种产权改革还是可能的，所以我讲七个字"放小拆大民营化"。

主持人：讲到民营企业融资难，也讲到如何解决它，几位嘉宾都议论了，我想问四位嘉宾一个共同的问题，像厉以宁老师说的切实把民营企业融资难问题解决，从现在计算还需要多长时间？

孙大午：我对此不乐观，我认为根源还在于制度的总体设计问题。

主持人：给些数字概念。

孙大午：如果像两位教授所讲，制度上没有改变那就遥遥无期，如果真正放开，我想一两年的时间就可以解决。

洪崎：对这个问题要看怎么理解，国外的中小企业到现在也一样融资难，现有的商业银行如果积极地扶持中小企业，估计三年就解决了。至于国家有这么多非公有企业，要向所有人说解决了融资问题，恐怕这永远是一个难题。

曹凤岐：坚冰已经打破，航程还很遥远。我们正在做这个事情，应该分近期目标和远期目标，近期我们可能在三五年内，但完全解决中小企业贷款难和融资难的问题，这并不是一天半天能够解决的。

主持人：我感觉前三位的信心都不是特别足，刘伟有什么观点？

刘伟：他们都是从事经济和经济研究工作的，从发展角度来看，中小企业融资难是永恒的问题。如果融资很容易，那么企业一天就做大了。比如我做冰棍厂，有一天融资了一个亿我就是大企业了。但从政策角度，我们真是寄希望于"非公经济36条"在短期内能够见效，"非公经济36条"所要解决的突出问题就是中小企业融资难，统一上下认识，让各种政策减少互相抵消，特别是在"十一五"期间，我相信会有一个变化。从体制上来说，我想需要大概10～20年，因为它和资本市场化进程是一致的，并不是一个简单的政策问题，所以我想，从发展、体制、政策可能目标都是不一样的。

主持人：谢谢！总的来讲也不是很乐观，10～20年的时间并不短。再次感谢四位嘉宾。

根据2005年11月5日第二届中国民营企业投资与发展论坛——"后'非公经济36条'时代的创新与商机"整理而成

对话四："公平竞争、投资环境与民营企业发展"

主 持 人：水 皮（华夏时报总编辑）
对话嘉宾：保育钧（中国民（私）营经济研究会会长）
    顾 强（国家发改委中小企业司非国有经济处处长）
    袁钢明（中国社科院宏观经济研究所研究员）
    许连捷（福建恒安集团有限公司总裁）
    郭凡生（慧聪国际资讯有限公司董事长）

主持人：我们这一个模块的主题是公平竞争和投资环境，基本上是民营企业面临的竞争和环境。在过去的两年中，中国经济进入宏观经济调控的周期。有一种评论，就是本来是一刀切的调控，现在变成了切一刀，受损失最大的就是非公经济这一块，袁钢明教授是做宏观经济研究的，我不知道他同不同意这个观点，我们先请袁钢明教授发表一下观点。

袁钢明：我不是研究民营经济的，而是研究宏观经济的，但是这些年就是因为研究宏观经济撞到了民营经济。从这一轮的宏观经济开始，基本上就和民营经济发生了冲突，比如说我们现在按照这个议题，"'十一五'规划和民营经济发展"，它回顾了这一次宏观经济的一两句话，就是我们克服了不健康的经济现象，其中就是投资过热，从投资过热一直到现在的产能过剩，矛头或者问题、矛盾都出在民营经济身上。

第一，就是宏观经济刚刚起步的时候，问题就出来了，说现在投资过热的，80%是民营经济。然后，措施对象或者真正的一些例子都是民营经济。其次就是没有效果，这些措施执行以后，比如2003年年终的时候采取的一些措施，才过了两三个月投资又起来了，一直到现在，投资仍然高烧不止。

第二，"十一五"规划还有一个指标就是注意节能节耗，而在控制投资规模的时候，首先一个标准就是要按照能耗，按照产业政策的能耗标准来控制，结果能耗的标准再进一步，就是只有大规模的企业才是能耗效率高的，最后，就进入到只有什么样等级的企业才是效率高的。比如说我们一些生产钢铁的企业，如100万吨以下，或者500万吨以下，按等级、按规模来衡量，没有按照国有制和民营经济去划分，但这条线划完了，基本上就把国有和民营的线划出来了。

第三，调控的时候是按照产品的类型，也就是生产线材、低档钢材的下去，生产优质钢材、板材的保住，这样就又划了一条线。

第四，钢铁、汽车、水泥等过剩的行业全都让民营经济给占领了。现在形势倒过来了，目前钢铁生产刚刚满负荷，比如，钢铁产能和钢铁需求刚刚合适，是3.5亿吨。但问题是接着又出现了潜在的过剩，就是目前拟建的8 000万吨和在建7 000万吨的国家批准的重点钢铁企业。但先干的企业已经把空间占满了，国家"十一五"规划要建的钢铁没有空间了，怎么办？这就是宏观调控现在面对的难题。我们现在宏观调控的事情怎么办？本来想一刀切，把该切的给切下去，结果切是切下去了，但问题又来了。现在的问题是我们切下去了，但切的时候这些都已经起来了。近两三年里是起得最快的，以钢铁为例，全是民营钢铁厂。2005年国家在"切"的时候，很多民营企业的产能上升到了600万吨，甚至800万吨，像沙钢，现在起码是第二名，还有南钢也有600万吨。占在前几位的已经都是民营的了，而且我们的产业政策明明说要扶大扶强，背后却说扶大国有企业。现在十大钢铁厂排在前几位的可能都是民营，怎么办？本来的目标是要那样做，但现在的结果又走到了这一步，而且我们原来的计划是准备有保、有压，我们保的是大规模、高水平、有国际竞争力的，但是如果按照这个标准来衡量的话，可能不是保那些企业。最后我们调控部门说，我们用贷款调控没有调控住，用土地没有调控住，用技术标准也没有调控住，因为民营不用他们的贷款，民营不用他们的土地，就在原来的厂区里面扩建，民营经济所有的技术、污染、防污染、环保、质量等全部达标，怎么办？最后只好说我们按照企业性质。这回说出来了，这是原话。我原来不想用企业组织，我们的宏观调控要采取区别企业组织形式来进行调控（的方法）。因此，我们现在的宏观调控本来是一个总量过剩的问题，或者是总量不足的问题，现在变成了企业调控问题。

我问了新日铁（与宝钢合资的企业）。我国的钢铁工业严禁合资、限制合资，严禁民营企业进入，但是 2005 年宝钢和新日铁合资，各占 50% 的股份。在国家限制最严格的时候，11 月投产了，我问他们对我国钢铁产业的调控有什么建议？他们说，中国的宏观调控应该采取行政措施。我说，为什么？他说，因为我们日本可以采取市场经济，全世界也都可以，中国就不行。如果中国采取市场经济调控的话，我们竞争不过民营企业。这是原话。他说，希望你向你们的中央领导人反映，我说，为什么？他说因为我们宝钢如果市场不好了，我们也在干，亏损我们也在干，可是民营经济亏损就不干了，市场好了他就加足马力，所以我们肯定竞争不过他们。你们中央一定要采取行政措施把他们控制住，我们才能上。

主持人：袁老师举例说明民营企业打是打不垮的，而且越挫越勇。钢铁业的发展就是一个很典型的例子。另外一个感觉就是，国有企业扶是扶不起来的，这是我个人的体会，我不知道其他在座的各位同不同意。我们在座的还有一位顾强，顾强先生是国家发改委中小企业司非公有经济处处长。今天是政府主管方面的当家人，当家处长坐在这里，我们听听他的看法。因为在过去两年中也有一件大事，就是国务院出台"非公经济 36 条"，顾强就是很重要的当事人之一。"非公经济 36 条"出在一年前，是不是在宏观经济条件下对民营经济风险的对冲或者减压？

顾强：谢谢主持人，我还得纠正一下，中国很多人讲处长经济，实际上，处长是干活的，发传真、写信封、报销，所有的事情都是自己做。还有人经常说我们是管民营经济的，这一点工商联的都很清楚，我们并不是管民营经济的，因为民营经济管不了，他们自己管自己。我们主要是为民营企业服务，主要是在政策环境上面做一些工作。我刚才倒是听了袁老师的话，我好像没有那么悲观。今天我们举了很多的例子，一个是钢铁行业，一个是石油行业。从结果来看，我们并没有挡住民营企业进入这两个领域的步伐。我们举一个钢铁行业的例子，五年前产能超过 100 万吨的企业大概就 40 多家，到 2005 年我们已经有 92 家，新

186

增的这些百万吨产能的企业，主要是民营企业，并不是国有企业。而我们实行宏观调控措施两年多以来，发展最快的同样是民营企业，比如说我们的沙钢，现在已经是产能 1 500 万吨，可以说是名副其实排在第二的企业。刚才提到建龙、提到了南钢，从结果来看，我们的民营企业并没有处在边缘化的趋势。包括在电信和其他很多领域。从国家发改委来讲，我们在公开的文件和所有领导讲话里面，不会有这样的观点。

我们现在正在做的事情很明确，就是创造公平竞争的市场环境。我们并不是按照所有制性质讨论企业，我们看到的是平等的市场主体。也有个别，像湛江的钢铁项目给宝钢批了，是有这样的情况。大量的民营企业，据我个人了解并没有批，反正也上来了，产品也进入了市场，很多企业进入到上市公司的行列。没有批准，但它已经在中国特定的市场环境下面发展起来了。所以我想从政策导向来讲，我们是要自己建立一个各类市场主体平等参与竞争的环境。

当然我们也知道，我们目标当中的和谐社会、公平正义有很多的含义，比如我们就讲公平，公平包括权利公平、机会公平、规则公平，也包括了最后分配结果的公平。我们要建立这样的公平正义的和谐社会，我们要实现这四个公平，我们要有一整套的东西保证实现公平。比如我们要透明，透明包括政策的透明、规则的透明、程序的透明，最终的结果要透明；比如公共财政的 1 000 亿元放在哪里了，支持了哪些项目；等等。有些公平我们没有实现，没有做到，但我们正在逐步实现这样一个目标。我们追求和谐社会的目标，公平竞争的愿景，但是我想在这个过程当中，它不可能一蹴而就，不是我们发一个"非公经济 36 条"，或者国务院再出台一个文件就能够管事。如果这样行的话，我们每天出若干个文件，就把中国所有的事情都解决了，所以这还是一个逐步渐进的过程。

主持人：中国老话太多了，有句话就是困难总比办法多。大家知道，宏观调控第一个拿来激起的铁本，但是最近也有一个好的迹象，就是上面批了建龙的重组计划。建龙实际上是借壳杭州钢铁重新恢复项目，杭钢当然是国有企业。包括刚才提到的南钢，郭广昌实际上也是控股了南钢集团，曲线救国。我刚才听上一个模块的时候，陈先生谈什么能做，这是非常关键的问题，也是非常务实的途径。曲线救国就是现在中国很多民营企业可以做的一个途径。刚才顾强还提到石油，石油我倒是想请保主席谈一下过去两年中间为石油开放、为民营企业做了哪些努力，又碰到了哪些问题。

保育钧：我们讨论的课题是公平竞争、投资环境与民营企业发展。之所以提到公平竞争，就是因为确实存在不公平。首先是在市场准入方面不公平，所以才出台了"非公经济36条"。"非公经济36条"就是为了解决平等待遇、公平准入的问题。从现在的情况看来，难度远远超过我原来的估计。现在垄断行业把权力和意识形态结合起来，排斥民间资本的进入，已经到了无以复加的地步。用陈旧的意识形态维护垄断利益，这是当前的主要阻力。

主持人：政治经济相结合，两神手段。

保育钧：中央出台一个政策之后，有些相关的部门就可以用另外的办法把这个办法顶回去。人们都说现在有五大垄断行业，实际上是七大垄断，除了电力、电信、石油、铁路、民航之外，还有军工和银行。按照中央的方针就是要引进竞争机制，就是自然垄断行业也要投资主体多元化，引进民营资本。但现在不行。另外，你刚才说是曲线救国，而我看就是化妆进城，化妆一下，就可以进去了。石油行业是国家高度垄断的，但是民营企业进来的都是化妆进城。现在与其在城门口叫唤，还不如化妆进城。

主持人：但是化妆进城有一个问题，就是原来是戴红帽子，但戴帽容易脱帽难。

保育钧：不是戴红帽子，是私下里干。比如中石化、中石油的油田，董事长办公室不可能管那么多的油田，都在野外，分散在各个地方，到了下面某一个油田，油田下面分几个队，队里面没有钱怎么办？只能和地方联手，找几个老板投资，都是这么干的。陕北油田就是最典型的例子。1991年的时候公司领导到老区考察，觉得老区人民真苦啊，眼眼有油，但是打不出多少油，干脆交给地方打吧，中央政府就给陕西省政府批了一个条，划出一块地让地方去打。但地方政府没有钱，没有钱怎么办？就到全国招商引资，连海南岛的人都去了，去了之后跟政府签订了条约，打多少年，交了钱。这些都是风险投资。当时地方有一个油田，也是中国历史上最早的地方油矿，还有一个中石油下面的油田，两个油田在一起。这就共舞了，但是这个舞跳得很不好，你踩我的脚，我踩你的脚。这时候，有一部分井打出油了，有一部分井没有打出油，打出油就麻烦了，地方政府一看油有这么多好处，你们能挣钱，我们为什么就不能挣钱？地方干部就进行干预，一些农民说地方政府既然可以干预，我们为什么不可以偷呢？这时候就乱了，秩序乱的时候，照理说，政府的功能就是管理。但他们采取的不是管理的办法，而是先没收。中石油一看这么多油闹得很乱，要把油井全部收回。省政府说，你想反悔，没有门，1999 年经贸委就发了文件，说把油田收回，这就是中央政府与地方政府的矛盾问题。省政府进一步放开，当地几万农民倾家荡产也去打油井，更乱了。一直到 2002 年，中石油看到弄成乌烟瘴气，说一定要收回，在这个强大的压力下，省政府顶不住了，才采取措施。结果在中央政府下手之前，地方政府先下手了。地方政府为了取得这个利益，就牺牲油农的利益，下决心先收回，把油井从老百姓手里面抢回来。那时正是"非典"时期，老百姓就告到北京来了。

我后来写了一篇文章：《岂能如此对待民间资本》。当初为什么让他们进入，但进了又反悔，而且不给补偿。结果，地方政府一看不行，赶快再给钱，退赔。老百姓不愿意拿钱，有一部分油农不服气，就来告，所以北京的经济学家和法学家开了两次研讨会，论证结果是：陕北政府是错误的，违法行政，侵犯老百姓的利益。但地方政府，说我们是维护国家利益，说国家资源怎么能让老百姓开采呢？然后派了人到北京来游说。民营资本在权力面前确实是无能为力的。我也觉得无能为力。

顾强：我们确实也应该看到积极的变化。从 2005 年到今年，我们看石油行业有哪些变化，比如说，原来的资源税是 8 ~ 12 元，现在收到 30 元，我一会儿还要讲，这实际上是不合理的。

保育钧：从这件事情可以看出，这些垄断行业为了维护垄断既得利益，可以借口种种理由整人。到现在还谈公平竞争，说明现在还是很不公平。好像民营资本是敌对势力似的。为什么只有国有才保险呢？为什么国有要和老百姓对立起来呢？政府不就是为老百姓服务吗？马克思主义最基本的道理就是生产关系要适应生产力的发展。哪个符合三个"有利于"，就那么办。

顾强：陕北的事件一两句话我也说不清楚，因为我没有深入的做调查研究，但我们看石油整个体制的问题，我觉得是一整套的制度安排问题。像我们刚才讲的第一个问题，我们 2005 年把资源税做了调整，另外从 2006 年 3 月 28 日开始征收石油特别收益金，其实叫暴利税比较通俗易懂，当石油超过 40 美元每桶的时候，中央就要征一定的税收归中央财政所有。中国近几年《矿产资源法》，在油气行业里面准入的文件，包括各类资本开放的文件，都在整理过程当中，并没有说我们没有任何的动作。但我想是整个制度安排问题，比如我们塔里木石油开采的成本大概在 10 美元左右，给中石油开采，我想不合理。给民营企业开采合理吗？我想也不合理。因为国际市场的油价是每桶 65 美元，为什么这个油要给你开呢？应该有一个完整的制度安排，比如说怎么取得矿权、怎么流通，另外油的收益怎么再分配，应该有一个合理的制度安排。无论美国还是俄罗斯、中东，我想他们已经有比较完整的制度安排。不能简单地说，我们这个人开这块油田，他可以拿 60 美元的差价。从我们现在制度安排的设计来讲，不论是矿产领域、勘探领域，还是流通领域，国家没有相应的制度安排进行重新再分配。比如说我们 2005 年遇到一个更突出的案例，是说民营企业在俄罗斯开采的油能不能回到国内来。现在这个问题只有一个点上的突破，因为按照现行的规定，只有四家公司可以进入。不光是在中国开采，就是跑到俄罗斯去采，也要经过这四家公司才能回到国内，按照现行的制度安排必须指定卖给两家国有的炼化企业，也就是中石油、中石化。但是我们也应该看到变化，比如说从去年开始，黑龙江已经允许个别企业把国外开采的油运到国内。

保育钧：制度安排是用理念支配的，我们现在的理念究竟是什么？在现在这种理念下，制度是安排不下去的。

主持人：这个恐怕就是我们面临的一个现实。顾强是国家发改委的，他会站在整个国家战略发展的角度来谈制度建设。国家发改委主任说石油行业不存在垄断，因为中国有三大石油公司，一般的国家只有一家，所以我们不存在垄断。这个解释也有它的道理。刚才我们谈的那个案例发生在西安，我不知道我们西部的投资环境是不是就注定了比东部要严峻一些。我们有一位从东部到西部投资的企业家，就坐在这里，就是许连捷先生，他在西部大开发之前就已经走在政府前面，开始西进了，现在请他谈一谈西部投资的感受和体会。

许连捷：我是做企业的，也没有什么文化，我没有任何的理论基础。我是1985年开始做家庭用品，主要是卫生巾、纸尿裤，还有纸，这些每个家庭都需要。1985年刚刚起步，1988年外国人就进来了，我们的竞争对手都是PNG、金佰利。我没有一个理论基础，我认为要公平竞争，只有政府出台政策制度。它的政策制度是面对所有的企业，企业不应该分国有、集体、大集体、小集体、地方国营、私营、民营等等，如果有这样的区分，相信总有歧视。后来我通过对国外的接触和了解，发现他们只有大型企业、中型企业、小型企业，并没有像咱们中国有国有、民营、集体等等。我投资的主体肯定是自定一套政策适合我自己企业的生存，刚才顾处长说国家正在制定政策，但这个政策应该是适用于所有企业的。刚才保主席说得也有道理，本身制定政策者是有倾向要对哪些企业有利的，说实在的，西方国家制定的政策也会有这种情况，会受到一些大财团的左右，但政策必须是针对所有的企业，这才是真正的公平。

另外，就是关于投资环境和经济发展的问题。我1991年就到过重庆、西安、内蒙古，在投资环境方面我感受很深，政府的思维与经济发展之间的关系非常重要。我是福建省晋江县安海镇人，我们那里没有什么资源，土地很贫瘠，也很贵。为什么发展起来了呢？其实跟投资环境有关。可以说，我们的政府不歧视民营企业，因为原来就没有国有企业。林总刚才说了，40亿元的国有企业一晚上就卖了。在当时的情况下，如果我是企业主我肯定把它卖了，当时晋江市才10个亿的财政收入，这个企业每年都要亏5 000万到1个亿，都亏掉这么多了，为什么不卖呢？所以投资环境会促进一方经济的发展。按道理1989年我们就要关门了，有些地方的民营企业已经停水、停电了。但我们泉州的政府做了一个非常冒险又非常英明的决策，就是三个人合伙的企业就视为公有制。所有的行政干部连夜在工商部门转执照，挂红帽子，就变成乡镇企业了。所以中国乡镇企业协会的副会长我也干过，乡镇企业家也做过，农民企业家也做过，后来不知道是什么家了。后来跟香港合资，脱了红帽子变成洋帽子。所以我非常赞同陈司长的一句话——只能这样做。一个企业要生存、要发展，一定要能适应大的政策环境。所以在我们地方政府的庇护下，这些企业发展很快。我们是真正的竞争行业。到跨国公司一进来，我们整个公司的资产才50万美金，还不到它一个高级管理者一年的年薪，我们是在那种情况下跟他们竞争的。但是还好，我们现在市值有140亿港币，应该算不错。而且年年都挣钱，现在在全国14个省市都有生产基地，就是因为产权已经非常明晰了，我们所有股东这两年加大了投入，这几年就发展得很快，一下子膨胀起来。本来前几年已经没有什么大的发展了，销售收入徘徊在22亿元，税利四五个亿。去年我们的税利已经到八九个亿，相信今年会更好，这就是好的政策和投资环境所带来的成果，这要感谢国家大的进步。以前我们是走一步三回头，我非常保守，是一步一个脚印走的，我就是做小孩尿布和大人尿布，但是现在我们的市场还非常大。我们不怕跨国公司进来，如果我们竞争不过跨国公司，是因为我们笨，只要我们有效率，有一个好的竞争环境、公平的竞争环境，我相信我们中国人是勤劳的，是聪明的，我们不怕跨国公司。

顾强：许总的公司我参观过，但没有深入的研究过，为什么这个公司能够不断地壮大？我自己的理解就是从价值链的角度来看，大部分制造业企业主要处在加工环节，所以我们形象地说它没有大脑，因为大脑都在美国，等美国人下一个单子，他们做完了送到美国去。另外就是没有师资，很多企业都是把自己的厂房卖出去。许总在微笑曲线的上面，创新、研发。对销售终端的控制，包括对生产过程中的控制都在许总一个人控握中。所以，从价值链的角度可以解释许总这个公司为什么能够迅速的扩张。

保育钧：去年这家公司成立20周年，没有搞活动，而是邀请我们做了一个课题。我们在座的好几位都参加了。他是当年的投机倒把分子，老是进学习班的，现在是全国劳模，而且是泉州市政协副主席。家族式企业一步一步走过来成为上市公司，企业的管理不断创新。课题报告的最后一部分是我写的。晋江的环境好，千方百计保护生产力，为老百姓服务。

许连捷：应该说我们算家族企业，但我们有 492 个股东，不是一个家族，而且创业时就不是我一个股东，是我们那个村的很多家族，所以在当时有 492 个股东。为什么说我们那里投资环境非常好呢？其实就是政府的意识好，原来的基础设施都不怎么样，现在不错，1985 年假药案就是在我们晋江，用白砂糖做假药，搞得全国都打击晋江的假药。正因为有这起案件，政府才意识到了产品品质的重要性，以及品牌的重要性。在中国县级市里面，中国名牌、驰名商标的数量晋江是数一数二的，有七匹狼、安踏等 30 多个。

顾强：许总在 2001 年花了 880 万美元，做了一个咨询管理项目，是找美国汤姆斯做的。

袁钢明：新疆就出现了几起民营企业起落事件，说好也好，说糟也糟。就是德隆。德隆是最大的民营企业，起家在新疆，结果败也在新疆，这可能就跟它的环境有关系。德隆是在另外一个民营企业啤酒花的事件发生之后受到了牵连，结果连续半年国家对它停止贷款，一直到 2004 年 4 月份为止。最后它的资金链断裂，外部传说它怎么怎么了，其实就是银行贷款全面禁止。还有几个民企完全被国有化。像新疆一个很大的民营企业彩棉集团，最后因为没有钱，被新疆兵团注入两亿变成国有，后来他们领导说国有企业真好，银行贷款不用还了。但企业还是要靠他们经营，否则彩棉就完了，所以说是国有经济救了民营经济。

郭凡生：作为一个学者激进点儿没事，作为上市公司的 CEO 我不能太激进。讲公平竞争和公平环境，我们首先要讲为什么讲它？我们为什么要给民营企业说话？在我们看来，中国被人制裁的企业，被别人贸易禁运的企业都是民营企业。我们的皮鞋被人家起诉了，我们的领带人家说倾销了，我们的家用电器等等，说明民营企业不管怎么探讨，他比国际资本具有更高的竞争力。是中国人，是 made in China 的灵魂。哪一个国有企业打出去被制裁？有吗？没有。所以我们要公平竞争的目的，是为了中华民族的兴盛，是为了中国老百姓每个人碗里面多一根香

肠。所有学者从这个角度讲话就没有问题了。我们看到当年的人民公社
是公有制，我们没有剥削，我们 1979 年去安徽的凤阳县调查，看到的
就是这块地，就是这头牛，就是这个老农民打的粮食不够吃，年年饿死
人。包产到户是私有制，是家庭经营，可是当年打的粮食不仅够吃了，
还有余粮，还能卖钱。中国的农村改革，就是从公有制改成了家族制，
难道我们不该喊家族企业万岁吗？这是良心。

其次，只要是放开的行业，我们根本不怕国际资本。我在香港上市
的时候一个记者问我说，你们慧聪是做互联网 B2B 的，请问前有雅虎，
后有 Google，你凭什么能够做得好？你凭什么能活下去？你的股票凭什
么值这个钱？我们当时是互联网最低潮的时候，我比携程还早。我说，
第一，雅虎在全中国都成功了，但中国互联网没有国营，所以雅虎在中
国五年的时间，记录是赔了 5 亿，排在第五，新浪、搜狐、网易、TOM
都比它好。第二，我就相信 Google 没有百度做得好。实事上雅虎在中
国败得很惨，不得不以送的方式给了阿里巴巴，让马云来经营。Google
在全世界都了不起，它现在在中国的市场份额比百度差了多少？百度的
市场份额是它的两倍。不仅仅在传统产业，只要放开，中国人都能做
好。在互联网这个高科技行业，我们照样能做好，只要有公平竞争存
在。所以公平竞争要的不是一个简单的口号，要的是民族自豪，要的是
中国人能跟别人一样被别人看得起。我们是做 B2B 的，有些大公司说
你们慧聪凭什么比别人做得好？我说我更了解中国 2 000 万的家族企
业，我更知道这些企业家从哪儿进货，我知道我数据库该怎么建，我知
道我行业搜索应该在什么关键词上提取，你知道吗？我就不相信，在美
国，那么几十个中文都没有搞明白的人，做中文搜索能做过李彦宏，我
根本不信。

所以我们反过来看，公平竞争和投资环境对我们来说，是太重要的
命题，没有公平竞争就不会有国家和民族的兴盛。我是 1982 年大学毕
业，我亲眼看着中国的改革开放一步一步走过来，我们经历了许许多多
的东西，最终我们现在的旗帜是什么？是中国制造。全世界一半以上的
电脑是中国人制造的，全世界一半以上的衬衣、皮鞋是中国人制造的，
全世界一半以上的家电是中国人制造的，这里面哪一个是国营企业为领

先造出来的？所以保护谁谁不行，照顾谁谁不行。一家里有六个孩子，老六身体最不好，父母把好的东西都给他吃，结果老六反而完了。所以中国要完善公平竞争的环境，但我现在认为这种公平竞争的环境，硬的方面已经没有太大的差别了。咱们几位司长都说，我们现在银行实行了商业化改造，你上市，银行就要唯利是图，唯利是图就要挣钱，让银行给国企贷款已经很难了，除非让国家开发银行做，让商业银行给国企贷款已经非常难了。现在最重要的是软环境。我们在研究和讨论中叫非公经济，中国古代有很多关于公的词，叫公而忘私、大公无私，都是褒义的，非公经济就是贬义的。我一直坚持，在中国只有国有经济和民营经济两种，国有经济应该有它存在的历史条件和环境。但是国有经济办不好，它的产权是全民的，收益权和管理权却是个人的。我觉得要改善的是中国平等竞争中的软环境，这个软环境的改造是非常重要的，就像刚才有人想问我是否剥削我的员工，我告诉大家我绝不剥削我3 000个员工，我是百万富翁的创造者。我上市的时候一夜之间创造了126个百万富翁，我是剥削者吗？我是百万富翁的创造者。现在慧聪的员工里，有300个是百万富翁。请问哪一个国营企业会创造300个百万富翁？这就是软环境，我们要在理论上和学术上，把过去被颠倒的历史真正的颠倒过来，我们要真正有勇气面对不对的东西。我觉得理性太重要了，为什么来北大？我觉得这个地方是产生理性的地方，你们要用你们的呐喊，用你们的道理，来说服中国的企业家，为我们想给企业办事的官员们奠定一定的条件。所以我觉得公平竞争非常重要，公平竞争就是让国企和民企在一个台阶上去竞争，只要有了公平环境，我觉得中国人什么都做得了。互联网这个行业培养出了中国几个最年轻的富翁，丁磊、陈天桥、李彦宏，为什么这个行业不断地出现世界级的企业？出现中国最强的富翁？就是因为这个行业没有国企，它是一个平等竞争的环境。我并不反对国企，我非常同意国企进入战略资源，实际上是为民企提供更安稳的政治和社会环境；但到了卫生巾这样的行业，到了慧聪B2B这样的行业，到做桌子的行业，我觉得就是要讲公平竞争。中国不但要有《公司法》，还要有一个"公平竞争法"，谁违反公平竞争的原则，在法理上能够找到起诉它的原由才行。很遗憾的是陕西的官司，民营企业没有打就败了，这叫公平吗？一定不公平，公平竞争对于中国来说太重要了。

中国未来十到二十年如果没有2 000万家族企业的崛起，中国经济根本不会有希望。你们认真看，这位企业家创造多少就业？他拥有的财产没有问题。对企业家来说，有两种财产，一个是拥有的财产，一个是享用的资产，我支配十几亿资产，但我享用的资产每年就那十几万、二十万。所以对企业家来说，他享用的资产才是剥削了员工，没有享用的资产一定是为社会做服务。道理很清楚。如果这个问题不解决，中国投资和平等竞争的软环境问题永远不会解决，我们台上做的永远是资本家，我们永远要被无产阶级打倒。你问慧聪几千员工，没有我们他们会有饭吃吗？比尔·盖茨演讲的时候，两个小时前就有人进场，他进场时，人们对他的欢呼比给总统的还高，他们视比尔·盖茨为民族英雄。而我们这些人坐到台上，我们所有的人都有名片，但是哪个名片上写他是哪个家族的企业？中国企业不愿意这样写，因为家族企业就意味着耻辱，就是剥夺、就是掠夺。我觉得这个东西不改变，在中国谈投资环境，谈个例是很难的。改变这个从哪儿开始？从学术开始，从理论开始，从你们在座的学者身上开始，你们对我们要有血肉相关的感情，如果中国没有了民营企业、家族企业，北京大学都不会再有办下去的钱，这是我讲的最中肯的话，谢谢！

主持人：我想郭老师之所以这么激动，是因为触及了民营企业非常敏感的话题，就是剥削问题。如果被剥削能成为百万富翁，我想在座的各位都愿意接受剥削。这是个意识形态的问题。上个模块有人提到马克思的翻译问题，我前几天听到有人说，《国际歌》的最后一句"全世界无产者联合起来"，原文歌词的德文没有无产者这个字，不是无产者的概念。那个词本来应该是"普罗大众"，绝对不是无产者的概念。

两个概念没有搞清楚，家族企业和私人企业是不同的概念，家族企业是私人企业的初级形式；另外有道德的私营企业和无道德的私营企业应该分开，不能盲目的发展私营企业。

郭凡生：什么叫道德？只要在法律规定的原则下，你为社会创造了就业和税收就是道德的，虽然主观是为自己多赚钱，但客观上已经为社会作出了贡献。如果拿道德做判断，那就不仅出现国有经济和民营经济，还有道德经济和不道德经济了。只要守法的，就是道德经济；只要创造就业和税收的，就是道德经济。如果让员工下岗的，就算是国有企业，那也是不道德的经济。

今天谈的是公平竞争和投资环境。我们已经在国内做了二十几年，我们要针对几点变成一个公平竞争的环境。第一，增加透明度，越明晰越好；第二，是舆论监察，我们透明的话谁也逃不掉舆论的监察，所以舆论监察要保护；第三，市场透明，法制按照市场来不断地完善，法律自然就成为仲裁的工具；第四，政府按照仲裁监督执行。有这四个基本条件，我们公平投资环境就很不错了。

主持人：谢谢各位精彩的演讲，特别是郭凡生董事长的精彩演讲。我想问一下国家发改委的官员，我们国家始终说我们要做好三个代表，代表最广大人民群众的利益，而中石油、中石化赚的 1 300 亿元的利润到哪里去了？是否代表最广大人民的利益？

顾强：这个问题很简单，也很复杂。中石油的利润，按照现在的分配方式是33%的企业所得税。按照现在企业的发展情况看，企业现在整体的投资是在国内，包括在国际上收购的一些资源。从概念上来讲，它是国有资产，分配的结果并不是说把这个利润全部放在中石油的员工里面去。比如我们每年的勘探有200多亿元的投资，还有每年新上的千万吨级的炼油项目都需要有投资，并不是把钱都分了，但是他们职工的工资水平相对于其他社会阶层要高。

主持人：但是中石油的一些利润分给了海外的投资者，国内老百姓没有分到。

顾强：对，问题是存在的，不是说没有问题。现在不可能一夜之间把这个问题解决了，把这个企业送给某一个投资者，这是解决方案吗？

袁钢明：比如说中石油在整编零售网点的时候，把民营公司全部都收编了。后来又让出至少10%给了外国公司。它是不是垄断的？是不是国家战略的？如果是国家战略和垄断的，这些战略的、垄断的外资进去了，民营企业却不能进。

顾强：我们目前基本的做法就是把国内大公司拿到国际市场去上

市，来改善公司治理结构。

袁钢明：但是中石油自己说，我们不需要资金，也不需要他们的技术，我不知道为什么要上市。

顾强：我发现我得到的消息和袁总得到的消息完全不一样，信息严重不对称。论坛需要激情，但是从政策来讲，需要理性，光有激情我们做政策，我们每天做一个政策之后……

袁钢明：我说的事都是有来源的，我专门问了中石油。

顾强：某——个个人，他说的话并不能代表整个国家的制度安排，并不是那么简单的。

郭凡生：我知道中石油路演的时候，指明中国人是不能买中石油的股票。如果让买，国内老百姓会把它的股票一抢而空，那个股票肯定是暴涨的。去年说国家对中石油有一个补贴的时候，它的股票啪啪就涨起来了，国外企业买中石油的股票，就是因为它是垄断企业，有垄断利润才买，否则不可能有那么高的市盈率倍数。现在是宁给外寇，不给家人。

陈全生：垄断在中国并不是一下子可以改变的，是长期形成的，垄断要用十大因素才能解决。如果不了解中国有十大因素，是解决不了垄断问题的。第一行政垄断，第二自然垄断，第三市场垄断。我们三种垄断是合为一身的。紧接着又有三个因素，与前三个因素发生制约，第一，我们搞技术进步，就使原来的自然垄断受到很大的影响。比如手机的发明，就使得原来固定电话的垄断被打破了，这是技术进步对于原有自然垄断的影响。第二，我们搞深化改革，对原来行政垄断进行了摧毁，不断地打破。第三，全球经济一体化，使我们原来的垄断是以本币为主的垄断，还是以亚洲地区的垄断，还是全世界的垄断？这六个因素搞清楚之后，垄断的利益是刚性的，上去以后就下不来了，你要把垄断行业的利益搞清楚，垄断企业的利益搞清楚，垄断企业员工的利益搞清楚。不是随便拿过来的问题，那就乱套了。而且每一个垄断行业的背后，都有长期奋斗过的老同志，他的意见你要考虑，不考虑你就根本不知道什么是中国国情，否则你很难讲垄断的问题。

主持人：陈司长今天在上一个模块推出了三个概念：应该做的、可以做的和现在只能做的，我也想引用一下。实际上中国社会整个的变化和发展，它都是倒过来的环境，比如从现在能做的开始做起，然后一步一步推到可以做。到最后自然而然就能够实现应该做的。我希望这就是我们国家的未来、民营经济的未来。谢谢大家！

　　　　根据 2006 年 4 月 9 日第三届中国民营企业投资与发展论坛——"'十一五'规划与民营经济发展"整理而成

对话五："新宏观形势：民营企业的应对之道"

主 持 人：徐浩然（远东控股集团副总裁、首席品牌官、北京大学博士后）

对话嘉宾：保育钧（中国民（私）营经济研究会会长）

袁钢明（中国社科院宏观经济研究所研究员）

黄世再（大中华国际集团董事局主席、中华卫视常务副主席）

吕建明（浙江通策控股集团有限公司董事长）

阮小明（宝石控股集团董事长）

主持人：各位尊敬的女士们、先生们，大家下午好！一年多前我在这儿讲课，讲的是中国个人品牌的打造，我姓徐，名浩然，目前是远东控股集团副总裁、首席品牌官，还有另外一个身份是北大人，我是北京大学博士后。我受北京大学民营经济研究院之托，主持这个话题。

单老师上午给我递纸条，说下午全靠你了，我说不行，我很长时间没当主持了，半年前我还是江苏卫视的新闻主播，曾经做过广东等电视台的主持人，在不久之前本人一篇小小的博客文章引起了很多网民的关注，叫"一位中国新闻主播致美国 CNN 的公开信"，不知大家有没有看到这封信，在新浪网首页置顶三天。

下午我们还能分享到诸位嘉宾的真知灼见，这也需要大家良好的氛围配合。北大确实面子大，请到的嘉宾都是腕儿。首先请出的是中国民（私）营经济研究会会长保育钧先生，第二位是中国社科院宏观经济研究所研究员袁钢明先生，第三位是大中华国际集团董事局主席、中华卫视常务副主席黄世再先生，第四位是浙江通策控股集团有限公司董事长吕建明先生，第五位是宝石控股集团董事长阮小明先生。

好久没坐主持的位置了，今天有一个小时的时间来主持。发言的嘉宾有专家、有曾经的商人，大家一起来谈论一下宏观形势及民营企业的应对之道。今天上午姚景源先生讲到了宏观经济形势，温家宝总理说今年经济进入最困难的一年，到底困难有多少？我自己觉得有四大利空：第一，成本材料的上涨；第二，土地价格的飙升；第三，劳动力成本的增加；第四，出口退税的政策。四大皆空民营企业才能做得下去。

请问阮董事长，您的缝纫机企业是否算劳动力密集型企业？2008年以来和去年同期相比，形容一下自己此时此刻做企业的感受？

阮小明：制造业是从每一个螺丝开始做起的。从国际、国内形势来看，原材料的成本上升，劳动力的成本上升以及人民币的升值，这是制造业的一个背景情况。制造业目前面临转型时期，我想讲的尤其是缝纫机，可能四十岁以上的女性都清楚，过去家庭结婚三大件。但现在我们做的都是商业的缝纫机，光电一体化、箱包、内衣内裤等等，很多的商品都需要的工业缝纫机。

主持人：对不起，是我误导。第一，您现在有多少工人？

阮小明：1 300多人。

主持人：新的劳动法实施之后，有没有改变？

阮小明：我们企业比较早，五年前就开始了，是浙江台州第一批的试点企业，现在的劳动法对我们影响不大。最主要的是我们必须要对产品结构进行转型，这决定了今后企业的发展。

主持人：说得非常好，这一段的经济宏观调控，背后的初衷也是为产业升级、产业转型做铺垫。当然也有阵痛期，可能今年是转型期的开始。下面有请每一位嘉宾用一个字或者一句话来表达对宏观调控的看法，或者是今年以来自己内心最大的感受是什么？

黄世再：今年是改革开放三十年，宏观调控是对的。

主持人：大家看，这个话越来越妙，到了境界了。轮到了保会长，讲讲吧。

保育钧：形势所逼，形势改变不了环境，但可以改变自己。

主持人：逼得民营企业做改变，这是一个机会。四位看到的机遇比危机多。是不是从北京大学出来的人危机意识比较高，很多人对今年的宏观调控非常不理解甚至是不满，充满了很多情绪，说这样下去我们的企业就倒闭、就完蛋了，不知道大家怎么看。保会长，请谈一下对宏观调控的看法。

保育钧：受宏观调控影响最大的是民营企业，这是不能回避的事情。民营企业弄到土地很难，原材料、能源价格上升，人民币升值，减少出口退税等等，各方面都受影响。做制造行业以出口为主的、没有自主品牌的企业，基本无法发展下去。

主持人：还有劳动密集型的企业。

保育钧：所以要赶快想办法，自谋出路，只能自己救自己。

袁钢明：我刚才说2008年是最好的一年，是指连续五年的高速增长，积累的效果是居民的收入提高最快，消费增长最快，各种竞争型的市场最为繁荣，所以发展机会最多，劳动权益是这些年来改善最好的一年。

主持人：大家给点掌声好不好，这么好的消息赶快放到股市去。

袁钢明：而且是近年来农民养猪收入最好的一年。

保育钧：我与他的看法不同，这几年经济结构之所以调整不过来，和国民收入分配有很大的关系。我们的内需长期刺激不起来，国家拿的比例更大。所以上午厉教授讲的当前要减税，减轻负担。形势有好的一面，但是也有深刻的隐患在里面。

袁钢明：我说的提高还不够高，你说高了不好。

保育钧：看谁高了，是政府高了还是老百姓高了。

黄世再：我作为一个民营企业家，刚才徐浩然教授讲的民营企业无法发展了，这个话我不赞成。改革开放以来，今年是民营企业调整的一年，未来三十年民营企业应该处于主导的地位，我国出台了《劳动法》，《劳动法》使劳动者跟企业家平等，有利于帮助企业家更快、更好地发展。

主持人：您是《劳动法》的强力支持者，因为您的企业不是做劳动密集型的，您是做房地产的。

黄世再：我的企业也很大，有几万名员工。我们的百货、地产、港口在为民营企业提供商机，为劳动者创造就业机会，帮助他们生存发展。民营企业老板赚了钱，这是帮助民营企业健康发展，更快更好地发展。今年是最关键的一年。

主持人：我觉得还是有一定的道理，长期以来我国劳动力的成本非常低，经济增长与之并不配套，今年有点补偿，还是那句话"既然出来混还是要补偿的"，而且要变本加厉的还，我们的吕总好像有不同的看法。

吕建明：首先我不同意"今年是最好的一年"这个说法，肯定不是的。第一，今年是我们改革近五年来问题困难积累最多、要爆发的一年，所以我说今年是最困难的一年。第二，迟早要还。首先政府要还，政府这几年拿的太多了，GDP 的 30% 是政府收回去了，这个比例太高了，国家已经承受不起了。我觉得这是所谓的困难。

民营企业这个词太大了，现在的民营企业已经完全不一样了，有很多的小摊儿也叫民营企业，解决所有民营企业的问题，用一种方式已经是不可能的，立场完全的不一样了。

从现在开始最重要的不是给哪个企业贴一个标签，而是社会真正的开始走入公平、公正、公开，对所有的企业用一种制度、一种政策，不再区分国有企业、外资企业和民营企业，否则民营企业永远会受到歧视。有一些官员把这种歧视凌驾于法律之上，这样的问题还会继续存在，所以我觉得还是不要贴标签了，已经没有意义了。这样的话，整个国家的进步就无从谈起了。

主持人：您的意思是为民营企业正名，今天叫中国投资与发展论坛就可以了。

黄世再：今年是民营企业最好的一年，我认为讲的是对的。我国改革开放三十年，今年宏观调控是最有效的。虽然国家对企业有压力，为了保证民营企业又好又快发展，强力的实行调控。在 8 月 8 日正式开奥运会，民营企业牺牲点不怕，我认为下半年民营企业的经济肯定要发展，我们市场所有的材料都在涨价，这是第一。老百姓的压力越来越大，民营企业贷不了款也是困难，前段时间牺牲一点保证下半年快速发展。

袁钢明：他们说的宏观调控，但是我想说现在温总理在两会报告中有一句话，我非常注意。他说我们再也"不搞急刹车"了，以前搞过。

比如说 2004 年民营企业中的钢铁企业急刹车，从现在开始再也不搞了。

吕建明：温总理可能想不搞了，但是我国的体制上下没有贯通，我们各级政府各个部门他们在揣摩这个意思解决他们的决策，所以很难说不搞了。

主持人：现在变了，不是国家不搞急刹车，现在是民营企业自己急刹车。

袁钢明：有这种可能性，我刚才说的钢铁、水泥过去是百分之百的投资，现在饱和了，让他们去投也不投了，是根据市场的变化来的。

主持人：下面请阮总讲两句。

阮小明：民营企业大部分资产能力强。

主持人：有的是混合的。

阮小明：从民营企业的资产来讲，大部分人是白手起家的，我是 1994 年创业起家的。学术方面的事情让保会长他们研究，作为企业家，我想更多要考虑到我们自己的利益怎么利用。大家都知道融入世界经济的一体化，现在农村的老头、老太太都知道 WTO 了，但其实他们并不知道什么是 WTO。民营企业要清醒，要知道自己今后的路怎么走，今后市场一体化也好，不要去管它，我做我的，别人做别人的。竞争到了一定的时候，都会涉及整合，大的背景、小的背景谁大，得看谁做得最精。

主持人：你们做的工业缝纫机，有没有做到市场第一位。

阮小明：没有。

主持人：有没有像黄总这样，从房地产拓展到商贸旅游。

阮小明：要拓展的话我们要投资很多，五星级酒店我们都有，但是我们都是和专业人士搞合作的，独资不控股。当初"宝石"这个品牌，我用我的姓名的第一个字母做商标，我们的品牌也是吸取了很多经验，深知自己的企业来之不易，我们的品牌能不能持续经营下去谁笑到最后谁笑的最甜。这从市场经济的规律来说很重要。

主持人：浙商很重要，台上一位浙商，两位粤商，我是苏商。投资不入股，很多的企业输就输在经营多元化，房地产厉害了就以为做什么都挣钱。比如说生产洗衣粉，我再生产矿泉水，喝的水都觉得有洗衣粉的味道。请问保会长，国家对民营企业的政策究竟是对企业越来越有利还是越来越不利。

保育钧：从党和国家的政策来讲，是逐步放宽的，但各个地方的发展极不平衡。总体来说，民营经济碰到的困难很大。第一，产业结构不合理，技术层次低。第二，产品结构不合理，联合起来的少。第三，内部的人才结构不合理，需要民营企业改变自己，还需要努力改变环境。今天上午厉以宁教授讲了很重要的一条，新的社会阶层已经登上了政治舞台，民营企业投资者1 300多万人，占人口的1%，这些人有资本、会经营、懂管理，对民主、法制的渴求比任何人都强。新的社会阶层就要通过合法的渠道参与政府的决策，这是很重要的。我要大声呼吁的是，我们要参与、影响决策，这是最大的社会责任。怎么应对决策？第一是改变自己，第二是影响和改变环境。各个行业协会、商会，通过影响政府决策权，跟政府部门沟通。今天上午我参加了一半会议，中国经济研究中心找了十个省的筹建乡镇银行的专家。现在民营企业办不了银行，他们就在想解决方案。

袁钢明：的确说到困难一面的时候，很多的东西没有改变，我们的标准和理想差得太远，根本改变不了，我们很悲观。现在这个亮光越来越大，刚才说的你们想把银行的制度都改变了，那可真不得了。我觉得这些年民营企业改变了宏观调控，以前国家安排生产什么，什么产业应该谁干，谁不能干。几年前还是这样，钢铁只能谁干，只能一两亿吨，超过1.5亿吨就过热了，最后超过5亿吨了，都是国家宏观调控部门认为是过头、过剩。最后民营企业越干越大，现在几个民营企业最早达到或者比较早的达到了上千万，像沙钢、东方钢铁厂，还有很多，已经超越了国家几十年投资的总量，更不要说机床业、机车业，现在不说产业过剩了，还是自己民营企业在这个过程中调整。现在的宏观调控越来越多的是市场行为，或者我们所说的市场资源配置。现在民营经济的力量越来越大，正在改变我们的宏观调控和宏观经济。

黄世再：民营企业在发展中，我们大中华公司已经发展了28年了。现在宏观调控回来了，很多的企业要做大做强，有些民营企业开始做的时候，年挣五百万，没有赚钱，反而亏本了。这五百万躲起来了。现在国家推出了关键的创业板有助于帮助民营企业加快发展，如果公司盈利五百万就交国家税收一百万。有些人说我国宏观调控是为《劳动法》找回头路，这是错误的。实际上，《劳动法》是帮助民营企业加快发展。中国的经济发展需要我们，民营经济需要老百姓。国家、企业家、家庭，这三个是连在一起的。中国的发展，再过三十年，如果要在世界排第一，就是要民营企业做大事。民营企业为什么没有走出去，走到哪个国家，会不会回来？民营企业现在是国际化管理比不上人家，大中华现在也知道这点了，我们面临国际化的问题，也知道碰到问题了。这个合同写好了，老板签好字了，官司就来了。民营企业关键是要努力的学习，如果中共中央党校培养民营企业洗脑，我们也会聪明一点，希望我们再学习。

主持人：黄主席说这个话是因为他自己到中央党校学习过，做改造过。所以他说的话比中央党校的教授还要正统。我听过你很多年前说话就不是这样，以前买房都是买二手房，买烂尾楼，融资也难，怎么现在进了中央党校就180度转变了呢？

黄世再：企业要做大，一定要有社会责任。我们最近在大理沙漠里治沙，你如果没有这个责任感，有诚信也好。在房地产公司的时候，我一直考虑民生的问题，房价问题、地价问题，房价高是市场经济。土地拍卖，明明政府的土地是一千万，一拍就是三个亿，政府拿了大头，这样房价就高了。做房地产公司比任何企业都痛苦，因为一个城市特别是深圳，都说是我带头，1988年、1989年就大力发展房地产公司，以市场价卖给老百姓。到2006年以平价卖给大学生，到最近压价卖给老百姓。这就和谐了，你赚这么多钱干什么。要记住我的民营企业是服务社会，挣那么多钱带不走，要服务这个社会。民营企业发展要考虑社会、回馈社会。

主持人：这一轮的宏观调控中很重要的是对房地产的调控，调控最惨的是深圳，深圳的房价压了20%。是被迫的压价还是给大学生让利？

黄世再：大中华交易广场是在市民心中最大的，做到一定的程度，外企到我那儿办公了，我们有酒店。企业一定要承载社会的压力，但是为什么我有这个计划？因为我们要在5月1日这天把钱送出去，帮助贫困的人。企业富起来了，却忘记贫困地区的人，这个企业是不诚信的。地产压价也仍然可以盈利，没有盈利谁去做。在提价的时候都是国有上市公司大力的提价，一炒就炒到五六万，我们都是一两万。刚才讲到租金的问题，一个企业的发展过程中，我经常讲良心定做，土地储备可以保持我们公司发展，我现在没有压力，每天都有利润。前一段时间中央电视台采访我，问到宏观调控对你们有没有影响，我说没有影响。就是要洗牌，要把一批没有实力的人洗掉。把对社会有责任感的人留住，在地产领域，赚这么多黑心钱干什么？事实上这部分人在扰乱社会。国家控制深圳的房子，不卖给香港人。以前是香港人跑来深圳买房子，现在是深圳人跑到香港买房子，1平方米6万元；以前是香港的钱流到深圳，现在是深圳的钱流到香港去。我希望今年的房价应该可以买房子了。

主持人：大家听到没有，今年可以买房子。黄主席说了半天宏观调控调控的是黑心的商人。

袁钢明：我越来越发现我能和黄总说到一起，他不是在中央党校学的，他是自发的。他是站在民的立场上，不是站在国的立场上。他谈的是民生，民营企业以前总是站在没有地位的立场上，他不是站在很高利润、很高权利的地位，可以拿很高的地价，他受到了社会的压力，不是说挣钱挣得太多了。还有包括我们所说的其他的良心的压力，市场竞争的压力，所以自动的合理的调整。我觉得这不是中央党校教育的。

主持人：谢谢袁教授精彩的点评。深圳出过这样的企业家，他叫王石，他没有拿过一分钱违法的地。做企业做到一定境界都是以民为本，这也是国家政策的体现。同样做房地产，我想问吕总，您的房地产最近在浙江卖得怎么样？

吕建明：我们对自己公司的调控三年前就开始了，今年没有大量的销售，销售在前几年就完成了。而且前几年我们做的上市公司，是中国第一个医疗上市公司，证券代码是600763，我们对整个公司都做了调控。

主持人：现在房地产的阶段主业已经转业到做医疗？

吕建明：没有转型，我们觉得现在是房地产发展很好的机会，说到房地产我再简单地说两句，大家看到的是房价问题，我认为这是一个误区。企业对自己房价的调控能力是很差的，再调也不会调到没有利润。但是现在土地经过公开的出让以后，用低的价格来卖掉也做不到，因为这个市场上没有土地供应，所以你是做不到的。民营企业，很大的问题还是社会环境和法律环境，总之是一个大的环境的问题，因为房价并不是对所有人都是有意义的。对于用几十万买一个平方的人和三千块钱买一个平方的人是不一样的，我们总是把消费者看成是一样的，国家也把人民看成是一样的，事实上已经完全不一样了。我认为这是一个很大的问题。

前几年，美国和英国房价涨得很高，西雅图曾经是全世界房价涨最高的城市，但总有一个地区房价是不涨的。而我们谈到房价，深圳是全部都涨的，没有一个低房价的地方。这个根源第一个在政府拍地，但这还不是根源，根本的原因是我们不谈论差别，就像看今天所有的民营企业都是一样的。国家没有把我们的居民看成是一样的。前几年讲三个代表的时候，中国科学院做过社会各阶层的分析，我认为这是一个很好的开始，但是社会各阶层的分析到后来就销声匿迹了。事实上，要承认存在贫富的差距，要承认我们的城市有很多是买不起房子的人，也就是说我们相对要有一个贫民区。这个并不是自发的、一个很混乱的、自然环境非常差的贫民区，而是一个配套齐全的贫民区。当你有钱的时候是不愿意也不敢也没脸做这个，所以房价不会涨。我觉得如果我们能够承认差别的话，这个问题很好解决，如果不承认差别的话这个问题永远解决不了。

主持人：要承认差别，建立贫民区。

黄世再：实际房价涨高都是政府的责任，包括深圳。举个例子，这块地楼面价是 8 500 元，你投 10 000 元上去，地价是 10 000 元，加上成本是 6 000 元，利息算起来是 20 000 元。为什么深圳的地价会升那么高呢？深圳的投资，道路、配套设施投资下去，深圳的房价低于香港，深圳的居住环境比香港好，这是两个差异。我在汕头每平方米是 3 400 元，地价是两三百元，房价是 1 800 元，地价不要钱。两个地方对比，第一是政府地价拿太高了，第二地价压低，老百姓都到北京。市场经济没有改变思想经济，但是现在没有人去汕头买房，香港每平方米是十万，深圳是两三万，不贵。但是为什么深圳没有房子卖，深圳的房子租出去三室一厅是一万多，所以房价压不下去。如果控制在20%，这个价钱会低一点。投资上海别墅，一套别墅售价是四千万，实际成本才两三百万，就是因为有人买他的房子。政府房价高了，上海房价会再涨，没有压下来。

主持人：谈到房地产行业的问题，我们还是回到宏观上来。

保育钧：他们讲的都有各自的道理，现在，共识的问题看得很清楚了，民营经济还没有取得公平竞争的地位。为什么现在资源配置问题解决不了？问题在哪儿？要进一步地解放思想，要按照市场经济规律办事，让市场配置资源，全力搞好公共服务。民营企业任务很重，要推动政府改革，要走资产联合重组的道路，要搞清楚什么叫以公有制为主体。当年民营企业搞起来了，百分之百是靠民营企业自己干起来的。为什么要插一脚？现在说商业银行搞坏就是因为政府插了一脚。

袁钢明：土地价格政府垄断，最后抬高价格。我有一个朋友做房地产，他是民营企业老板，弄了一块城中村的土地，不是从政府拿到的，政府给他出的价格会更高。他从城中村拿到的地很便宜，他低价买、低价卖、低价处理。相当于我们所说的贫民区，完全是民营经济，好象是违规的，结果满足了低收入老百姓的需求。所以我觉得市场还能改变一些不合理的因素。

黄世再：二十多年来市场经济发展非常快。炒作房地产的时候，很多人投资房地产赚钱，股票没有人买。2007年把房地产压下去，市民的钱都流通到股票中去了，结果刚买就套牢了。社会是利益集团控制的。

吕建明：民营企业这二十多年来对社会进步贡献非常大，不管以前有什么样的初衷和动作。有一次我和一个老师讨论一个问题，他对我们的民营企业腐败非常有看法。我说我们没有做过这些事情，我们起步比较晚，但是我要替民营企业的前辈说几句，这也是民营企业的动作，比如以前做过走私的等等都有，但是他们把土地给留置了。貌似不合理的东西，其实还是对社会进步有贡献。后来，民营企业在国有解困的时候，特别是就业以及前几年的发展中也是作出了重要的贡献。但是今天，民营企业的力量变得越来越弱，对整个制度的贡献能力也越来越弱。现在主要的问题是我们需要有一种力量对制度有重大的贡献。很多问题说来说去还是牵扯到政府能力过强，收入过多，出现了大量非常有抱负的官员，非常忧国忧民的官员，大家很追捧这些官员，但是他们手上的公权力量太大，能做的东西太多。所有的企业在制度上要求公平。另外一方面，政府和我们的企业也一样要站在同一个公平的背景下。民营企业今天将在制度之下求生存、求发展，政府也应该这样。比如说上市制度，证监会做了很多制度的安排，学习西方先进的经验，揭示了我们的一些情况，对我们整个社会环境提出了很高的要求。

主持人：去年的"5·30"您有什么要说吗？

吕建明：如果我是上市公司董事长我做虚假宣传的话，人家问我有没有这件事情我先答复没有，但是后天我又公告说有这么件事，那么证监会要对我进行谴责，要立案。但是财政部的一句话，影响着几亿人。对股市的调控也是这样的。事实上政府也应该参与到市场来，通过政策影响股市，影响民营企业的发展，影响社会的发展。在亨利·福特当年跟德鲁克谈的时候就讲过，将来的股东会是全体的国民，将是养老保险等基金，而不是我们目前这样。去年股市有这种情况，政府拿了5万多亿，无形的资产如果去年划一大块给养老资金，让养老资金不是最高的时候卖出，在今年股市低的时候买进，所有的国民、我们的股民都能够理解。很简单的，既然是市场经济就用市场经济的规则、角度去理解、去做。今天或者明天，所有企业的发展、社会的发展都会更好。

像黄总这种慈悲心肠，我们都要有，但是能做到的人很少。今天第四届中国民营企业投资与发展论坛，政府不应该缺席。

主持人：我们都是慈悲心肠，吕总讲得很好。

黄世再：讲到腐败问题，关键要把经济搞上去，腐败不只是中国有，发展的过程中肯定会出现这样的现象。但是我们缺少的是媒体，媒体如果跟踪，开放了，谁都不敢，最怕这一条。

主持人：在座的媒体都爱听这个话。下面有请阮总谈谈，民营企业如何转变自己的增长方式？

阮小明：北大还是北大，还是比较关心民生问题。中国的制造业是近十年发展起来的，特别是我们的民营企业，目前面临着银行问题，现在是四大国有银行，地方主要的银行都掌握在国家和地方的手上，他们是锦上添花不是雪中送炭。大家应该看到，今后品牌的崛起主要还是靠民营企业，目前民营企业跟整个国家的宏观调控是冲击最大的。就拿我这个企业来讲，员工平均年龄不到 29 岁，你说我们的力量有多强大？我们的实力有多强？我们的民办企业跟其他一些国家的企业差距太大了，任何一个行业和日本、德国、美国相差有 50 年。我们目前在一些方面突出了，比如说企业员工的数量增加，前几天一个商务部的副部长到我们那里调研，强调高科技要继续，劳动核心的生产力也要考虑和谐社会。农民初中都没毕业，你让他搞投机他搞不了。社会还是要和谐还是要稳定。现在大家都说产业结构创新，更多的没有考虑到我国实际的人口今后怎么生活，怎么得到稳定。所以我想，民营企业无论从自身的经济实力、品牌影响力，还是管理手段、创新能力，差距都非常得大。所以我们的企业要重新面对创新。

主持人：阮总不说则已，一说则一鸣惊人。现在动不动就说产业转型，商业模式，可是他告诉我们劳动型、密集型企业在中国也必不可少，这是中国就业问题迫切的需要。我想大家都会同意这句话，因为和谐社会就是多元建设，而且基本的制造业是谁完成的呢？所以我觉得阮总的话非常有道理。最后请各位嘉宾用一句话谈一下自己的观点。

保育钧：这是形势所逼，逼得我们改，改自身，也推动政府改。

袁钢明：宏观经济和宏观政策正在从重视国家和产业转向重视民生和市场。

黄世再：宏观调控使得企业做大做强。

吕建明：关注民生还是要考虑整体的制度安排，不是口头上的。我有一个朋友有一座煤矿，因为政府的要求全部要炸，但是很多人失业了，那些人说也许我们死了一个人，但是我们一家人能过日子了。虽然我们没有死人，但是我们一家人也活不了了。

阮小明：面对融入全球经济一体化，作为制造业首先要鞠躬面对一体化。

　　主持人：我最后总结一句话，就是面对新一轮的宏观形势调控，这个世界永远没有你想象得那么好，也没有你想象得那么坏。前一句话是对过分乐观的人说的，后一句话是对过分悲观的人说的。只要你搭上了企业这条船，驶入了大海，就要"苦练内功"。

　　　　根据 2008 年 5 月 11 日第四届中国民营企业投资与
发展论坛——"民营经济三十年：新生与困惑"整理
而成

对话六："创富新路：民营企业的发展之道"

主 持 人：徐浩然（远东控股集团副总裁、首席品牌官、北京大
学博士后）

对话嘉宾：王大树（北京大学经济学院教授）

金　建（德勤合伙人、中国业务发展执行总监）

孙大午（河北大午农牧集团监事长）

林　东（浙江绿盛集团董事长）

王鹏威（北京国润创业投资有限公司董事长）

主持人：下面有请北京大学经济学院教授王大树先生，德勤合伙
人、中国业务发展执行总监金建先生，河北大午集团监事长孙大午先
生，浙江绿盛集团董事长林东先生，北京国润创业投资有限公司董事长
王鹏威先生。首先请王教授谈谈民营企业是如何迎接新的挑战的。

王大树：还是企业家先说吧，学者总结。

主持人：那先有请林总吧，您做的绿盛，大家都清楚。绿盛做的是
牛肉干，还有游戏大唐风云，绿盛和天畅科技把牛肉干和电脑游戏互相
嵌入对方的产品之中，这在欧洲管理学院被作为经典案例来研究。请您
谈谈民营经济下一步怎样迎接新的挑战，有什么样的机遇。

林东：刚才提到的问题非常大，我先谈一下我们企业自身的转变，
可能会给在座的各位带来启发。浙江绿盛是非常传统的制造业，我们在
这块领域中做得算是最大的，但我最近的精力并没有在这上面，而是非
常机动的。绿盛牛肉干听起来很土，怎样提升它的品牌？在 2005 年 12
月我们推出了网络食品，主要的意思是因为牛肉干很土，网络很时尚，
我们就想到一个网络的概念，把刚才主持人介绍的大唐风云的老板请过
来，跟他说要推出网络食品。他说你的牛肉干这么土，3D 游戏这么时
尚，怎么结合。我说是一个网络食品，我一年销售一亿包牛肉干到市场
上，杭州日报一天的发行量是 30 万张，我把整个版面给大唐风云做主

题宣传，一个新的游戏每天 30 万份的发行。他说你看我能做什么。我说你把我的牛肉干编入你的游戏中，只要吃了我的牛肉干体力就大增。我们两个人从此形成了 R&V 非竞争性的商业联盟。就是说我每次投入几千万的广告宣传都会推动他，他做明星推广的时候也推广了我，而我们都没有增加投入，我们的销售量和品牌的气势非常广，后来带来的利益我就不说了。我是一心想要跳出食品业，因为我觉得做食品压力太大了，食品关系到千家万户的安全问题。

主持人：两年前我和林总在一起的时候，在南京，他遇到一场巨大的危机，他自己写过一篇文章，叫《绿盛，我为你哭泣》，引起很多网民的共鸣。

林东：因为这个原因，我要在做牛肉干之外再做别的。后来做甲鱼的也来找我们，希望甲鱼也加入到游戏中。我发现这种商业模式这么好，就花了一百万，打造了一个平台，叫共合网。一年不到，一些公司又投了一千万美金，现在第二轮的投资项目经营已经结束了。我又在 2007 年的 1 月份推出了畅翔科技计划的主题。

主持人：林总是通过对自己企业进行分析，回答了我刚才的提问，他从一个传统的制造业转为互联网，共合网。开创新的商业模式的人永远是掌握先机的人。

请问孙大午先生，您是大午集团的创始人，可是您的身份是监事长，您从 1985 年 50 头猪和 1 000 只鸡开始做起来，您做了这么多年，尤其遇到现在这种形势，有没有想过您的集团往哪个方向走？

孙大午：在座的朋友都知道我的事情，我在 2003 年之前是董事长兼总经理，2005 年企业进行了改制，我把我的权利分成了三份，所有权归监事长、监事会，董事会选举董事长，有决策权，总经理有执行权，这样的制度我叫私企君主立宪制。

主持人：我上网查过这个名词，私企君主立宪制，监事长拥有所有权，董事长有决策权，总经理有执行权。

孙大午：这个制度已经运行四年了，两年一换届，今年是第三次选举。企业发展比我想象得要好，这个企业已经 23 年了，目前有三千多人，企业固定资产 2.3 亿，现在还没有贷款，最近有点粮食储备，有上万吨粮食都没有贷款。也不是不想贷。刚才林总说我搞得杂，没有品牌。我搞得像企业又像社会，现在下面有7个子公司17个厂都盈利，只有2003年亏损。

我的体会是，大环境我们改变不了，就得改变自己，就得立足于自己。民营企业确实很难，不仅是土地难，融资难，在这个社会状态下生存也很难。每位企业家都是一本书，可以说都有惊心动魄的历程，你们遇到的事情我都遇到过。融资难就像干旱一样，久盼没雨，那就得想办法打井。

主持人：大午集团到现在有没有向银行贷款？

孙大午：有过，很少，就几百万。2003年出事之前有430万，已经都还了。不贷款的原因是作为农村的乡镇企业或者是农村的中小企业土地不能抵押，房产也不能作价，设备和汽车非常有限，所以资产变现能力非常差。银行的基层网点又非常少，县以下基本没有。所以合法的融资渠道非常得狭窄。

主持人：大午集团的发展间接融资很少，都是直接融资。

孙大午：我说一下我的发家史。我起步的时候没有钱，也没有贷款。我是一开始生产饲料，后来百姓用玉米换饲料，因为我的饲料有麸皮和酒糟，营养比较平衡，喂猪长得很快。后来我们就试行1斤玉米换1斤饲料。我们从农民那里换了上万斤玉米这样就建起了大粮仓。很多农民后来不养猪了，可是粮食打下来还放到我那儿，我们就拟订一个合约，半年以后可以拿合约把粮食领走，也可以不领走而是支钱走。玉米存到我这里的时候要作价，半年以后可以支钱走也可以把玉米拿走。玉米涨到8毛我就给你800，如果玉米降到3毛，我仍然给你500。如果半年以后既不支粮食走也不支钱走，就按照大午集团的借款，按银行付利息，他们打粮食在家里存着，粮食还要贬值，放到我那儿还能增值。所以存到我那里的粮食从一开始的几万斤、几十万斤，后来达到几百万斤。我的养殖场从1 000只鸡到30万只鸡，饲料厂从1 000吨的饲料生产能力扩大到1万吨甚至是10万吨的生产能力，这样我的饲料厂就发展起来了，和农民互惠互利，这就是我的发家史。

主持人：大午先生刚才痛说他的革命家史，但是痛并发展着。

　　王鹏威：听了前面几个企业家的发言，我来之前也认真地看了主题，民营企业的应对、发展。今天的主题是在宏观调控的背景下，民营企业如何应对发展，企业家要归位，回归在商言商，而不是担负了很多的社会职能。我们在投资中，核心是面对企业家和企业家的团队，所以我们觉得归位对企业家而言是应对之道和发展的核心。屁股决定脑袋，一定要坐回自己该坐的位置，而不能让自己肩负非常大的使命和责任，这个责任和使命是做出来的结果，而不是事先预订的良好前景。

　　第二，民营企业在发展中，既不能过高的估计自己，也不能过低的评估自己的实力，这也是民营企业家在发展过程中的两个极端；另一方面要平静下来，不冷静是企业发展中最大的不利因素之一，只有在冷静的状态下，在自己的企业决策和发展思路中，才能真正地看清自己的道路。所谓发展之道，作为大多数的企业来讲，是沿着主要的方向前进。就像这次火炬在珠穆朗玛峰的传递，就像 8 848 米也是一个终极目标，如果没有一个清晰的发展之路，我们今后就不会继续发展下去。第一个反复强调的是回归本位，第二个则是平心静气。第三，从大处着眼，小处入手。我们的工作非常多，我们和企业家探讨，帮助企业家在自己的主业中走得更远，做得更好。

　　主持人：王总讲的是最为切题的，发展之道。我刚才听林总和孙总谈的是企业的资本运作，大午先生有切肤之痛的是融资问题。德勤在世界四大会计师事务所中排名第一，德勤中国总监，专门给送钱的人。

　　金建：今天参加这个会议，很多的企业家表达了他们的想法，很想在他们发展的过程中，得到更大的舞台，这个舞台就是现在市场上最大的资本市场。从与大午先生和前面几位企业家的交流中，我感觉到他们来晚了，如果早一点认识我们，大午先生很多曲折的经历都可以避免。民营企业家最大的弱点就是相信自己，不相信别人。很多企业家白手起家的时候，希望有自己的贴心人，家里人、亲戚朋友作为他的支撑，所以他的发展就受到了局限。在新的世界形势下，靠自己已经不行了，必须要靠整体，整体的组成部分最大的是市场力量，是没有亲戚关系、没有血缘关系的，最大的吸引力就是企业的资本和实力的平衡。

　　前面有企业家谈到，今后发展中要苦练内功，我的感觉是光苦练内功还不够，要敢于走向资本市场，找出成果，就是要取得资本市场的全力支持和理解。前面负责投资的企业家也介绍了，他们投资的目标就取决于企业家本身对自己发展的信心，有完整的市场策略。这个策略最大的特点就是要跟上时代的节奏，特别是前面介绍了牛肉干和游戏的关系，这就是时代的节奏。但是如果我们把它再完美一点，利用资本市场的力量把它做大做强，这个结局就更漂亮了。所以，在德勤公司发展的过程中，我们接触了不同的民营企业家，有成功的，也有失败的。我们现在扶持了几家，像无锡尚德的太阳能、新东方、蒙牛、国美等等都是利用资本市场造就了整体的发展趋势。所以说我们现在的民营企业的发展之道，我个人认为重要的在于怎样发展资本市场本身的能力和对策。我们不怕不懂，就怕我们不敢。所以说我们很同情孙大午先生发展的经历，但是如果早一点走比较正规的融资途径，利用资本市场的规则发展民营企业，很多曲折的道路是可以避免的。

另外我很想告诉大家，民营企业家的发展非常需要有雄心和野心，我们有兼并其他企业的雄心，就有很大的动力，现在很多的企业希望平淡，中国民营企业很多停留在这个阶段，要让他们走向市场，把衣服脱光了，让大家监督他们，他们就不愿意了。所以很多的民营企业停留在家族的管理方法、家族的思维关系方式上。导致了很多的民营企业现在这个样子，我们希望他们走向快节奏，敢于把企业放在资本市场上，让公众监管。前面讲到了宏观经济的形势，我觉得最大的感受就是民营经济如果能够完全走向资本化，用资本市场的力量同政府进行较量，政府就必须屈服于市场的力量，这就是民营经济今后的发展前景。

主持人：说话说得很完美，确实出口成章。但是我要追问一句，您刚才说靠市场的力量，现在流行一句口头禅，女人靠不住，组织靠不住，兄弟靠不住，资本市场就靠得住吗？上午一位嘉宾说，很多资本投资商主要是财务投资，而不是战略投资，资本也许会和民营经济长远的社会责任产生冲突，您是怎么看这个问题的？

金建：我觉得资本市场不是靠不住，而是我们是否能够掌握住资本市场的命脉，只要我们跟着时代的步伐和资本市场紧密相连，我们对它的危机感和恐惧感是不会产生很大的影响。关键是我们的制度和方法是否能跟资本市场的发展相吻合，现在的情况是产生了恐惧，这是由于现有的制度和方法和现有的资本市场是脱节的。等我们看到了想到了再去做的时候，有的情况已经发生改变了。我们苦练内功就是要学有所成，尽量地多了解和掌握资本市场的发展和它未来的前景，这就是我想给民营企业家最大的忠告。

主持人：这也是民营企业家内功的一部分，所以说苦练内功也没有错。

林东：稍微加一点冷静的思考，我连续拿过三次风险投资，大家拿的时候必须冷静的分析，因为资本投资是吸血鬼。

金建：走到资本市场，必须要符合它的游戏规则，如果这个企业经过三次私募得到了风险投资，这本身已经走到了资本的道路。走的过程对你来说是投入的过程，原来你的企业别人了解不多，要想别人完全的了解，让投资者放心，对投资者来说是一个考验，这个过程我觉得是必要的，但是我们还没有达到一个程度，所有的企业家都能达到这个程度，这是客观存在的。我们要呼吁现有的企业家想尽办法、锻炼自己，争取在市场上学会一些东西。

主持人：金建先生一再的答辩也确实不容易，现场坐的几位嘉宾中，您是最为典型的资本市场代表，可能会招惹很多的是非。

王大树先生是怎么想的？

王大树：我从另外一个角度谈发展之道。从产品结构谈，谈点理论。我透露一件事，最近我参加了中国和印度两国总理研究的项目，中印经济发展工业的比较，印度去了多少次，给我一个强烈的感觉，印度最近五年之内发展得非常快，每年的 GDP 增长率是8％，这是原先从来没有过的。我看了它的发展，IT、信息技术是带头产业，我总结的是"蓝海战略"。在这次宏观调控中，企业发展是不是也应该借鉴"蓝海战略"的思想？在老的激烈竞争的行业中，调整了就不要再进去了，现在家电产业的竞争已经是血淋淋的红海了，进去了之后人为的造成了紧张。我们要走新路，向没有太多竞争的蓝海领域发展。牛肉干老玩儿价钱便宜，再玩儿中国老百姓得不到好处，你们进入网络，我估计没有多少竞争对手。所以你们以后的日子很好过，创新市场是很有帮助的。

印度五年前如果像我们一样，和我们的制造业、服装业或者是别的竞争，中国的服装市场就更乱了。印度没有这样，而是发展了 IT 产业，带动了 IT 服务产业。刚开始卖软件新高端服务发展，印度人跟我介绍，华尔街股市的锤声敲响的时候，印度的小姐用她勤劳的双手输入数字，印度的分析师对股市进行了简单的评价，最后用华尔街分析师的评价，第二天一份份的理财计划书就摆在我们的面前。

所以这次调控之后，民营企业家一定要寻找新的增长点，否则就会把市场的海洋变成黑海、死海，我们要向蓝色海洋进军。

主持人：国家主席胡锦涛访问日本回来之后，《新京报》上有一篇评论文章叫做《"以日为师"助推中国改革》。王大树回来之后叫我们以印为师，让我们向印度学习。

王大树：借鉴他们的发展经验，我们要互相学习，印度要学习中国的制造业，他们说中国的制造业，特别是我们的基础设施，他们非常得羡慕。

主持人：我们不但要向国外的企业学习，还要走出去。很多的中国企业热衷于到国外上市，中国亟待上市的企业究竟应该选择国内 A 股市场还是到国外，到国外哪个市场更加合适？

金建：这个确实比较难，从各个企业大势发展情况来看，目前可以得出的结论有以下几点。第一，中国的国有企业鼓励在中国的 A 股上市，这是中国证监会和国资委一再强调的。国企必须留在 A 股，所以现在国企海外上市基本没有了，本来香港、美国上市很热，现在都没有了。A 股市场掺沙子、挤水分，把 ST 市场挤出去。现在 ST 企业占了1/3，大企业的市值比较高。对于民营企业来说，如果也是跟大企业在 A 股市场竞争，我觉得不是太合适，因为作为 A 股市场大家知道政策是领导说了算，民营企业本身比较脆弱，在监管方面受到的限制条件相对比国企要多得多，所以如果在 A 股市场继续和国企竞争和拼搏，不值。民企，特别是国际上认可的行业，比如说传统行业，如缝纫机，我们觉得在海外很受欢迎，因为它的市值比在中国市值高得多。还有一些高科技企业，如新东方外语培训在美国上市有 6 家，都是我们做的。太阳能企业在美国企业有 18 家，也是我们做的，这都是新兴的产业。但是在现在的 A 股市场上大家认识得不是很充分。第二，房地产行业在 A 股市场上市受到控制，但是去香港特别受欢迎，在香港中国的企业占了一半。中国的企业要看到自己的行业特色、发展前景，选择不同的市场。当然我们还有一些中小企业，它的实力达不到在美国纽约、香港上市的条件。但是它凭借某种产品和行业的特色也可以到海外上市。在伦敦的 AIM 板，大家不太看好的行业反而能取得不错的业绩，还有国内企业正在开发的法兰克福证券交易所。澳大利亚和加拿大，主要是矿产，所以跟矿有关的企业到那儿比较合适，还有新加坡、日本、马来西亚、韩国都欢迎中国的企业去上市。我们要考虑不同的行业、不同的产品、不同的特色来决定在哪个地方上市合适。但无论如何，我觉得上市对民营企业是最好的改革方向，因为以前是家族式或者是某种个人原因组成的企业，通过上市使得公众的持股达到一定的比例，社会的监管包括政府的监管达到一定的要求，对民营企业本身制度的改造是一个很好的契机。如果企业能够达到上市标准上市了，那才是真正的社会主义主导产业了。因为我们《宪法》中讲，民营企业是社会主义市场经济的重要组成部分，股份制是公有制的主要的体现形式，上市公司是公有制股份公司最突出的表现形式，完全的达到了理想的境界。所以我鼓励大家到资本市场开发。

主持人：大午先生和林东两位先生谈谈你们的企业是否上市或者有走出去的战略。

孙大午：我国现在有 400 万家民营企业，真正上市的凤毛麟角。大午集团上市也很遥远，我们县现在有 60 万人口。保定市上市了几家企业，上市以前都很好，上市三两年之后都垮了。因为融资后企业盲目扩张，几万块钱的土地可以掏 60 万去买。刚才说的股份制让大家监督，我觉得这都是很难实现的事情，不要说小股民不能监督，就是大股民在董事会上也是大股东说了算的，小股民更是没有发言权，连大门框都摸不到。我认为还是应该切切实实给中小企业解决实际问题，一个是融资问题，一个是土地问题。国家主要的问题在政策层面上，这不是说一个企业家操心国家的大事，因为每个人在埋头耕耘的时候总要仰望天空，总理也说要仰望天空。我们的趋向是市场经济，我们的走向是市场经济，但从我们的实际来看，有点像市场经济，但实质上不是市场经济。因为我理解经济就是政府的事儿，市场是要花钱买的。政府经济百姓市场，这是我们的现状，真正的市场经济，市场是老百姓的，也是靠市场配置这些资源的，而不是政府的垄断。

现在油价、气价、水价、地价涨价是没有商量的，包括我们的粮食，本来应在市场自由流动的，但原来是垄断的，现在政府是开放一点了。粮库都在国家的价里，钾肥进口原来是几百块钱一吨，现在涨到了五千。这怎么能是市场经济，政府经济百姓市场，百姓掏钱是没有商量的，在这种情况下让中小企业到市场经风雨，相信这些东西，我觉得不现实。

主持人：大午先生，市场经济前还有定语，中国特色的市场经济，要从这上面理解。

孙大午：刚才有嘉宾说印度发展得很快，我们学不了它们，但它们也学不了我们。我们的高速公路，说到哪儿建就到哪儿建，这一点日本、印度哪个国家都比不了。它受到很大的限制，所以它也学不了我们，我们说到哪儿建就在哪儿建高速，我们画一个圈那个地方就一个城市建立起来了。

孙大午：我的意思是这些事情是政府能够制定政策，让谁富谁就富。我们现在要求的是公平经济，政策应该一视同仁，对外开放的东西能不能对内也开放，既然外资银行进来了，为什么老百姓就不能开信用社呢？股份上市很难，现在企业债券都发行不了，我借钱让大家买我的债券，离上市还远着呢。现在只有18亿企业债券，这多么可怜啊。发行几千亿、上万亿也不多，企业债券就是让企业借钱，为什么不让他们借呢？

主持人：上午有一位专家讲直接融资和间接融资。

孙大午：所以中小企业的发展98%是靠亲戚、朋友，只有2%是靠机会。所以我说近期还要靠自己，与其盼望老天爷下雨还不如靠自己供水。

王鹏威：刚才几位说的我认真的听了一下，我试图回到咱们的发展之道上，大家一直在自己的方向上。孙大午先生非常的务实，确实，在企业的发展中面临的都是具体的事情、具体的困难。2004 年宏观调控对民营企业客观的影响非常大，我们从投资的角度来讲，刚才林总讲了资本有点像吸血鬼，我们 10 年前做投资之前，也是做企业，客观地讲，资本不是吸血鬼，它是没有感情的东西，没有无缘无故的爱，也没有无缘无故的恨，只要大家守规矩，按照发展之道，从资本的角度，既不要对它抱很高的期望，但是也不要对它有很大的负面的情绪。因为作为投资公司，一般运作除了自有的资金还有来自于投资人的资金。一些企业家在发家之后把资本交给我们做主题性投资。刚才孙大午先生讲的真正民营企业利用的资金非常少，成本非常高。这个现状我们以前参加的历次论坛，每次都在具体的讨论上没有答案，我们的应变之道还是自己改变。企业家肩负的责任太多，往往探讨的都是自己的包袱、责任、义务，恰恰企业回归本位谈的比较少，大家谈的题外的东西比较多，谈远不谈近，谈天不谈地。孙大午先生讲的企业实际的情况，我们作为一个民营企业应该互相帮助，这是非常关键的话题。

另外，目前宏观调控下，企业本身的应变非常重要，如果有战略眼光，要做好布局。金总讲了要利用资本市场。作为资本市场要区别的对待，不同行业的企业、不同规模的企业、处在不同发展阶段的企业差异非常大，我们认为宏观调控正好是企业整合的最佳时机，由弱变强或者由强变弱，更多的是要在发展中既研究战略问题又研究战术问题，最后应对宏观调控之势。首先作为一个企业，我们的股权是一个民营背景，分两个层次。不管是任何企业，在社会发展的变革时期，必须要把自己的应对之道打造得非常扎实。苦练内功回归苦练基本功。还有一个是一定要善用外力，孙大午先生说的难归难，我们仍然要不放弃，因为外力毕竟有，如果能介入一定要介入。我的观点是除了苦练内功，一定要学好善用外力。

主持人：王总也特别善于总结，把主持人想说的话都说了。

林东：今天的主题是民营企业的发展之道，今天到北大，我是第一次到这里。我觉得对于民营经济的发展，我想呼吁一下，让全中国最优秀的人在这个舞台上跳舞。中国改革开放三十年，历历在目，资本商也好、企业制造商也好，这些商人，他们是制造成品是品牌的群体，我们可以想象，我觉得中国人太厉害了，我自己创业的时候，在这个群体中都是青海湖来的，下岗的，或者是没地方去的，自己出来创业。大家不尊重这个群体，最优秀的人自然就不会进入这个群体，当然也有一些不太合群的。他们遵循了市场的规律，市场就给他们回报。那个群体表现出来的行为大家可想而知，因为他们本身就不是优秀的，这就是有钱的暴发户。这几年越来越好，大家越来越尊重这个群体，优秀的人越来越多。我相信随着这个力度的加强，我们最优秀的人能在这个舞台上跳舞的话，中国民营经济的发展之道一点都不用担心，因为前面三十年我们用最不优秀的群体基本能跟西方最优秀的群体竞争，如果这帮人再跳下去非常的不得了。

金建：我接着刚才企业家提出的最优秀的人，我们还要学会游戏规则，充分的掌握。现在出现了种种问题，有的人认为上市企业并不太理想，都是围绕规则，怎么学会规则，了解和掌握规则，我认为是非常重要的议题。最优秀的人和最好的规则，这个组合是最理想的。

孙大午：我参加这个会议很高兴，企业家关心国家大事，企业家最愿意社会稳定，愿意社会和平转型，这是企业家的心声。但是我们得看到很多立法，企业家没有参与，没有发言权，我希望民营经济研究院不仅从理论上研究，从实践上也应该参与。比如说提到的《劳动法》，《劳动法》我是拥护的，但是立法的本意我觉得是山西的黑砖窑事件。我看到中国南方的报道，一年光各种税费给土地所、矿产所、派出所就拿了5万多，窑主贷了2万块钱的款，好几年都没有还上。上面5万的税费罚款，他从哪儿来？只能压榨劳动力。所以矛盾的焦点在我们。《劳动合》调节的是劳动合同，这个板子打在了劳动者甚至是企业家身上。但实质问题是官民矛盾，后面还会对企业家形成一个更大的压力，我现在觉得企业大了就是社会的，小了是自己的。这不是思想境界高，不是这个概念，企业做到一定的境界，就是给社会干事儿。我们得看到后面的东西说不明道不出，不敢说，让你吃苍蝇你也得吃下去。也不能说是恶心的东西，这是我们非常害怕的事情。我希望民营经济研究院不仅从理论上研究，在立法上也应该有所参与。

主持人：今年是改革开放三十年，是中国人的而立之年，也是不惑之年。有很多的惑没有解，每一位总结一下。

王大树：走你自己的路，让人们说去吧。

金建：学会规则，运用规则。

孙大午：民营企业家团结起来，发出我们自己的声音。

林东：中华民族崛起的时期到了，在2008。

王鹏威：透过现象看本质吧。

主持人：一说到展望未来的话，大家都是形势一片大好。一开头大家都有点悲观，但是我觉得人永远要把希望放在未来，今天我们谈的是民营企业发展之道，有的是道理的道。道法自然，都能够活得自然、自在，活得自得其乐。

根据2008年5月11日第四届中国民营企业投资与发展论坛——"民营经济三十年：新生与困惑"整理而成

2005 民营经济回顾与展望圆桌对话

主 持 人：单忠东（北京大学民营经济研究院常务副院长、北京
　　　　　大学光华管理学院教授）
对话嘉宾：保育钧（中国民（私）营经济研究会会长）
　　　　　朱善利（北京大学光华管理学院教授）
　　　　　陈全生（国务院研究室公交贸易司司长）
　　　　　魏　杰（清华大学中国经济研究中心教授）
　　　　　钟朋荣（北京视野咨询主任）
　　　　　武克钢（云南红酒业董事长）
　　　　　汪力成（华立集团董事长）
　　　　　林毅夫（世界银行高级副行长、首席经济学家、原北
　　　　　京大学中国经济研究中心主任）

　　主持人：首先我们的思路是希望对 2005 年民营经济发展做一个全面的盘点，也就是对今年民营经济、企业发展做一个回顾。另外一个重要的话题就是结合宏观经济形势的发展，对 2006 年在这样大背景下，民营经济和民营企业又面临怎样的发展前景。

　　我们先讲第一方面，就是对 2005 年民营经济、民营企业发展做一个简单的回顾。我们一再讲到"非公经济 36 条"，厉以宁教授起了很重要的推动作用，然后就有了"非公经济 36 条"起草小组，组长就是陈全生先生。我第一个问题就是想对陈全生问一个问题，围绕"非公经济 36 条"在 2005 年的落实情况，您作为起草小组组长肯定对整个政策的出台非常的了解，还有两天这一年就结束了，您对 3 号文件以及"非公经济 36 条"落实情况满意吗？

　　陈全生：2004 年最重要的成果就是"非公经济 36 条"的公布，这件事是非常重大的一件事情，这是具有重大历史意义的文件。确确实实具有里程碑意义，甚至是翻天覆地的变化。因为我们过去对非公经济都

是限制、利用、改造，是"割资本主义尾巴"。现在提出鼓励、支持和引导，胡锦涛总书记提倡大力发展非公有制经济。这跟过去限制、利用和改造不可同日而语。打一个比方，1978 年三中全会做出了改革开放的伟大决策，1978 年、1979 年、1980 年时人们感受到三中全会对中国命运的影响了吗？你感受不到。过了 20 年，我们现在重新评价改革开放政策多么伟大，我们才能感受到它。所以我认为，党中央、国务院做出一个决策，要发表支持非公有制经济的决策，并不是现在就能够看到它的意义，要过 20 年、30 年回过头来看。所以说，2005 年出台的"非公经济 36 条"确实是具有历史意义的文件。

　　我是国务院公交贸易研究司司长，我们主要是办事机构，不是职能部门，我们参与制定文件之后，文件的落实是发改委来负责落实和贯彻执行，我们就不能再插手这个事情。我把我所了解的事情说一说，准确讲应该是由发改委贯彻落实这个文件，国务院规定发改委具有指导全国非公经济发展的职能，如果我们插手就是越权。我参加过两次他们的汇报，大概有三十多个配套文件，现在已经出台了不到十个，还在制定中的有二十多个，也有十几个省市出台了相应的政策，这是一个指导性的文件，厉以宁教授写了这个报告之后，温总理的批示就是指导性文件，指导性文件就应该给各省市留下他们发挥各自职能的空间，由他们来制定具体的细则。有人讲很不容易出台十几个了，有人讲太慢了，我个人认为很不错了，就是因为出台这样的文件要经过反复的讨论和磨合。中国的改革是一场革命，但它是一定意义上的革命，因为革命是一个阶级推翻另一个阶级的暴力行动，革命不是请客吃饭，但改革不是这个概念，是改革就有妥协，就要学会适应，我觉得特别是对年轻的学生来讲，这个问题要弄清楚。妥协可能是更高级的斗争艺术，讲究探讨艺术要有一个过程，因为搞渐进式的改革，不管开什么车拐弯的时候速度太快就翻了，所以需要有一个磨合、大家共同认识、探讨的过程。

　　主持人：我想确认一下，您对"非公经济 36 条"的落实，从个人感觉来讲是不容易的，您还是比较满意的？

　　陈全生：对。

　　主持人：保育钧会长您认为呢？

保育钧：全生同志是从制定文件的角度讲，制定文件很难，从制定文件方面可以理解。但从民营企业企盼来讲，民营企业觉得落实速度慢，不满意。我听到反映有玻璃门现象。

主持人：为什么有人说"非公经济36条"违宪呢？

保育钧：因为是以公有制为主体嘛。市场基本原则是公平竞争。现在对民营企业放开市场准入，这个也进来，那个也进来，公有制为主体还有没有？有人就说这违反了《宪法》。中国民营企业到底算什么？说民营企业不是社会主义，那什么叫做社会主义？这个社会主义代表谁？这种想法不破除，"非公经济36条"是很难贯彻落实的。

还有法律问题。贯彻"非公经济36条"，每一条都牵扯现有的法律法规。如果这些法律法规不进行修改的话，很难落实下去。

此外，政府职能不进行转变的话，"非公经济36条"还是贯彻不了。

主持人：您跟陈先生观点不一样？

保育钧：看问题的角度不一样。

陈全生：很多事物都是这样，由于角度不一样意思就不一样。比如阿拉伯数字8，上面一个圈下面一个圈就是8，但横过来看就是无穷大，同样都是两个圈。

主持人：正好我们这里有两位企业家，也许可以印证一下。一位是浙商之一华立集团董事长汪力成，也是我的朋友之一，请汪总讲一讲。

汪力成：即将要过去的2005年，我认为是非常微妙的一年，这一点是可以肯定的。好消息和坏消息都在这一年发生，所谓最大的好消息就是出台了一个"非公经济36条"，所谓的坏消息就是今年也是反民营经济最厉害的一年。这是我的看法，包括思想意识、形态，包括舆论都出现了这种情况。"非公经济36条"我是这样看的，当时出来工商联还组织学习，很多人都非常激动，我说不要激动，真正到你们受益还早呢。我个人看法太慢，及时出台九个也好，十个也好，也没有那么容易，所有政府制定具体细则的时候，一定是从理论上可以向温总理交账，从操作上民营企业还是进不去的。最明显的就是石油领域民营企业准入问题，现在吵翻天了，公说公有理，婆说婆有理，要规范秩序不能乱搞，听起来理由很充分，但实际上就是那几个国有大企业造成的。

主持人：看来汪总还有气，我们这里还有一位董事长，就是云南红酒业董事长武克钢先生。

武克钢：往往中国的事情就是这么怪，当它是表面上最火红的时候，底下的暗流却是最汹涌的。中国的事情我们刚才讲到了，当特区在中国大地上最红火的时候，理论界就最热闹的讨论租界的来历；当 1992 年邓小平同志南巡的时候，人们就提出搞自由化的经济基础是什么。今年"非公经济 36 条"被有些学者称做是跨时代的文件，而今年又是"非公经济"七分残余的一年。实际上从我们改革开放的第一天，直到今天出现的所有问题仍是一个姓"社"还是姓"资"的问题，我就不知道怎么把中国正常的经济，弄出了一种神学理论，要把它分成谁属于神父，谁属于贱民。"非公经济 36 条"出台，中国一百多位所谓神学名流签名上书中央，坚决要求取消"非公经济 36 条"。这很奇怪，他们拿的工资现在一半以上都是我们这些贱民提供的，而他们还要取消我们。不可思议！

主持人：看来两位老总代表民营企业家怨气冲天，我就想到一个问题，我是一个学生、学者，或者是一个书生，既然是中央文件也出了，是党的文件，问一个非常幼稚的问题，是有人顶着干，敢跟党叫板，国务院已经发了文件，怎么会出现刚才武总说的暗流，怎么会出现汪总刚才说的是非常有趣，非常不满意。我不知道经济学家有什么样的评论，也许哪位经济学家先说说，请朋荣点评一下。

钟朋荣：在座很多都是北大的研究生，大家都学过政治经济学，我们学四句话：第一句话，价值是劳动创造的；第二句话，剩余价值是剩余劳动创造的；第三句话，企业的利润和资本都是剩余价值转化过来的；第四句话，工人团结起来把资本家打死把东西分掉这是自由化的表现。我们长期的观点就是仅仅从所有制来观察财产、判断财产，所以把财产分成两块，一块是公有，一块是私有。一个基本的价值判断是公有的好，私有的坏。我在九年以前写过一篇文章，把财产分成了四块，把公有分成公有公用和公有私用，把私有分成私有私用和私有公用。所以整个财产是四块，这四块对穷人来讲，一般情况下不是公有财产，而是私有公用财产。这个财产归汪总所有，但他们使用得很少，每天拼死拼活地工作，虽然他姓私，但他没有浪费。

保育钧：共产党掌权之前和掌权之后有本质的区别，掌权之前消灭有产者，而掌权之后要把无产者变成有产者，否则大家都变成穷光蛋，谁来创造财富。所以一个现实的问题是，共产党掌权之后，不保护私有财产，那就只能自己乱自己。

主持人：看来根据几位嘉宾的说法原来有这么一条可以看出来，那就是需要在姓"社"还是姓"资"的问题上转变观念。我还想听听其他经济学家的意见，比如说魏教授。

魏杰：刚才我听了之后发现大家都是情绪激昂，两位企业家讲的问题，说比较微妙的一年也好，但更应该说是比较复杂的一年。民营经济发展是历史上非常复杂的一年，一方面是我们强力推行民营经济发展的一年，但也是改革开放后我体会到的民营经济最为艰难的一年。尤其是大家看到各种媒体的状况，比如说刚才大家说，应该大力发展的，但为什么一搞调查，恰恰是认为不应该过多发展的人很多？大家谈到改革的时候，现在的情况是骂改革底下会鼓掌，你要说改革好就没有人鼓掌，这是什么原因？所以这几天我一直在思考，2005年民营经济成绩非常巨大，谁也不能否认它，但另一方面很多人不理解它，原因在哪里？这是今年即将结束的时候，作为一个经济学者应该认真思考的问题，为什么社会上对它有这么多的看法，为什么人们看不到它对我们人类的贡献在哪里。就像美国经济学家告诉我的，你们中国经济发展的现状很好，我们非常看好你们，但到中国一来发现你们内部乱套了。就是刚才大家讲的这种情况。为什么出现这样的情况呢？一方面要强力发展民营经济，一方面社会上这么多不理解，我估计是由五个原因造成的：

第一，目前的利益结构调整方面的原因。中国的利益结构调整一般来讲都是首先从少数人开始，最后波及整个社会成员，大致上这个时间需要十年左右来一轮。这一次进入新的一轮了，首先肯定是少数人利益增长很快，比如非公经济的管理层增长很快，慢慢才波及整个社会群体。而现在人们看到的仅仅是少数，所以认为改革的成果给少数人享受，大部分人没有享受，因为没有波及这个阶段的时候，人们就会有这样一种误解。

第二，中国改革开放二十多年的时间，我们原来所享受的都是改革的好处，而实际上改革也要付出成本的，现在就进入成本释放期，成本这方面都暴露出来了。比如说：3 000万国有企业职工下岗，去年只有150万人没有再上岗，基本都上岗了，但有心灵的创伤，认为改革就是让我下岗，意见比较大。第二条：5 000万农民丧失土地，这是改革必然的结果，你要城市化、工业化必然导致丧失土地。第三条就是农民进城，这也是改革的结果，大家没有看到他的收入增长，只看到他跟城里的差距，医疗卫生怎么办，教育怎么办引发了一系列负面的社会现象。我们到这个时候，要支付很多的改革成本。

第三，我们许多问题没有取得共识。比如，资本贡献参与分配还被认为是刚才钟教授讲的剥削，这个没有取得共识，所以民营资本要大力发展，资本有贡献按贡献分配，由此引发人们一系列的观点相互矛盾。

第四，现在好多问题不是民营经济的问题，而是政府本身能力手段很差。本来经济发展需要政府稳定社会的手段很强大，而政府没有这个手段，所以就怪民营企业的发展。比如，第一条社会保障，社会保障肯定是兜底的东西，而我国社会保障很差，兜不了底。第二条，政府是提供公共产品的，像教育、医疗、卫生都是政府提供，结果政府提供不出来，人们感受到上学难、看病难。第三条，政府要调整整个的收入差距，也就是转移支付，这是政府稳定社会的重要手段。但我们国家处于发展时期，我们国家是穷人太穷，不是富人太富，稍微一调整就没有效率了，所以人们一直把这个问题归因到民营企业身上。

第五，我们评价改革的标准不一样。2005年是民营经济受到巨大阻力的一年，我们一定要坚定信念，千万不要动摇，一旦动摇后果可能不堪设想。因为许多问题是必然要出现的，这是一个现状。这个时候更要坚定改革的方向，千万不要动摇。不然有人问你，你说好，但为什么网上支持的只有7%，不支持的是93%，原因在哪里？因为背负的东西太多了。

武克钢：我同意两位学者的见解，张维迎院长说过，请善待企业家，我一听这个话就毛，为什么要善待我。我就问一个问题，到底是谁超额的获得了二十年改革开放的利益，是我们民营企业家吗？现在社会不公正，人们认为就业、失业问题就是因为你们那批富人吃喝嫖赌造成的。我觉得我不需要被善待，我本来就不坏。

主持人：您想要什么？

武克钢：我想要一个非常简单的道理，那就是我们是这一场改革开放的付出者、劳动者、人民中的一员，而不是改革开放的寄生虫、获得者或者贪婪无德的一批人。这是一个常识，比如不公平，确实现在穷的很穷，我们在云南投资，在我们眼皮底下有一群上不起学的小孩子，我能解决得了吗？钱也不是都在我手里。企业不交税你可以找我，税交出来就是做支付转移用的，我为什么把税交给政府？就是让你政府去提供公共产品的。如果企业家有偷税漏税这应该惩罚，所以现在中国有40万的税收干部全部盯着我们查，而且刚才数据也显示税收增长率中民营企业增长率是最快的，而且远远超过我们收入的增长率，为什么大家不去问问这税去哪儿了。交不起钱，掏不起钱，看不起病，怎么问我们企业家钱去哪儿了？应该问政府钱去哪儿了。我本质是想过一点儿优渥的生活，所以才不顾脸面下海的，可以查我的家底，我们家其实都是学者出身。现在我特别以成为企业家为荣。因为我们是做红酒的，当提出洋垃圾事件的时候，如果我生产的酒有一瓶是罐装，有一瓶酒是勾兑的，我可以把我的云南红酒业公司送给他。另外，我们每年的纳税额是向员工公布和向社会公布的，可以查，但我有一个条件，过去酒是高利润行业，但现在国有企业进入了这个行业，所以我现在日子特别难过，我从上个月起在税务局挂税了，税务局也非常体谅我，在挂税之前我真的可以拍着胸脯说，我真没有欠国家一分钱，所以不用善待我。

主持人：看来您气还没消，魏教授最后说了一句对改革信念千万别动摇，我想追问一句，您怕谁动摇？您是怕老百姓动摇，还是怕学者动摇？

魏杰：在目前复杂的情况下，可能社会都会动摇。因为有些人不知道情况。刚才这位董事长讲的，你做那么多成绩人们没有看到，所以就要动摇。这一动摇就比较麻烦，想中国要动摇的人肯定是以中国为敌人的人，中国一旦出现大的震荡后果不堪设想。我一直强调一个问题，我们要理性的看待目前的问题。在这种复杂的情况下，任何震荡对刚刚成长起来的民营企业和中华民族都有可能是灭顶之灾。所以我一直想一个问题，大家没有谈到，就是 2005 年实际上也是中国民营企业出问题最多的一年。有一些非常可怕的事，民营企业也是我们的支柱，一旦出现困难之后，比如说出现危机之后，怎么解救它的危机，这是我们真正要思考的问题。谁来拯救它，要不要整个社会一起拯救我们的民营企业危机，一旦一个企业垮下去，税收、就业机会和整个市场都会受到影响，这个时候社会怎么拯救它，帮助它平稳的渡过这个时期。因为中国民营企业刚刚二十年多一点儿，刚刚成长起来，而又面对这么复杂的现象，一旦出现问题，不管资金链断裂还是原料出问题，或者出现别的问题时我们怎么拯救它，使它能够非常平稳的渡过难关，而不至于消亡的问题。这个问题恰恰是我们要认真思考的问题。所以我想我们一定不能动摇，就是指我们在中国民营企业发展的关键性问题上不能动摇。同时我们还要考虑，在这种复杂的条件下，我们怎么来保证民营企业安全的运作，恐怕也是一个大问题。

钟朋荣：《中国企业家》前两期有一篇文章，他们专门派了一个工作组到韩国调研了很久，韩国企业在 20 世纪 70 年代面临一个国有企业民营化的问题，还有韩国企业的兴起，跟我们去年的问题一模一样，一个是国有企业民营化的问题，一个是中国企业兴起的问题。当时是韩国政府帮助民营企业，没有钱可以要求国有银行贷给你，银行贷款没有，政府向国外借，然后转贷给民营企业家。有些企业的资产负债率达到300％。当时韩国民众也是仇富，汉城大学 90％的教授都仇富，政府专门成立一个部门为民营企业说话，你们要理解他们，他们是为了国家，树立他们的形象。正因为政府这样做工作，才培养出韩国一批世界级的大企业，现代、大宇、三星等等。我们也是面临民营化问题和向重工业转移的问题，是否我们向民营企业一棒子打过去，才开心呢？这个问题还是心态的问题，政府应该清醒，韩国政府的经验非常值得我们借鉴。

主持人：还有一位没有发言。朱善利教授最近刚到外地对民营企业做了调研，大家议论了半天，我们都讲到了观念的转变，"非公经济36条"落实政策的情况似乎有喜有忧，是微妙的一年，还是魏老师说的复杂的一年，反正有不同的看法，不知道您有什么看法？

朱善利：刚才你说我在外面做调研，我就把调研的情况汇报一下。上个星期我刚回来，在民营经济方面做了一个课题，调查湖南攸县。攸县原来经济发展条件并不是太好，属于丘陵地带，但我们去时发生了很大的变化。因为这个县劳务输出比较多，深圳 60% 以上的出租汽车司机是出自这个县，广州有好几千辆出租车司机也是出自这个县，所以我们到当地时，县长跟我们说当地提出的口号，就是以民营经济引领县域经济。回到陈局长谈"非公经济 36 条"才施行一年时间，看不出什么成果，看成果要 20 年、30 年之后。这个县是很好的案例，很典型，因为这个县之前并不是很富裕。我们就解剖这么一个麻雀来看。它转制实际上是从 2000 年开始，转制完了之后有几大变化。第一，人们观念变了。刚才大家都在讨论资本主义、社会主义，现在老百姓不考虑这个问题，只有搞研究的人在讨论这个问题。因为他得到了实际的好处，实际生活得到改善了。原来大家都在担心，传统国有企业改了怎么办？几年以后，国有企业变好了，所以没有这样的观念了。第二，经济结构变化了，之前农业占很大比例，现在发展了民营经济，第二产业、第三产业所占比例相对提高。第三，财政收入增加，幅度比较快，改革开放以来收入一直在增加，但转制之后增长更快。第四，是农民生活的改变，原来都是一家一户养几头猪，转制之后当地出现很多养殖专业户，养的猪都在万头以上。第五，农村机械化程度在提高。原来我们一直说中国小农业一家一户，机械化程度不可能提高，而且有好多学者说中国改革开放包产到户之后，农业机械化程度在降低，但从他们可以看出农业机械化程度在提高，由于转制之后，一大批人到城里去了，人少了地多了，机械化耕种、收割在当地占到 60% 以上。第六，当地的合格劳动力缺乏，这是我们没想到的，很多地方产生劳动力过剩的现象，但攸县是劳动力缺乏。

现在存在的问题是什么呢？好多人说民营企业就那几个问题，融资问题、贷款问题、技术问题、管理问题、人才问题。确实是这些问题，但当地实际的问题第一就是贷款，他们说现在县级发展民营经济贷款比较困难，县里面基本上都是民营经济了，除了事业单位，其他都是民营企业。银行里面存款 30 个亿，但贷给民营企业的不到 1 个亿，当地民营企业家说贷款难，这样怎么发展民营经济？第二是收费，收的费比政府征的税还多，现在什么技术收费、环保收费，什么都收费，有一位企业家就说，我不想干了，给国家交了税，这边还有一堆单位来收费，还贷款难。所以现在政府里面政事不分。

主持人：您说收费比税还多，但国家不断地发文件，我是书生，我老问书生问题，不许乱收费，怎么还收？

武克钢：我回答更合适。有一天我接到了三张收费单，现在请大家评一评我应不应该交，第一张，根据国家最近安全保卫的新规定，公安系统来告诉我，你自己成立的工厂的门岗有可能变成黑社会，所以必须由公安系统统一培训、统一管理、统一买制服、统一交钱。我当时回答很简单，说我不想成立这个保安队，我交完了税您应该帮我保卫这个工厂，我门口只想要一个传达室，我能不能请您代做了？我说我这儿不是黑社会，我这儿都是共产党员。但还必须要我交钱，一个保安一年要交 1.5 万。第二张，我的企业是零污染排放的，是国家表扬、奖励的零污染排放，我们水都没有出过门，但根据新文件，排污费要跟用水量挂钩，即使没有造成污染也不行，因为新文件跟用水量挂钩，你交不交钱？这也是国家文件，他拿文件你得交钱吧。第三张更可笑了，我们作为纳税大户要受到表彰，但表彰是假的，在表彰前政府要独立的会计师楼来审查企业的纳税是不是真实，政府对我的监督我非常的欢迎，但我出钱，审计你能不能成为纳税表扬户，还得你出钱他审理。我一天接了三张这样的收费单。

朱善利：有些地方的收费比您那里还多，有些还是很可笑的。另外还有两点，一个是办事难，特别是现有经济里面，有好多东西是要到省里面审批，你说他们办事有多难。另一点就是现在雇人难，这也是一个好事。我刚才说合格的劳动力不多，而且有很多到深圳打工之后不愿意回来，所以当地劳动力缺乏。这就给教育提出一个课题，城市里面很多大学生找不到工作，而地方又找不到合格的劳动力，因此我国应该改变教育结构。

主持人：汪总，我想问一下武总讲的是不是个别现象，您的企业一般来讲收过几款收费单，有没有类似的经历？

汪力成：我们企业分布比较广，40%在浙江，60%在全国各地，越穷的地方政府乱收费就越严重，而乱收费的问题问题基本上在浙江已经解决了，所以我基本上接不到这样的单子，如果有，我马上打一个电话给我们省里企业减负领导小组。但我们在其他地方的企业，我认为跟武克钢先生讲的差不多，都碰到过这个问题。我们惹不起就付呗，如果你为这个事情得罪他，他找你问题很头痛。公安你能得罪吗？环保你能得罪吗？还有政府要搞政绩，然后它把企业家找去，说你20万，你50万，你80万，都给你划好了，如果你脸色稍微不好一点儿，他马上就说你不付也得付，不然你付出的代价更多，但报纸上登的是企业主动踊跃参与。

陈全生：国企也收这些费，外企也要收这些费。还有暗含的东西，比如第一个暗含的，我们现在交所得税33%，所得税33%是怎么来的呢？是在利改税的时候，是27%＋6%，因为国有企业有6%的利润，但你没有道理对非公有制经济收33%。还有外资企业的计税工资是4 000元每人，国有企业是按1∶0.7，大概是2 000～3 000元。民营经济1 900元，这又是不平等。还有，所有在体制内的职工也好，干部也好，包括政府机构、事业单位，能分房子，分房子是分财产，分的财产你交过税吗？分了房子有交过税吗？但民营经济体制外买房子都是要交税的。

武克钢：这些我们认了还不行。

主持人：两位老总抱怨了一下。大家也看到毅夫来了，头衔大家都知道，就不细说了。既然您晚到，我们不罚酒，就罚一个问题。就"非公经济36条"落实情况而言，讲到落实问题两位老总发了一堆脾气，让您回顾这一年的时候，"非公经济36条"的落实情况，您感到满意吗？

林毅夫：我想可以讲2005确实是相当关键的一年，为什么这样说呢？民营经济等了好久盼来了一个"非公经济36条"，这36条怎么落实，确实需要有一段时间。即使现在落实不尽如人意，但我相信36条给未来民营经济的发展打下了非常好的基础，将来可以开创一个很大的空间。我们从历史动态角度来看的话，这是一个历史的关键始点，尽管现在还不尽如人意，但有历史关键始点，总比过去模模糊糊不明确好多了。现在的困难也就是因为有 36 条的明确，给民营经济发展首先是对过去的肯定，同时也是未来的一个政策的依据，才会引起这么多的争议。这个争议是国务院通过的条例，是有法律效力的，对民营经济来讲，是很好的一年，也是很关键的一年，当然也是怎么落实 36 条最艰难的一年。

主持人：前面说是复杂的一年、微妙的一年，毅夫说的是关键的一年。我想挪到下一个问题，其实我挺害怕的，我怕开完了之后说民营经济研究院成给富人出气的地方了。在这一年当中我们民营经济或者民营企业的作用具体体现在哪些方面呢？一方面是就业，在就业当中占了 60% 的比重，我们企业家和经济学家能不能归纳几条出来，它的投资特点有什么，或者经济发展中、改革当中起的作用有哪些？

钟朋荣：这一年民营企业为国家做的贡献，很大一块是效益，2005 年中国效益有四大转移，第一个是下游向上游转移，第二个是沿海向西部转移，第三个是民营向国有转移，第四个是中国向外国转移。为什么会出现这四个转移呢？因为民营企业搞了 20～30 年造皮鞋等加工制造业，加工工业过剩，上游是石油、钢铁，上游涨价下游不能转，只能自我消化。今年上半年五十几个行业只有五个行业挣钱，其他行业是利润零增长。上游不让进啊，你想采油不让进，你想干点儿别的不行啊，把你卡在那儿了，所以才有好多人说国有企业多好的形势，赚多少的利润，国有企业能够成为支柱，国有企业能够代表中国打进全世界，是不是这样？

保育钧：民营企业在 2005 年的一个贡献是沟通城乡。在过去计划经济条件下，城乡鸿沟是越来越深，现在由于有了民营企业，城乡之间的鸿沟逐渐填补起来。所以建设社会主义新农村主体应该包括民营经济在内。虽然大家现在遇到很多困难，但民营企业一直都是在困难当中成长起来的，民营企业就有这个特性，它们就是战胜困难后才长大的。城乡互动民营企业起了很大的推动作用。如果没有民营企业民工能进城吗？现在户口是二元的，城乡矛盾原来就有的，只是农民工进城之后才暴露出来。应该把民营企业所做的贡献展示给社会，应该如实介绍。刚才朋荣讲的四条应该讲出来，这个贡献了不得。

汪力成：还有就是在缩小中国的地区差距上面，中国民营经济是功不可没。比如西部大开发，真正去投资的就是沿海这些民营企业，你说国有企业谁去投资？这一点我认为是对整个国家的安全，包括稳定、和谐社会是起了很大作用的。另外我认为关于民营企业不要忘记一条，它对整个国家经济安全也是起正面意义的。你看凡是民营企业发达的产业或者行业，它的市场化程度一定是最高的。尽管有很多出现了过度竞争，但整体上市场化程度高，使得外国产品很难进来。

林毅夫：民营经济除了前面讲的几点之外，我再补充两点，一个是自主创新上的贡献，根据专利申请的数字来看，有将近70%～80%是来自非公有制经济，而且当中绝大多数是中小型的企业，民营经济在长期经济增长潜力当中，自主创新是一个核心，现在已经表现出民营经济的核心力量，我相信将来这个力量会发展得更为突出。另一个大家都知道我老讲比较优势，民营经济可以说是在经济发展过程当中，最能够充分利用经济的比较优势，然后形成市场上竞争优势的一股力量。民营经济发展得好，是因为比较优势发挥得好，这对我们经济长期发展来讲也是关键的因素。

陈全生：文件是用个体、私营等非公有制经济，我们这儿用的是民营企业，还有中小企业，由于意识形态的原因我们用的是非公，没有用私有，什么是非公？这是很难回答的问题，写文件就这个问题争论了好几天，排他性的定义一个事，这在学识上是非常困难的。所以要评价这件事，用通用的观点应该是中小企业在国民经济建设中发挥的重要作用。我国的企业中98%是中小企业，而中小企业里面98%以上是非公经济。中国的强大靠中国的大企业，中国的小康靠中小企业，如果中国的中小企业真是发达了，不用说人人都是企业主，个个都是小老板，有1/3成为这样，中国肯定就是小康。

武克钢：你刚才讲的，是因为不让我们做中国的大企业。

陈全生：讲中国的大企业并不是国有大企业，外国在中国注册的企业也是中国企业，是中国法人企业，私人注册的企业也是中国的企业，我是说中国的大企业，并不是国有大企业。

武克钢：我接受。

朱善利：国家统计局刚刚公布了2004年经济普查之后国民生产总值的调整数据，一调整之后国民生产总值比上一年又多增加了十六个百分点、2.3万亿，其中大部分贡献是来自民营企业。另外，国有企业不能说没有贡献，国有企业赚的钱有1/4的利润是中石油，中石油靠什么赚钱，是靠涨价。民营企业贡献更大一些。

陈全生：大家都知道GDP调整后增长了2.3万亿，93％的调整量是在服务业第三产业，第三产业被严重的低估了，我可以跟大家说一个数字，第三产业60人以下的商业企业不在统计范围之内，40人以下的餐馆不在统计范围之内，你就想被低估的程度有多大。而这些40人以下的餐馆有多少是国有的？所以是充分低估了。通过这次普查发现这个问题，差了这么多，所以这次调整量93％都是第三产业。

主持人：但从国民经济主干企业、行业冲向国际市场的都是大型国企啊。

陈全生：这个问题我刚才想讲但没有讲，中国垄断问题是一个很复杂的事情，不是像我一说垄断就垄断，垄断问题有十大要素，第一，什么叫做市场垄断，市场垄断是市场经济允许的，不许独占，允许寡占。第二，行政垄断。第三，自然垄断。这是没有办法的，按目前技术只能自然垄断，不可能让每家都弄八个水龙头，八个自来水网，今天甲公司便宜开甲公司的水龙头，明天乙公司便宜开乙公司的水龙头，而中国公司垄断往往是这三个垄断在一起的。第四，技术进步是对原有垄断的冲击之一，比如手机出现，对原有固定电话网络是严重的冲击，这是技术对自然垄断所造成的影响。第五，深化体制改革对原来的行政垄断造成很大的影响，这是一个变量，要分清楚这个。第六，全球经济一体化，对原有垄断的概念产生很大的影响，你是在本地一个地区，还是对全世界的垄断？比如美国波音公司和麦道公司合并在一起，为什么合并在一起？为什么明明违反美国反垄断法但还要合并在一起？美国的国防部长找到麦道公司的老总说你要同意被波音兼并，否则每年我们所有的军用飞机都不给你，压着他被波音兼并，因为要和空中客车进行抗衡。这就是第六大因素。第七，还要考虑垄断行业的利益怎么处理好，利益这个东西是刚性的，上去以后是下不来的。第八，垄断企业的利益要处理好。第九，垄断企业的职工利益要考虑好。第十，每一个垄断行业背后都有亲身在这个行业工作很多年而又有感情的老同志，他们对这个问题的理解确实是影响了这个行业。这十个因素你不弄清楚，你就说放开都进去，不行的。过急就翻车了。所以我非常同意渐进式的改革，要有一个过程，道理就在这里。

主持人：下面我们展望一下明年，展望肯定跟明年宏观经济的判断是有关系的，由于时间的关系，请各位嘉宾简短的说明自己的观点。先从朱善利开始。您对明年宏观形势怎么看？

朱善利：用过去一句大家老说的话"前途是光明的，道路是曲折的"。民营企业发展有一个"非公经济36条"奠定了很好的基础，但民营企业发展确实遇到很多的困难。就像我刚才说的那个县，如果我们真不能改变政策环境，会有很多企业家真是没有办法干了。民营经济我前面说到，解剖一只麻雀就可以看到全部麻雀是怎样的，前面谈到民营经济发展遇到很多问题，包括收费问题，像以前农村乱收费问题影响很多农民的发展，现在轮到民营企业了，如果真把中国未来发展的前景放在民营企业身上，而民营企业乱收费问题不解决，那么中国民营企业可能面对的道路就跟过去中国农民面对的道路是一样的。所以一定要想办法解决这些问题，中国才有好前景。在整个经济发展中民营经济已经占很大一部分了，如果不给民营企业提供好环境的话，对中国经济发展的影响会很坏。现在有些地方经济增长已经放缓了，有人说中国上海房地产市场现在已经出现一些问题，所以这是值得我们注意的。

主持人：老魏，明年宏观经济形势是怎样的，在这种情况下民营经济前景会怎样？

魏杰：在这里抽象的谈宏观情况意义不大，我的观点是明年情况更复杂。宏观上民营企业自己给自己紧缩了，因为现在中国民营企业从事的主要是产品制造业，而产能过剩的主体就是产品制造业，过剩就要调整，怎么调整呢？从制造业角度来讲就是走向装备制造业，我们产品制造业虽然过剩，但装备制造业不行。据我最近调查，很难转。装备制造业有两个特点，一个是技术密集型，一个是资金密集型，这两个都要求民营企业有两大功能，一个是自主创新能力强，一个是产融结合。但这两个功能民营企业都没有，所以很难转。明年情况会更加复杂，而且可能是自己给自己带来的紧缩，最后回到了朋荣讲的问题，需要政府解决问题了。政府如果明年不再考虑在民营企业技术创新和产融结合两方面上做大的突破的话，中国民营企业明年情况会更为复杂。谢谢大家！

主持人：会不会更微妙呢？

魏杰：我估计当明年出现这个情况之后，可能就会有人怀疑民营企业的活力，目前社会对民营企业的误解可能会增加。对明年的情况民营企业还要有充分的思想准备。但我看了一下，像韩国这样的国家，民营企业什么时候能腾飞，是在政府真正管你的时候，要想办法解救你的时候，是你最艰难的时候。韩国政府把这么大的跨国民营企业塑造起来，是在它最困难的时候，整个资金链断裂的时候，金融风险很大的时候，政府终于明白要入手了，也可能明年是民营企业大腾飞的一年，但不在前半年，而是在后半年。

主持人：在问企业家之前，我想再问一下林毅夫教授，我知道您一直的观点是明年会出现通货紧缩，因此网上批评您的观点也不少，您改不改？

林毅夫：现在更没有理由改了，确实6月份提出来的时候很多人对我有争议，但9月份这个情况就表现得很明显了，按照商品消费物价比重跟去年比是0.9%，零售商品物价指数是0，消费物价指数是0.9，从国外经验来看已经进入了通货紧缩。中央明年的工作重点也是怎么样扩大需求，从这方面看，对于2009年是一个通货紧缩年现在已经有了一个共识。通货紧缩背后的原因是因为各行各业产能过剩，在这种情况下，民营经济的利润会有很大的压力。这是明确的。在出现通货紧缩的情况下，就业的问题会更加突出，要解决就业问题更多地要靠民营经济。民营经济现在碰到的很多困难，比如说落实36条遭遇的困难，比如说在融资上面遭遇的困难，在投资进入某些行业上遭遇的困难，我相信在明年比较紧缩的状况之下，这些政策改变的可能性会比较大。但我没有魏杰那么乐观，他说下半年可能有一个乐观的局面出现，我个人认为只是制度性的改变，应该说只是创造一个比较好的环境而已，如果制度性的改变又像过去一样创造新一轮过热情形的话，可能更加不好。到2006年下半年出现很大的反弹我就会很担忧，反弹越大，到2007年，最晚2008年就会过冷。制度性的改变是创造比较好的机制和环境，然后企业提高自主研发能力，包括用增长的方式拿到市场应该有的价格进行产业和技术的升级和调整。这样民营经济才能朝着比较稳定、相对快速，而不是大起大落的态势发展。这对民营经济本身来讲是好的，对整个国民经济来讲也是好的。

主持人：刚才三位教授都讲了，在未来一年当中两位企业家有怎样的感受，会不会通过几位经济学家的描述被吓到，从企业的角度有什么打算呢？

汪力成：我们经常在讨论这个问题，对于中国宏观经济的形势判断，我们的关注程度不比经济学家低，因为这涉及我们的切身利益。第一，我本人，包括我所接触的我们这个圈子，对中国经济到2008年没有任何的担忧，会一直往上走，尽管有很多的问题，但2008年之后很难说，我们短期看好，中期看空，长期看好。至于冬天什么时候来，经济学家也很难准确地预测，只有仁者见仁，智者见智了。第二，尽管刚才大家都讨论我们民营企业的生存环境是比较差的，甚至可以说是比较恶劣的，但这只是发发牢骚，你要相信中国民营企业有顽强的生命力，否则也发展不到这一天。所以我们浙江的民营企业为什么都自称草根经济呢，其中一个含义就是有顽强的生命力，野火烧不尽，春风吹又生。所以对顽强的生命力一定要有信心。浙江是全国民营经济环境最好的地方，也确确实实有很多地方是受到整个国家宏观形势的影响，浙江的民营企业正在讨论如何转型的问题，大家都知道这样搞下去肯定不行，如何转型现在做得最多的就是完成产业的升级，从产业链的低端往中端、高端走，然后把不适合在浙江发展的产业进行梯度转移，转移到西部去，然后加大自主品牌、自主渠道、自主产品的投入，通过这些措施，我相信浙江的民营企业很快就会走出这一轮的调整，然后又会有很强的势头发展。这是我的观点。

武克钢：我讲大家可能不太满意，我觉得如果明年政策上没有出现重大调整，那也不用指望明年，在这种背景下，我认为明年是优质民营企业的"卖身年"，不是给国有企业当"小妾"，就是给外资企业当"二奶"。如果今天的政策这样推进，可能是民营企业委曲求全准备夺权当大奶的好办法。

主持人：老汪同意吗？

汪力成：这要看从哪一个角度看，实际上已经发生了。

武克钢：在明年还要继续走这样的路、生存空间这么窄的情况下，在资源贷款政策的这种垄断下，中国的问题确实比较复杂，我也同意刚才陈教授讲的，垄断背后有其合理性，在这其中民营企业是有活力的，他不怕做二奶，因为他最终要夺权做大奶。最近很多企业家都在说怎么过，说得很简单，你要搞政绩，发展大的国有企业一收，搞强强联合，特别是优质企业国有企业有兴趣，再一个就是外资企业有兴趣，这都会给我们民营企业带来痛苦，做二奶很痛苦，但也带来了机会。

钟朋荣：我这几年研究宏观少一些，给地方政府做方案多一些。上游是资源，下游是市场，五年也好，十年也好，我们的经济会不会出问题？制造业肯定不会出问题，我们就分析上游和前面的市场，上游前两年我们企业受电力影响，电力明年基本上不会有问题，资源瓶颈可能就是石油和土地，这两个问题是制约民营经济发展的瓶颈。再看市场，现在市场是三足鼎立，一块是投资，政府下了很大精力要投资，今年前三季度增长率是27.7%，但还是要往上，因为百姓要发财，干部要升官。干部要升官就要上项目，百姓要发财就要把一个企业变成三个企业，这块怎么压也压不下来。再看出口，出口顺差将近1 000亿美元，我就不相信明年世界大乱，全世界的人都不买中国的东西。民营企业家能够把产品生产出来，他会想很多的办法创造市场，甚至创造世界市场，所以我们会有更多的麻烦，有更多的反倾销，但在一年之内不会有很大的问题。第三块就是消费，现在政府和企业都寄希望于消费，但老百姓没有钱买，政府不可能发钞票啊。所以中国的根本问题就是就业的问题，就业问题最根本就是投资问题，所以我们不能过度的压投资，我们一直认为中国的投资是总量问题，压投资，压在20%以内就是成功的。中国投资问题根本是政策问题，多造几个北大，不要造工厂，多造几个好医院，所以我的观点认为还是应该加大投资，增加投资才能增加就业岗位，增加需求才会解决就业，中国的就业问题要由 1.5 亿个就业岗位去解决，不投资就业怎么来呢？不就业消费怎么来呢？这是我的看法。

主持人：在这种态势下，您能不能点评一下，有可能在哪些行业会出现投资热点，特别是对民营企业。现在我们讲科学发展观，改变增长模式、节约、和谐发展、节能，还有宏观的形势，整个背景下，您觉得明年民营企业在哪些方面会有投资热点？

陈全生：我比较同意林毅夫讲的观点，2006 年产能过剩是很突出的问题，目前已经显示出来了，钢材中板的价格已经降到了螺纹钢，螺纹钢已经跌到了成本价。过剩所带来的问题，可能从两个方面导致失业的问题，第一个就是过剩本身造成的失业，产品价格下跌了，卖不出去东西了，市场不好了，这些企业没有办法经营了，倒闭了。我们 60%、70% 的固定资产投资是来源于此，那它就不会经营下去了，国有银行也不会像对待国有企业那样对待民营企业的坏账。生产过剩就是经济危机，经济危机就是失业。第二个是我们在治理生产过剩的过程中，也会造成一部分人员失业。因为我们要取缔一些非法的企业，我们要关闭一些不合格的企业，比如低水平重复建设的产能过剩当中的企业，要治理它、关闭它，又造成了失业，这两个方面都会造成失业。从这个角度来说，对发展民营经济解决就业问题更加突出。

民营经济"有点儿阳光就灿烂，有点儿雨露就发芽"，你不用担心它死掉，不可能，明年发展肯定比今年好。这是我的观点，明年民营经济发展肯定比今年好，就是我刚才说的有一部分民营企业要倒闭，但你要知道民营经济投入都是高新技术，都是成规模，所以这次淘汰的可能是国有企业，民营经济不用担心。

根据 2005 年 12 月 29 日民营经济圆桌对话第一期
——"2005：民营经济回顾与展望"整理而成

图书在版编目（CIP）数据

民营经济三十年——思考与展望／主编单忠东．—北京：经济科学出版社，2008.12

（北京大学民营经济研究丛书）

ISBN 978 - 7 - 5058 - 7724 - 5

Ⅰ．民…　Ⅱ．单…　Ⅲ．私营经济 - 经济发展 - 中国 - 文集　Ⅳ．F121.23 - 53

中国版本图书馆 CIP 数据核字（2008）第 188913 号

责任编辑：金　梅　赵　蕾
责任校对：王苗苗
版式设计：代小卫
技术编辑：董永亭

民营经济三十年

——思考与展望

厉以宁　朱建华　顾问

单忠东　主编

经济科学出版社出版、发行　新华书店经销

社址：北京市海淀区阜成路甲 28 号　邮编：100142

总编室电话：88191217　发行部电话：88191540

网址：www.esp.com.cn

电子邮件：esp@ esp.com.cn

北京中科印刷有限公司印刷

华丰装订厂装订

787×1092　16 开　16 印张　230000 字

2009 年 1 月第 1 版　2009 年 1 月第 1 次印刷

ISBN 978 - 7 - 5058 - 7724 - 5/F·6976　定价：30.00 元

（图书出现印装问题，本社负责调换）

（版权所有　翻印必究）